形式对意义的模仿

—— 语言文学中的象似性现象

XINGSHI DUI YIYI DE MOFANG

侯斌 冯晓花 杨智慧 著

中国社会科学出版社

图书在版编目（CIP）数据

形式对意义的模仿：语言文学中的象似性现象／侯斌，冯晓花，杨智慧著.
—北京：中国社会科学出版社，2015.5
ISBN 978 - 7 - 5161 - 6133 - 3

Ⅰ.①形… Ⅱ.①侯…②冯…③杨… Ⅲ.①语言学 - 研究②文学理论 - 研究
Ⅳ.①H0②I0

中国版本图书馆 CIP 数据核字（2015）第 091458 号

出 版 人	赵剑英	
责任编辑	任 明	
特约编辑	李晓丽	
责任校对	邓雨婷	
责任印制	何 艳	

出　　版　中国社会科学出版社
社　　址　北京鼓楼西大街甲 158 号
邮　　编　100720
网　　址　http：//www.csspw.cn
发 行 部　010 - 84083685
门 市 部　010 - 84029450
经　　销　新华书店及其他书店

印刷装订　北京市兴怀印刷厂
版　　次　2015 年 5 月第 1 版
印　　次　2015 年 5 月第 1 次印刷

开　　本　710×1000　1/16
印　　张　14.25
插　　页　2
字　　数　262 千字
定　　价　55.00 元

前　言

　　语言的本质特点自古以来就是人们探索和争论的焦点，例如，亚里士多德把人类的语言定义为人类心灵的表针或符号，而文字则为语言的符号。那么，语言文字作为一种表意的符号，相对于它所指代的事物，其关系在本质上是任意的还是象似的，对于这个问题有两种不同的观点：柏拉图观点，亚里士多德观点。柏拉图观点认为如果语言不是以实物而是以符号作为表达媒介，那么，在语言和现实之间就一定存在象似性。而亚里士多德观点（亚里士多德—索绪尔观点）则认为，语言和现实之间是彼此独立的，它们之间不存在任何的象似性。①

　　根据前一种观点，语言在某种程度上映射思维方式，展现被人的思维所内化了的现实世界，语言的这种特性很久以来就备受关注。古希腊思想家柏拉图在《对话录》中就语言的特性记录了两个相对立的观点：一方认为语言与现实之间存在着内在联系，即事物的名称总是在模仿事物的特征；另一方认为事物名称和事物之间的关系是一种纯粹的人为规定，也就是说它们之间的关系完全是任意的。

　　以后的语言学家争论的一个焦点便是这些语言符号和它们所表述或代表的现实世界之间的关系。就这个主题主要有两大阵营，以索绪尔为代表的一方认为人类语言符号和它们所指代的物质世界对象间不存在任何的理据性，两者之间只是一种纯粹的任意性关系；而以皮尔士为代表的另一派则认为人类语言符号和它们所描述的物质世界对象之间存在一种象似关系，即人类在创造语言符号的过程中模仿了现实世界中的现象或物质。王

---

　　① Raffaele Simone, *Iconicity In Language*, Amsterdam /Philadelphia: John Benjamins Publishing Company, 1994.

寅教授认为这场争论是西方古代唯名论和唯理论的延续，这是一场直至现在还未终结、还无定论的辩论，而正是这些探索和争论使人们才能更深刻地认识、理解和思考语言。

自从 1916 年索绪尔的《语言学教程》问世以来，结构主义语言学成为占主导地位的理论，而任意性假说也成了语言学界普遍接受的准则，而皮尔士的象似性假说则被忽略了，象似性被认为是只出现在象声词中的语言边缘现象，直到 20 世纪 50 年代，人们才开始关注这位语言哲学家的理论，象似性也开始备受关注。到现在关于语言象似性的研究已深入到人类语言的各个层面，从语音、形态、句法、篇章直到文学作品中所涉及的语言的象似性都被加以研究。在文学作品，尤其是诗歌中，象似性被作家和诗人们大量运用，以便增加诗歌和文学作品的表现力。2001 年出版的《理据符号》[①] 便是文学和诗歌领域内语言象似性的总结。海曼等语言学家认为，象似性不是语言中的边缘现象，而是语言基本特征的一部分，在语言中有自身的语法机制。他们从人的身体出发分析语言中的象似性，并且认为，语言行为源于早期人类的身体活动。人类的身体行为经过某种仪式化之后，成了语言象似性形成的基础，并得到了进一步的语法化。罗曼根据人体的对称性研究了语言中的对称性，认为语言有一种内在的对称特征，因为人类的身体是对称的，人类的语言则总在试图模仿这种对称。安德森等语言学家从语言的发声和听觉角度研究了语言的象似性。温格尔[②]分析了英语构词法中的象似性现象，他认为构词法中的象似性主要有两种，同构象似性和理据象似性。南尼指出了英语字母中的象似性；语法象似性也得到了关注。这些研究都把语言看成有理据的、模仿的，而非任意的、边缘的。象似性不仅被普遍和深入的研究而且还被广泛运用，并且已超越了语言学的领域，比如在广告、电影等领域人们利用象似性表达更深刻，更形象和更抽象的意义。

在索绪尔的符号两分法里，所指（signified）是个实体概念，代表物质世界中的客观存在，能指（signifier）是一个心理层面上的存在，不具有实体特性。而皮尔士则不同，它的三分法体系里除了指示项（represen-

---

① Max Nänny and Olga Fischer（eds.），*The Motivated Sign*：*Iconicity in language and literature* 2，Amsterdam / Philadelphia：John Benjamins Publishing Company，2001.

② Friedrich Ungerer & H. J. Schmid，*An Introduction to Cognitive Linguistics*，Beijing：Foreign Language and Research Press，2001.

tamen，即 signifier）、实体（object 即，signified）之外，还有解释项（interpretant）。而且皮尔士的指示项和实体都是心理实体，因为在皮尔士看来，语言中的象似性并非语言符号对真正物质世界的模仿。物质世界在人们的认知过程中已被人类的意识内化，这个人类意识中的世界已不是原来的那个纯粹的物质世界，它已经被附着上了一层人类意识的色彩，并蕴含了来自人类的精神和认知模式的特征，而且这些精神和特征在不同的民族中有不同的表现。皮尔士认为人类语言描述和表达的对象都是已被人类意识内化了的世界中的存在物，所以，语言符号不是对纯粹外在物质世界的模仿，人类语言的象似性应该指人类语言符号与人类自身内心感知到的世界的关系，这种关系表现出语言符号对这个内化世界的模仿。

皮尔士首先把被人类意识内化的物质世界中的存在分为三类，并分别称之为第一性（firstness）、第二性（secondness）和第三性（thirdness）。皮尔士的世界始终是一个已被人类意识所主观化了的世界，而不是一个纯粹的物质世界，所以他对这个世界的分类也体现出其个人的特点，这与唯物主义的观点是相抵触的。皮尔士理论中的第一性指的是自在之物、直观感知和不具依赖性的存在。例如，花香、盐的咸味（一种直观感觉——味觉）、疼痛感、欢乐感。第一性只是一种和人的感官直接相连的可能存在、直观存在。第二性指限制人的器官或与人的感官相抗衡的外在之物，皮尔士举例子来说明第二性：用手或肩膀去推一扇半开着的门，门会给人一种阻力，这种阻力就是一种第二性存在。而第三性则指把第一性和第二性相联系起来的东西（也就是一个 sign）。皮尔士认为这部分是最重要的，它代表了经验的最高层次。属于第三性的有普遍性存在、持续性存在、人类的智力，等等。对皮尔士这一组三分法的了解是理解他另外两个三分法的基础，也是理解其符号学的基础。

皮尔士还认为语言符号在不同程度上模仿人类内心世界，他据此把语言符号分为三类，即象似符、指示符、象征符。象似符代表那些以符号本身特征直接模仿内心世界实体的符号，也就是说只要语言符号和实体之间有一种直接的对应关系，这类语言符号本身映射出它们所表述的实体的某些或全部直观特征。比如，绘画中的头像就是模特的象似符，地图是地形的象似符，这类语言符号的象似性是最明显的；指示符的象似性比起象似符已经模糊了许多，但仍然比较直观，比如，雪地上的脚印是某种已走过雪地的动物的指示符，风中的风标是风向的指示，这类语言符号本身和它们所描述的实体之间没有任何的直观象似点。指示符代表了语言中比较抽象的表义现象，这种语言符号已经反映了人们在认知过程中作出了直观努力，是人类主观能动性的初步表现。象征符是三类语言符号中象似性最微弱的一类，在表义方面也是最抽象的，这类语言符号所反映出的特征和它们所表述的实体之间的象似性是一种普遍的、带有规律性的认知方式，人类的思维模式赋予了这类语言符号象似性，也就是说象征符的象似性是人为规定的，但这种人为规定又和人们特殊的思维和认知方式息息相关，也和特定的社会文化规约相关。这些象似符又反过来进一步加强和传递了这些社会文化规约，皮尔士认为普通的英语词汇都是实体的象征符。在这三类符号中象似符最吸引语言学家的注意，皮尔士根据其所代表的实体特征的抽象程度的差异把象似符进一步又分为三类：肖像（image）、图表（diagram）和隐喻（metaphor）。这三类象似符所展现的关于实体的象似程度是递减的。

　　本书不但介绍和梳理了费舍尔、皮尔士、南尼等人关于语言象似性的理论，还通过举例子的方法探讨分析了英汉语言在语音、词形、词义、句法中的象似性现象，并且论及认知语言的象似性和象似性及符号学变量在语言中的交互性。

　　全书共分为十二章。第一章论及南尼关于语言文学中的象似性现象的一些观点，可以看作对下属各章的引述，指出语言象似性出现在充满创造和想象的语境里，在文学文本中，尤其是诗歌中被有意识地呈现，并运用例证说明了南尼等语言学家的观点，即认为象似性不但在词的构成、发音、表意以及句法及语用等中都有体现，而且存在于语言内部结构中，而诗歌意义的象似性表征则是象似性在文学作品中的典型体现。第二章谈及费舍尔对表音文字的象似性的分析，分别从语音听觉、语音发声和语音联想三个方面，举例论述了费舍尔的表音文字象似性观点。第三章介绍了迈耶对模拟音意义理据的相关探究，聚焦于迈耶的语音象似性观点，即语音触发的意义想象，具体探讨了迈耶对模拟音的对比和商榷、模拟音名称的多样化、模拟音存在的范畴和相对性、并认为模拟音象似性的根本特性在于其抽象性。第四章主要探讨了杰西·帕尔笔下的符号象似性。第五章聚焦于约翰·迪利关于象似性符号的考古学和认识论探讨，分别指明了认识论的符号性特征和认知论与符号学之间的诸多联系。第六章讨论了约瑟夫·莱斯德对皮尔士象似性符号的理解和分析。第七章介绍了皮尔士的三分法符号及符号象似性，文中首先对符号的二分法和符号的三分法作了介绍，接着对符号的第一组、第二组和第三组三分法给予了较详细的说明，最后介绍和探讨了皮尔士的符号象似性观点。第八章聚焦于句法中的象似性及波斯纳对句子修饰语次序排列理据的分析，先指明了语言系统和句法中的象似性现象，接着从句法角度、语义角度和语用角度三方面详细讨论了修饰语的自然次序，从而说明了象似性在修饰语次序排列中的具体体现。第九章聚焦于认知语言的象似性，指出象似性已超越了语言学的领域被广泛应用到广告、电影等领域，以表达更深刻、更形象、更抽象的意义，并介绍了皮尔士关于认知语言的主要理论观点，因为它是语言象似性的主要理论支持。第十章对汉语字形象似性和英语词形象似性进行了对比，用举例子的方法，分别探讨了汉字笔画和偏旁部首、独体字和合体字的象似性以及英语字母形态、语音和字母组合的象似性，并对汉语字形和英语词形象似性进行了讨论和对比分析。第十一章对比分析了英语词义和汉语字义象似性现象。据西比奥克的模型理论（Modeling Theory），不管是英语词义还是汉字字义相对它们最初输入感官的声音形象或视觉形象，都有一定的象似性或理据性。作者分别对两者进行了梳理和举例说明，指出了英语字义和汉语字义象似性的不同特征。第十二章论及德雷斯勒论象似性和符号学变量在语言中的交互性，指出了德雷斯勒自然性或理据性分析方法的普遍特点，并从语法规则和语篇两个层面介绍了德雷斯勒阐述的符号学变量在语言中的交互性。

因为象似性存在于语言符号和客体事物之间，语言符号对现实世界中的事件或事物进行模拟；而后者作为二级象似性，则被认为是语言内部的象似性现象，建立在词汇或者句法对比基础之上，是认知主体在思维中对语义进行的象似性类比。文学结构主义批评理论认为位于作品深层的二项对立规定了作品的深层结构和叙事结构，甚至是主题结构，而深层结构又外化为作品的表层结构。这里的表层结构即可以当作语言符号对现实世界中的事件或事物的模拟，通过寻求文本中位于深层的二项对立，探求其深层结构外化为表层结构的过程，也是分析文本中的象似性的一种体现。另外，文学作品，尤其是诗歌中的意向常常被当作一种具有象征等意义的符号，是文学尤其是诗歌中的语言象似性的源泉。因此，该书的最后一部分，聚焦于文学中的象似性显现，运用文学结构主义批评理论，分析了莎翁名剧《李尔王》和我国古典名剧《长生殿》，并用意象分析法解读了华兹华斯名篇《水仙》，收录在附录Ⅰ中。同时，为了读者便于理解查询，在该书的附录Ⅱ中，还收入了一些常用的象似性研究的术语，并给予简单的解释。

本书第一章、第二章、第三章、第四章、第十二章和附录Ⅰ部分由侯斌编写完成；第五章、第六章、第八章和第九章由冯晓花编写完成；第七章、第十章和第十一章由杨智慧编写完成。

目　录

第一章

形式对意义的模仿——南尼谈语言
文学中的象似性现象

亚当在伊甸园中的一项工作就是创造语言，以便给所有的事物和生灵命名。亚当带着最初的纯洁和天真对世间的一切生灵心直口快地指物定名，这些词语不仅仅赋予他所看到的事物的名称，而且也表征着这些事物的本质，灌注给这些事物生命的气息。当亚当受诱惑之后，一切都不同了，事物和它们的名称互相脱离，所有的名称都只是随意指代事物的符号而已；语言和亚当一起与上帝隔绝了，因此，伊甸园里的故事不仅仅是人类堕落的故事，也是语言质变的故事。①

人类的认识行为中有一种象似性倾向，这种倾向似乎是人类与生俱来的心理特征，我们总是试图寻找事物的名称和事物本身之间，或名实之间或能指和所指之间的某种联系；保罗·奥斯特在其小说《玻璃之城》中，以神话的形式把这种心理倾向解释为人类堕落之前的直率和天真，那时候的原始状态下，事物和名称之间的角色被认为是可以互换的。从伊甸园的故事中我们得知，人类认识过程中单纯的象似性符号意指能力随着人类自身的堕落而丧失了，随着人类的风俗习惯的异化和混乱，人类的语言也陷入了不同的杂乱状态，所以同一个概念被不同的语言符号来表征，词语最终成为了任意性的指代符号。奥斯特小说中的语言观被辛普森称为"自然语言幻想"（natural language fantasy），② 即在语言符号的所指和能指之间存在着一种自然的对应关系，这种关系被称为符号能指和所指之间的理据性，或者说象似性。

---

① Paul Auster, *City of Grass*, Harmondsworth: Penguin, 1987, p. 70.

② David Simpson, "Pound's Wordsworth; Or Growth of a Poet's Mind", *English Literary History* 45, 1978, p. 662.

　　随后也有一些现代派在诗歌研究方面提出了"自然语言幻想"观，他们更加关注用古老语言书写的诗歌，强调诗歌语言的图像性。例如伊斯拉·庞德很推崇欧内斯特·费诺罗萨（1918）在《汉字作为诗媒》①一文中的观点，并呼吁诗人在诗歌创作中使用象似性手法。在论及事物和其表征符号之间的自然性时，费诺罗萨追溯中世纪时期的惯例，从符号和事物之间的逼真性和象似性的方面来认识和鉴赏事物。符号学的概念是约翰·洛克首先提出来的，尽管更加重视认识论中的经验原则，但他所讨论的象似性符号，仍然涉及符号的自然性。费诺罗萨对于中国诗歌和西方绘画艺术的意象性作了以下评述：

　　绘画或图片对事物的写实性呈现是有不足之处的，因为尽管它们捕获了事物瞬间的具象，但是却无法表现事物一种自然的持续状态。……诗歌作为一种语言对事物的刻画形式比视觉艺术更能体现事物在时间维度的真实状态。但中国诗歌由于汉字而具有语言和绘画的双重功能，既有绘画的逼真呈现，也有语言的动态描述，因此在事物的表征方面更具客观性、生动性。中国诗歌直接在我们的大脑中呈现事物的意象，而无须大脑有意识地或刻意地去捕捉或建构这些意象。②

　　因此，可以说中国诗歌对主体的刻画由于有汉字作为表达媒介而富有象似性意象特征（如视觉或立体具象性、生动性）和象似性图形特征（如语音和意义的连续性）。这样的符号学式的象似性联合在现代东西方电影和诗歌里被广泛应用，如意象主义和未来主义诗歌文学，例如庞德的《诗章》、T. S. 艾略特的《荒原》以及乔伊斯的《尤利西斯》《芬尼根守灵夜》。③象似性意象和象似性图像式的文学叙述手法在20世纪作家的笔下尤为普遍，因为作家们观察到的都市化的生存环境和多样化的全球文化需要新的写作手法来体现，新的写作方法彻底打破了图表结构式的叙述。所以庞德提倡对事物进行联想式并置的描写手法，他把这种方法也称作"意象法"④。作家们亟须象似性叙述手法来展现他们眼中日益剧变的、杂

---

　　① Ezra Pound, Ernest Fenollosa. "The Chinese Written Character as a Medium for Poetry", San Francisco: City Lights Books, 1964, p. 8.

　　② Ibid. .

　　③ Ezra Pound, Cantos; T. S. Eliot, The Waste Land; James Joyce, Ulysses, Finnegans Wake.

　　④ Ideogrammatic method, Ezra Pound, "Poésies 1917 – 1920: Jean Cocteau", Dial 70, 1921, p. 110.

乱多样的、纷繁复杂的环境，这样环境已无法用简单的、线性的或传统的时间和空间顺序来记叙了，非线性的，或者说立体具象化的复合叙述手法更加适应描写这样万花筒般纷繁的世界。

正如庞德所说："小村镇的生活场景是可叙述性的，大都市的生活场景是电影放映式的，是一系列的视觉印象画面，它们相互重叠、穿插，绝非线性的、时空秩序性的，对城市生活场景的叙述往往是一大堆无动态关联的名词的堆砌，种类多样的具象化表征。"①

艾略特在谈及《尤利西斯》时赞赏乔伊斯神秘的写作手法，认为乔伊斯的叙事方法超越了传统的时间、空间顺序以及因果关系而趋向于使用"准空间"和"模糊时间"的方法。在艾略特看来只有这种"神秘的"叙事手法才能忠实地表征现代社会流动多变的、杂乱无章的场景并揭示其中蕴含的意义。这样的社会全景也只有通过象似性的空间具象和时间逻辑来展现在文学文本中了。

从种系发生学②（phylogenesis，即语言从其最初状态向现代形式的发展过程）转向运用语言的个体发展过程（ontogenesis，即个体发生学）③中，我们发现前面提到的"自然语言幻想"观可以在孩子们的语言中得到突出证明。研究表明④孩子们比成人更加频繁地使用象声词，在指代某种动物时，他们更喜欢使用这些动物的叫声；此外，研究还表明来自不同文化背景的孩子们一致性地把某些声音和发出这些特殊声音的物体联系起来；孩子们也会自发地创造口语词汇，他们根据自己的感觉来变更语言符

---

① Ideogrammatic method, Ezra Pound, "Poésies 1917 – 1920: Jean Cocteau", *Dial* 70, 1921, p. 110.

② 种系发生学，也被称系统发生，是指在地球历史发展过程中生物种系的发生和发展。种系发生学（phylogenesis）研究物种之间的生物关系，其基本思想是比较物种的特征，并认为特征相似的物种在遗传学上接近。种系发生学研究的结果往往以系统发生树（phylogenetic tree）表示，用它描述物种之间的进化关系。通过对生物学数据的建模提取特征，进而比较这些特征，研究生物形成或进化的历史。在分子水平上进行系统发生分析具有许多优势，所得到的结果更加科学、可靠。

③ 个体发生学（或称做形态发生）描述一个生命体从受精卵到成体的起源和发育。个体发生学在发育生物学、发展心理学和发展生理学中被研究。更一般的用语，个体发生学被定义为，在不失去个体藉之存在的组织的情况下，个体（可能是细胞、生命体或生命体社群）发生结构改变的历史。

④ 参见 Fónagy（1980），Slobbin（1985），Pentecorvo（1994）以及 Max Nänny（1999）。

号的形式和意义。在真正开始学习书面语之前，孩子们就会对语言符号本身的形态有象似性的感受或想象，例如南尼①指出"bed"在孩子们富有创造性的想象中是"床"这个实物的象似性符号：单词"bed"中的字母"b"书写时起始的笔画是垂直向下的竖线，而"d"的书写时的最后笔画也是垂直向下的竖线，于是孩子们就把这两个垂直向下的竖线想象成床柱或床架杆，而字母"b"和"d"中相对的两个圆弧被孩子们分别想象成床上的枕头和脚垫子。朋特科沃②对意大利4—5岁的孩子进行了观察和试验，得出的结论是：这些孩子虽然还没有开始学习书写字母，但是他们对字母有明显的象似性感觉和运用。对孩子们语言使用中的象似性倾向的观察使我们产生了一个假设：群体发展过程（其中包括语言的群体发展）在某种程度上是对个体发展过程的重演或重现。事实上很多语言学家如斯坦普③认为人类语言的起源是象似性的，不管是书面语或者口头语。鲍林格和希尔斯④提出，作为象似符语言现象比作为符号的语言现象更显原始简单的特征。孩子们是象似性语言的创造者，来自不同语言背景的人们仰仗象似性语言进行交流。但是不管语言的象似性起源是多么得生动和逼真，这个起源早已褪色了。语言在历史的长河中已经彻底变成规约性的符码了，只有少数的象似性语言现象被当做珍奇而留存。

　　语言学家普遍认为象似性符号在语言中并不是主流，自从索绪尔结构主义语言学问世以来，语言符号的任意性被奉为语言学界的金科玉律，同样新语法学派在19世纪的历史语言学研究也是以语言符号任意性学说为基础的，但是新语法学派也承认有些特殊的语音并不能被他们的语音规则所解释，这些例外的语言现象被命名为模拟或类比语音，所谓的模拟或类比语音所体现的规则有某种理据性，其实就是象似性背景下的语音变化。在语言发展变化的过程中，似乎既有任意性规则也有象似性规则在发挥作用，很多语言符号（或语言构造）在发展的最初阶段是象似性的，但是

---

① Max Nänny and Olga Fischer (eds.), *Form Miming Meaning*: *iconicity in language and literature*, Amsterdam / Philadelphia: John Benjamins Publishing Company, 1999, p. 153.

② Clotilde Pentecorvo, "Iconicity in Children's First Written Texts", *Iconicity in Language*. Amsterdam: Benjamins, 1994, pp. 277 – 307.

③ David Stampe, A*Dissertation on Natural Phonology*, New York: Garland, 1979.

④ Dwight Bolinger and Sears D. A., A*spect of Language* (3rd ed.), New York: Harcourt Brace Jovanovich, 1981.

在发展的过程中慢慢丧失了其理据性，而变成纯粹的任意性符号，海曼①认为不仅语言符号是这样衍化的，所有的文化现象也是这样在变化中逐渐丧失其理据性或象似性的。南尼也认为语言运用由于存在经济原则和表达充分性之间的对立，词语或短语结构被不断地简化，进而不断变得象征化或符号化，而语言使用的快捷化在与语言表达的充分性的争斗中占据了上风，所以语言整体上日趋规约化或任意化。据此，在下面这段话中，语言学家兰格克把语言比作一部"压缩机器"：

　　把语言比作巨型话语压缩机并不是不合理的，这台机器需要不断地输入话语材料，这些语料有的由新生词汇组合而成，有的由词汇或语法的迂回表达构成，还有的由词汇的修辞或借代表达构成。输入的语料在压缩机中被磨损，通过反复的循环使用使词语原本的修辞意义褪色为普通意义。它还不断地从语音上侵扰词语，使一些词汇丧失其意义，从实意词汇蜕变为语法词汇；它锉去词素之间的界限，把本来独立的词素压缩成更小的语言单位。这台压缩机器对话语进行贪婪的侵吞，那些勤勉的语言运用者从语言压缩机的产出中尽量回收语料，并且通过他们的创造力把这些语料进行加工并循环再利用，以维持压缩机的运转。②

　　南尼认为兰格克所强调的语言使用者的"创造力"就体现了象似性在语言使用中的回归，象似性不仅仅指存在于语言原始阶段，当任何一个说话者或写作者想要使用形象化的语言时，象似性就会发挥其独特作用，不管是出于什么样的目的（如诗歌的、实用的、幽默的），为了达到语言表达效果的新颖、具象、生动，说话者或写作者都会借助语言的象似性。

　　可见语言象似性出现在充满创造和想象的语境里，在文学文本中被有意识地呈现，在孩子们的语言中被无意识地习得，也在皮钦语③和克里奥

---

　　① John Haiman, "Iconicity and Economic Motivation", *Language*, Vol. 59, 1983, pp. 781 - 819.

　　② Ronald W. Langacker, "Syntactic Reanalysis", *Mechanisms of Syntactic Change*, Austin: University of Texas Press, 1977, pp. 106 - 107.

　　③ 皮钦语或混杂语言（Pidgin），指由不同种语言混合而成的混合语。从纯粹语言学的观点看，皮钦语只是语言发展的一个阶段，指在没有共同语言而又急于进行交流的人群中间产生的一种混合语言，属于不同语言人群的联系语言。皮钦语一旦作为母语传递，成为一种社会交际语，它就会开始逐步扩大词汇，严密语法，迅速发展丰富起来成为共同交际语言或独立语言。在中国，最著名的皮钦语当为"洋泾浜英语"。

尔语①中屡见不鲜；在这种种语境中，语言使用者释放自己的创造力，而这样的语言创造力是和语言的象似性息息相关的。人类的语言、人类的生理和认知机能以及人类所处的生存环境密切相关。人类总是表现出一种对大自然进行模仿的倾向，这也是人类所拥有的最原始的适应自然和繁衍生存的手段。

相对于语言使用中的经济原则和充分表达性之间的对立，语言研究者认为存在两种语言生成的系统。据此，伊凡·福纳吉②提出一个句子的编码是双重结构的：语言编码和元语言编码。其中元语言编码是超越语言学规则的编码方式，被福纳吉称为二级编码，是对一级编码（即语法规则）的修改和背离，频繁出现在人们的日常语言中。一级编码和二级编码都是有规则可循的，其中作为一级编码规则的语法是符号性的、任意的或规约化的，而作为背离语法的二级编码规则是有理据的、象似性的。同样，让·雅克勒塞克勒在其所著的《语言的暴力》③一书中也提出了类似的观点，他把语言规则分为"语法的"和"其他的"，而且两者相互交织在一起在语言中运作；但是语法的规则是统一的、标准的，因此可以被广泛使用，而"其他的"规则却是异质的、特殊的，很难用统一的术语来表达，这些规则是烦琐的，块茎化的，④ 处于思维的边缘。这些规则促使人们去突破常规的运用或玩味⑤语言，是对标准规则的悖逆和游离，而象似性就寄居在这些悖逆和游离的规则之中。

研究者从不同的角度研究语言的象似性特征，第一类研究分别从构词

---

① 克里奥尔（Creole）一词原意是"混合"，泛指世界上那些由葡萄牙语、英语、法语以及非洲语言混合并简化而生的语言，美国南部、加勒比地区以及西非的一些地方所说的语言也都统称为克里奥尔语，有些克里奥尔语以英语为基础，而塞舌尔的克里奥尔语则更多地采用法语单词。说这些语言的克里奥尔人，通常也是经过多代混血的，他们可能同时拥有来自非、欧、亚三大陆的血统。塞舌尔人是典型的克里奥尔人，在市中心的独立大道上矗立着一座三只飞翔的海鸥雕塑，象征着塞舌尔人民来自欧、亚、非三大洲。

② 参见 Ivan Fónagy, "Iconicity of Expressive Syntactic Transformations", *Syntactic Iconicity and Linguistic Freezes*, *The Human Dimension*, Mouton: de Gruyter, Berlin, 1995, pp. 285–304。

③ 参见 Jean-Jacques Lecercle, *The Violence of Language*, London: Routlege, 1992。

④ "Rhizomatic" 参见 Max Nänny and Olga Fischer (eds.), *Form Miming Meaning*: iconicity in language and literature, Amsterdam / Philadelphia: John Benjamins Publishing Company, 1999, p. 111。

⑤ "Play", 出处同上。

法、语篇分析和音位法则的角度关注语言的象似或理据性是如何影响作为语言一级编码方式的语法规则的。第二类研究进一步分析了象似性如何更加深入地体现了人类的认知结构，例如，人类语言结构中平衡和对称现象如何体现了人类身体的平衡和对称。第三类研究关注象似性规则作为语言的二级编码方式是如何悖逆或游离于语法规则之外的，他们关注语言的形式如何参与语言意义的衍生。

前文中鲍林格和希尔斯认为象似性符号在语言中已经趋于消失，他们所指的象似性应该是意象或图像象似性（也就是具象性最强的部分），如果说这种具象性很强的象似性的确稀少的话，那么图式或结构象似性（形象性更弱、更抽象）在语言中却十分普遍。鲍林格[①]认为从音位到词汇再到句子的推进中，语言任意性和规约性特征的呈现依次减弱，在更大的语言单位中几乎不再有所呈现。也就是说，语言范畴越大语言任意性特征就越弱。

象似性中的具象象似性（imagic iconicity）和图式象似性（diagrammatic iconicity）之间的基本区别是：具象象似性中符号的能指和所指之间的相关性是直接的，一一对应的，如英语中的单词"miaow"就直接是猫叫声的语音记录，也就是说这个单词的拼写（形态）直接模拟声音，也直接表征意义：

能指←——→所指
miaow←——→猫的叫声

作为象形字的汉字其图像具象性就更加形象和直观了，就像一幅图画，无须解释，其景、其意可以直接观察得到，例如：

而图式象似性中没有这样强烈的具象性，这种象似性中能指——所指之间是一种平行的结构模拟或对比关系，例如：

能指　　veni→vidi→vici[②]
所指　　主谓结构→主谓结构→主谓结构

---

① 参见 Dwight Bolinger, *Language-The Loaded Weapon*, London：Longman，1980。

② 拉丁文，译成英语是：I come，I see，I conquer（我来，我看，我征服）。

[图片中的"祝"字的书法体依次是：甲骨文（i）、金文（ii）、篆书（iii）、隶书（iv）、楷书（v）]

事件→事件→事件

这里有两个图式或结构象似性，首先是表现在语法结构中的对比象似性，其次是现实中事件在发生时间顺序上的象似性（仔细思考还有空间上的象似性），这可以看做语言结构对现实结构的模拟。再例如：

foot ———→ foot（of mountain）

身体最低的部位———→ 山最低的部分

上述短语例子"foot of mountain"中"foot"的意义是隐喻化的，其中的语义象似性反映在人体和山体之间的结构类比之中。

如图 1-1 所示，图式象似性有两种类型，结构图式象似性和语义图式象似性，南尼提出两种形态的象似性来源于能指和所指之间意义的相关性，但反过来的情况也有（虽然比较少见）即能指或所指之间形态上的象似性也可以作为两者意义象似性的理据，例如："flaunt"和"flout"都是"藐视"、"忽视"或"轻视"的意思，南尼认为很多人把它们的意义相近和它们的形态相近联系了起来；同样，"obsequious"的词义逐渐地由"顺从的"、"恭敬的"降格为"谄媚的"、"逢迎的"、"巴结的"是由于"ob"有否定效应并且总是出现在一些表示贬义的词里面，如"obstreperous"、"obstinate"、"obnoxious"①。

————————

① 这单个单词的意思分别是：任性的/骚乱的/喧嚣的；倔强的/顽固的；可憎的/令人讨厌的。

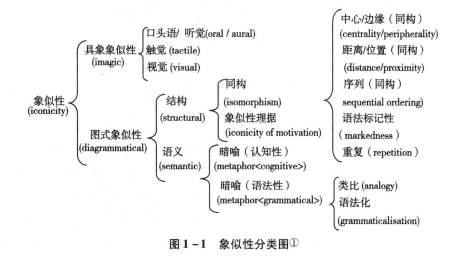

图1-1　象似性分类图①

　　南尼提出语义象似性（如暗喻）是创造新词的主要手法，也是诗人们频繁使用的诗歌意象创作的方法；语义象似性还在语言变化中起重要作用，例如语言变化中提到的类比规则其实就是暗喻的一种形式。② 在类比规则的启发下，人们观察到词素语义之间的关系（这种关系英语中更多地表现在语法意义上），依据这一规则人们也可以创造新的词素，典型的例子来自词缀造词和仿词（parody）或语义转借（calque），如"overstatement（高估）"相对于"understatement（低估）"。如果把类比看成一种隐喻模式的话，那么，构词法中出现的"语法化"现象作为词汇在形体上的类比性变化也就是一种关于词素形态的隐喻了，其中的象似性理据跃然纸上。

　　南尼引用斯威砌尔③的观点指出还有一种更加宏观的类比或隐喻存在于人类的语言和认知过程中，现实世界中的事物和现象总是映照人类的语言行为或元语言中的各种语言和语法关系，并且通过语言进一步映照在人类认知和逻辑过程中，即我们的语言、认知、思维逻辑都是客观世界中各种相关性的表征和拟态。可以说在我们的内在自我和外在自我之间存在一

　　① Max Nänny and Olga Fischer（eds.），*Form Miming Meaning：iconicity in language and literature*，Amsterdam / Philadelphia：John Benjamins Publishing Company，1999，p. 112.

　　② 参见 Raimo Anttila，*Historical and Comparative Linguistics*（*2nd Edition*），Amsterdam：Benjamins，1989，pp. 88, 99。

　　③ 参见 Eve E. Sweetser，*From Etymology to Pragmatics. Metaphorical and Cultural Aspects of Semantic Structure*，Cambridge：Cambridge University Press，1990。

个等式，这个等式让我们能够从物质世界和社会环境中借鉴各种概念和设想，并把它们隐喻地运用在我们的会话和逻辑中。

在图式或者结构象似性中有两种表现形式：同构（isomorphism）象似性和理据（motivation）象似性。① 海曼认为前者是普遍的语言现象而后者是特殊的语言现象。同构象似性是指在符号的能指和所指之间一种一一对应的相关性，这种相关性关系既存在于词汇层面也存在于语法层面。海曼认为词汇中出现的完全同义词（pure synonyms）、同形异义词/同音异义词/同形同音异义词（homonyms）应该被当作语言非正常的病态现象。他举例说由于对其他语言词汇的借贷（即外来词 loan words），中世纪英语中来自法语的"delit"（相当于英语中的"delight"）一词和英语中的本土词"lust"就是一对同义词，意思都是"欢乐""欢欣""快乐"，但这两个词的同义性很快就在语言的发展变化中得以纠正，现在"delight"和"lust"的意思已经相去甚远了，"delight"保留了"欢乐"的意思，而"lust"的意思则变为"欲望"、"贪欲"、"情欲"。同形异义词/同音异义词/同形同音异义词也在语言发展变化中通过"代替""取代"的方式被纠正。海曼举例说古英语中的一对同音异义词"cwēn（queen'王后'）"和"cwene（quean'妓女'）"中后者被别的词所取代。② 有时候两个词的同音可以通过语音的变体来避免，如"cheer"和"chair"本来是同音的，而"chair"的语音中本来的双元音"/iə/"被"/eə/"所取代。理据象似性比同构象似性更加具体和直观，在语言文学中更引人关注；南尼③指出构词法中出现的象似性或理据特征在文学中亦均有所呈现，而且更具直观性和生动性，他举例说文学语篇中词在空间上的序列可以作为一种图式或结构象似性的方式来表征时间、空间上的流动或连贯、持续或变革，甚至等级和运动；而文学文本中句法结构中的并置和排版的格式也可以被象似性地加以利用进而表达"对称""平衡""相对位置""破碎"和"分裂"等一系列概念。而诗歌中所使用的所有手法，如诗的页面排版、音律、韵律、分行、诗节的分段，甚至是诗中修辞的运用（如对偶句的交错配列），以及大量的叙事方法

---

① 参见 John Haiman，"The Iconicity of Grammar：Isomorphism and Motivation"，*Language* Vol. 56，1980，pp. 15 – 40. *Iconicity in Syntax*，Amsterdam：Benjamins，1985a. *Natural Syntax*，Cambridge：Cambridge University Press，1985b。

② Ibid. .

③ 参见 Max Nänny，"Iconicity in Literature"，Word & Image 2，1986，pp. 199 – 208。

中都有象似性的附加表征，让读者有更多字面之外的解读，尽管这些解读是建立在意义解读基础之上的。

上文中提到的关于恺撒一生象似性的写照"我来，我看，我征服"以及关于"山脚"的和人脚的象似性对比的例子是典型的图式或结构象似性，其实它们可以被看作图式或结构象似性两种类型的代表，前者也叫作一级象似性，被认为在本质上是象似性的，因为象似性存在于语言符号和客体事物之间，语言符号对现实世界中的事件或事物进行模拟；而后者作为二级象似性，则被认为是语言内部的象似性现象，建立在词汇或者句法对比基础之上，是认知主体在思维中对语义进行的象似性类比。温弗莱德·诺斯对语言象似性现象也作过类似的区分，把它分为两类：外指象似性和内指象似性；[①] 外指象似性是形式对意义的模拟，也就是说外指象似性表达的是符号和符号所指代事物之间的相像，而内指象似性是形式对形式的模拟，这就意味着内指象似性是语言内部符号和符号之间对比性结构或形态的相像。

"Veni，Vidi，Vici"：对于恺撒这句话的关注主要围绕着语言的象似性展开，雅各布森[②]提出这句话中的三个连续出现的动词象似性地表现了恺撒行为过程的顺序性，句子中词序指代了现实中事件先后的发生顺序，这是结构或图式象似性的生动例证，属于诺斯所说的外向象似性。而缪勒[③]则从修辞学的角度思考这句拉丁文，并且认为其中的象似性不仅仅是时间顺序上的；他提出从语法上看这个句子省略了连接词而直接把三个动词并置在一起，这表达了恺撒军事行为的迅速；缪勒还认为句子中三个动词都是第一人称单数形式，除了成就了词尾的语音韵律效果之外，还表达了主体（即恺撒）散发出来的气魄和神韵，一种凯旋后的自豪和霸气。

---

① 参见"exophoric" iconicity 和"endophoric" iconicity，Winfried Nöth，"Semiotic foundation of iconicity in language and literature"，*The Motivated Sign*，Amsterdam / Philadelphia：John Benjamins Publishing Company，2000，pp. 17 - 28。

② 参见 Roman Jakobson，"Closing Statement：Linguistics and Poetics"，*Style in Language*，Cambridge：Mass.：M. I. T. Press，1960，pp. 350 - 377。

③ 参见 Wolfgang Müller，"A note on the iconic force of rhetoric figures in Shakespeare"，*The Motivated Sign：Iconicity in language and literature* 2，Amsterdam / Philadelphia：John Benjamins Publishing Company，2000。

　　南尼①还分析了这句话中体现的语言内部结构象似性，即内向象似性。句子"veni，vidi，vici"内三个动词的音响的递增（在 veni 中含有一个元音/i/，而在 vidi 和 vici 中含有两个元音/i/），而三个辅音/n/，/d/，/k/的响亮度也是递增的，这被认为是象似性地表达了恺撒军事行动势头的递增，表达出恺撒军事征服迅猛和征服战争向胜利的高潮推进的动态趋势。此外南尼还指出，这句话中的三个动词都由两个音节构成，这两个音节由一个辅音加一个长元音构成，而且还押头韵"/v/"，此外，这句话在节奏上有三个"扬扬格"（spondee），这都使得这句话中的每一个词富有力量感和紧凑感，三个词在形态上的象似性和音节的重复性，让人读来感觉三个动作同样的快捷而又自如。

　　对语言象似性的研究必须要以跨学科的方法进行，文学和其他所有形式的语言艺术都建立在对日常用语的内在品质进行精心、敏锐和创造性运用的基础之上。因此南尼认为以语言学家的眼光对日常语言中的象似性进行观察和分析将极大地丰富文学对于语言表现力的开拓。利奇②也认为日常语言中的象似性对文学的意义更加突出，凯巴斯基③也提出文学和诗歌中的修辞来源于人类的语言能力，是孕育在日常语言中的；所以，文学和诗歌中的语言象似性的源泉是人们的日常用语。伊凡·福纳吉④是最早关注语言象似性现象的研究者之一，他很早就提出象似性不是语言中的边缘现象，而是语言的基本现象，而且和人的身体有密切关系，是人们生活语言的基本特征，象似性就像一个过滤器，所有的日常用语都要经过它来渗透。这个过滤器有其外在的理据性，语言内在的语法规则和规约都受到它的影响。约翰·海曼⑤除了从人类身体和语言表达的关系角度研究了语言

---

　　① Max Nänny and Olga Fischer（eds.），*Form Miming Meaning：iconicity in language and literature*，Amsterdam / Philadelphia：John Benjamins Publishing Company，1999，p. 112.

　　② 参见 Geoffrey N. Leech，"Stylistics and Functionalism"，*The Linguistics of Writing — Arguments between Language and Literature*，Manchester：Manchester University Press，1987，pp. 76 – 88。

　　③ 参见 Paul Kiparsky，"On the Theory and Interpretation"，*The Linguisitics of Writing. Arguments between Language and Literature*，Manchester：Manchester University Press. 1987。

　　④ 参见 Ivan Fónagy，*La métaphore en phonétique*，Ottawa：Didier，1980. Ivan Fonagy，"Iconcinity of Expressive Syntactic Formations"，*Syntactic Iconicity and Linguistic Freezes. The Human Dimension*，Berlin：Mouton de Gruyter，1995。

　　⑤ John Haiman，"The Iconicity of Grammar：Isomorphism and Motivation"，*Language* 56，1980，pp. 515 – 540.

象似性现象之外，还研究和分析了某些传统的语言表达形式（如自我贬低）是如何从某些最初的身体活动中衍化出来的，也就是说这些身体活动作为人们行为的基础是如何被逐渐仪式化、程式化，并最终在语言中被语法化的，海曼把这个过程称为"升华"（Sublimation）。海曼感兴趣的是象似性在语言衍化过程中是如何逐渐衰退的，他尤其关注了各种语法形式中还残存的象似性。

南尼对于语音象似性的研究也很深入，共总结出了三种不同的象似性：语音听觉象似性、语音发音象似性、语音联想象似性。南尼认为其中听觉象似性是具象化的，发音象似性则既是具象化的也是图示化的，而建立在类比的基础上的语音联想象似性则完全是图示化的。

彼奥托尔·萨多夫斯基①一直关注词汇方面的象似性，他对英语中以"gl-"开头的单词进行了个案研究，发现以"gl-"起首的单词的语义场之间具有相关性，萨多夫斯基认为这些语义场之间的相关性并非偶尔或者巧合，而是有理据可依的；为了进一步探究"gl-"的表意理据性是否可以在大量单词词义中得以验证，他对相关词汇进行了历时和共时的分析。他发现从古英语向现代英语的过渡中，以"gl-"起首的单词数量在逐渐减少，这使得"gl-"的象似性也趋于模糊；他又发现，在中世纪以"gl-"起首的外来词被以"gl-"起首的英语本土词汇群体的象似性所同化；他的研究还表明，"gl-"的表意象似性或者理据性在某种程度上是一些语言特有的，例如"gl-"在日耳曼语和凯尔特语中的象似性在罗曼语言中是观察不到的。"gl-"是一个由软腭浊音和边音组成的辅音丛，对辅音丛 gl- 的象似性，其他学者（如安德森②）作了如下的分析：首先在发音器官状态上"gl-"中有一个爆破浊辅音，其发音部位是在口腔后部的舌根部，辅音丛中的另一个音是响亮的边音，发音时舌尖抵上齿龈，发音部位在口腔的前部。该辅音丛的发音开始于短促的爆破音，进而过渡到平滑、持续的边音或流音。而流音"/l/"被认为经常出现在表示

①　参见 Piotr Sadowski, "The sound as an echo to the sense: The iconicity of English gl-words", *The Motivated Sign: Iconicity in language and literature* 2, Amsterdam / Philadelphia: John Benjamins Publishing Company, 2000, pp. 69 – 88。

②　R. Anderson, "Old English poetic texts and their Latin sources: Iconicity in Cædmon's Hym and The Phoenix", *The Motivated Sign: iconicity in language and literature* 2, Amsterdam / Philadelphia: John Benjamins Publishing Company, 2000, pp. 109 – 134.

"轻快运动"的词汇中：flow（流动，涌流；川流不息；飘扬），flake（成片状剥落），flutter（飘动；鼓翼;），flicker（闪烁；摇曳；颤动；扑动翅膀），fling（掷，抛；使陷入；轻蔑地投射；猛动），flurry（一小阵雨；一小阵雪），slide（滑动；滑落；不知不觉陷入），slip（使滑动；滑过；摆脱；塞入；闪开），slither（使滑动，使滑行；使滑下），glide（滑翔；滑行；悄悄地走；消逝），等等。最终得出的关于"gl－"象似性的结论是："gl－"蕴含着某种普遍的联觉，即"光从发光体表面轻快射出"，"gl－"联觉的共同元素是"光"和"轻快的运动"，也就是说"光"和"轻快的运动"是"gl－"的基本语义场。而另外一些单词如，glance（扫视，匆匆一看；反光；瞥闪，瞥见），glare（炫目地照射，发耀眼的光，闪耀）和 glint（闪烁，闪光）是把"视觉"和"轻快的目光投射"结合起来；glad、glee 中把"光"和"光的轻快"引申为快乐、轻松。

俄尔·安德森①对中世纪拉丁文诗歌和其英译文本进行了对比，发现在把拉丁文诗歌翻译成英文的过程中，译者频繁使用语音的象似性表意，或者说语音的象征意义，语言学家把这种语音的意义表征功能命名为"音义联觉（phonaesthesia）"。安德森发现拉丁文诗歌的译者充分利用了音义联觉，如用元音的高舌位和低舌位的对立来表达"高"、"轻"、"亮"的意象和"低"、"重"、"暗"的意象之间的对立；用繁重的辅音丛来表达极端的对比；用流音（liquids）、鼻音（nasals）、摩擦音（fricatives）和爆破音（plosives）之间的差异来表达曲线性和柔软性相对于角度性和凹凸的锯齿面等外在形态上的不同。

也有研究从音段和超音段的角度分析了诗歌意义的象似性表征。对语言和文学文本视觉象似性的研究发现所有的语言象似性都是以意义的表征为动机或者理据的，南尼把这些视觉中字母形态的象似性分为三类:② 清晰的象似性字母、模糊的象似性字母、潜在的象似性字母。南尼调查了一些单个的英文字母如"I"、"C"、特别是"O"等，深入探讨了它们在语言学主流观点中只是作为任意性、规约性的字母，而在文学中是如何被一些著名的文学家如莎士比亚等在文学文本中用作事物的象似性图符的。例

---

① 参见 R. Anderson，"Old English poetic texts and their Latin sources: Iconicity in Cædmon's Hym and The Phoenix"，*The Motivated Sign: iconicity in language and literature* 2，Amsterdam / Philadelphia: John Benjamins Publishing Company，2000，pp. 109 – 134。

② 即: transparent letter-icons，translucent letter-icons，subliminal letter-icons。

如，"I"常被用作柱子的象似符、"C"被用作新月的象似符、"O"则被用来象似性地表征更多的事物：地球、太阳、月亮、星星、眼睛、敞开的洞口，或者表达"完美"和"循环"等的意义。诗人频繁地利用字母在视觉上的形态象似性在诗歌中表达更多的意象，进而辅助和加强诗歌的文字意义。

　　语言系统中的象似性有的直观而生动，有的复杂而抽象。对象似性的研究也从最小的语音单位——音素、最小的语义单位——词素到短语结构，到句法结构，直至语篇结构，乃至语法结构都有所涉及，有的语言学家甚至关注到了标点符号和页面排版中所蕴含的象似性，如安妮·C. 亨利①和马克思·南尼。

---

① 参见 Anne C. Henry，"Iconic punctuation：Ellipsis marks in a historical perspective"，*The Motivated Sign：Iconicity in language and literature* 2，Amsterdam ∕ Philadelphia：John Benjamins Publishing Company，2000，pp. 135 – 156。

第二章

费舍尔对表音文字的象似性的分析

对于表音语言的象似性的讨论大部分只限于语音或音位中体现出来的理据性，这些理据性或象似性研究的文献主要有四个方面：① 对象声词的分析，对音义联觉的研究，对语音理据性的探讨，但最常见的还是对语音象征意义的分析。关于语音象征意义研究的基本假设是："单一的语音或声音被认为是可以映射、象征客观物质世界的某些属性或特征，因而其本身是蕴含意义的。"② 因此对于表音文字的语言而言，象似性的踪迹只能从声音在其与客观事物之间的映照或者互动中去揣摩。但上述研究很少论及这种语言现象的本质，对此费舍尔提出了一个问题：语音和现实世界之间的"映照""关联"是如何具体体现的？即语音象似性的具体表现的客观性如何？费舍尔根据自己的问题对英语语音象似性从三个方面进行了研究：语音听觉象似性、语音发声象似性和语音联想象似性。

第一节　语音听觉象似性

语音或者声音听觉象似性最典型的代表是象声词，这些象声词有些是词汇型的，符合语言拼写和发音规则，有些纯粹只模拟声音，不符合语言拼写和发音规则。例如"shshsh"的语音代表"水"或"风"的穿流声，

---

① 即 onomatopoeia, phonaesthesia, phonetic motivation, phonetic or sound symbolism；参见 Andrwas Fischer, "What, if Anything, is Phonological Iconicity", in *Form Miming Meaning*：*iconicity in language and literature*, Amsterdam / Philadelphia：John Benjamins Publishing Company, 1999, pp. 123 – 134。

② 参见 David Crystal, "Sound Symbolism", *The Cambridge Encyclopedia of Language*, Cambridge：Cambridge University Press, 1987, p. 174。

"toc-toc"是"木头"被敲击的声音，"miaow"则是"猫"的叫声；这些词汇或准词汇都是人们的听觉对所接收到的声音的模拟，这种模拟的形象性被称为语音的听觉象似性。语音听觉象似性或象声词的讨论总是分为两类，即词汇型象声词和非词汇型象声词。"shshsh"属于非词汇型的象声词，而"shoo"①"swoosh"②"whoosh"③则是词汇型象声词，而且都是英语中的动词。费舍尔认为词汇型和非词汇型象似性之间的区别并非泾渭分明，因为大部分非词汇语音有可能衍化为词汇语音。例如："cuckoo"和"miaow"既可以被看作非词汇的语音，分别代表一种鸟和猫的叫声，又可以被看作名词词汇，分别指代杜鹃鸟和猫。而唯一没有可能衍化为词汇的非词汇型语音是诸如"shshsh"或"aaaaaa"这样的辅音丛和元音丛，因为标准的英语单词的音位不可能是这样单一的辅音丛或元音丛。但是，此类的非词汇型语音的不足是很容易被弥补的，如："shshsh"这样的辅音丛只需稍加调整，如添加一两个音位或者字母，就可以成为标准的词汇，如："shoo"、"swoosh"、"whoosh"。

我们在此探讨的英语单词象似性是有度的区分的，形态和意义之间最佳的象似性既不是任意性的也不是规约性的，而是形态和意义的吻合。从这个角度上讲听觉象似性是最突出、最直观的，尤其是非词汇型语音的听觉象似性；"shshsh"这个语音所代表的声音就是某物在空气中穿梭并导致气流发出的声音，这声音就表征这一事件本身，既不是人为规约的，也不是任意指定的，一个"音"代表一个"义"，这就是理想的象似性，完全不存在标准词汇语音所具有的任意性特征的表现，如：一音多义和同音异义等。然而，语言学界普遍认为即使是象声词中词汇型语音的象似性也只是部分的而非完全或理想型的，象声词的象似性或多或少是规约化的。例如，虽然人们可能都会一致认为"shoo""swoosh"和"whoosh"这三个象声词都是建立在非词汇语音"shshsh"基础之上的，但是这三个词确切的拼写和意义却明显是规约的。动物的叫声在不同语言中的词汇表达形

---

① "shoo"是英语中表示驱赶家禽的动词。

② "swoosh"表示涡轮等在水中发出的"哗哗声"或某物疾驰而过发出的"嗖嗖声"。

③ "whoosh"表示物体在空气中飞快移动而发出的"嘶嘶声"或"嘘嘘声"。

式是不同的，费舍尔①以公鸡的鸣叫声为例，英语中的单词是"doodle-doo"，德语中单词是"kikeriki"，法语和芬兰语中却分别是："cocorico"和"kukko kiekuu"。有人甚至提出即使是非词汇型象声词在某种程度上也是规约性的，"shshsh"既可以表达风声、水声，也可以表达汽车疾驰而过的声音，这样一来"shshsh"也有了普通词汇可能会有的模糊性、多义性。而风声也可以用非词汇语音"ffff"或者"ssss"来表达，这样看来，即使是"风"的象声词也是任意性的。概括地讲象似性是有度的区分的，所有的语音象似性在一定程度上是规约性的。

此外，还有另外一种类型的语音象似性叫作"音义联觉"，这个概念最早是由福斯提出来的。这种语音象似性比起前面的非语音和语音型象声词象似性更加模糊，布罗姆菲尔德②发现英语单词中某些字母组合似乎含有某些特定的语义或语义元素，例如以"fl-"开头的单词flame（火光）、flare（闪耀）、flicker（闪烁）、flimmer（闪光）都有"发光"这样一个共同意义；而以"-ash"结尾的单词中，如bash（猛击）、brash（攻击）、clash（冲突）、crash（撞碎）、dash（猛撞）、gnash（互相叩击）、hash（剁碎）、lash（猛击）、mash（捣碎）、pash（打碎）、rash（匆促的）、slash（猛砍）、smash（粉碎）、splash（飞溅）、thrash（抽打）、trash（摧毁）等这一系列单词都含有"激烈""暴力"和"速度"这样的意义元素。在"flash"一词中，既有"发光"也有"激烈""暴力"和"速度"的语义特征。音义联觉经常被归为象声词体系内，但是音义联觉和语音象似性还是有明显区别的，上述例词中的字母组合表现出某种一致语义的倾向，但这些语义倾向和其语音之间是不存在关联的，它们更适合被称为词素形态类比中体现出来的象似性。

---

① Andrwas Fischer, "What, if Anything, is Phonological Iconicity", *Form Miming Meaning: iconicity in language and literature*, Amsterdam / Philadelphia: John Benjamins Publishing Company, 1999, p.124.

② 参见 Leonard Bloomfield, *Language*. Rev. ［British］ ed. （1st ［American］ ed, New York: Holt, Rinehart and Winston, 1933）, London: George Allen & Unwin, 1935。

第二节　语音发声象似性

　　语音学家观察到在很多表音文字的语言中元音/i/①总是表达出体积或尺寸"微小"的语义倾向，例如：little、wee（少量、一点儿），teeny（极小的、微小的）；而元音/a/和/ɒ/②则往往倾向于表达较"大"的体积或尺寸，例如：large、vast（巨大的）。研究还发现含有元音/i/的单词有表达"近"距离的倾向，而含有元音/a/的单词则有表达"远"距离的倾向，如英语中"this"和"that"的相对。③

　　诸如此类的词汇象似性很明显是无法通过语音来解释的，和象声词象似性即音译联觉完全不同，这类象似性只能从语音发声方式中去揣摩和感受。例如元音/i/发声时的舌位相对较高，这使得舌面和上腭相应地比较近，即它们之间的缝隙相应地比较狭小；而元音/a/发声时的舌位比较低，这使得舌面和上腭相应地比较远，即它们之间的缝隙相应地比较宽大；单词中这些音位在发音时的个性特征被关联于这些单词的意义，进而产生一种意义的理据性。因此，在语音过程中，音位发声时发音器官之间的位置关系或者发音器官的状态被用来和现实世界中的位置关系或者事物状态关联起来，进而产生了一种抽象的语言象似性。这样的音位发音方式中的象似性在诗歌中被广泛应用，具体可参见艾普斯坦所著的《语言和文体》④一书。

　　费舍尔认为语音发音象似性比起语音听觉象似性有两方面的不足，这两种不足使得语音发音象似性无法呈现语音听觉象似性的具体和直观。第一，并非所有的人都是语言学家，在使用语言时会细致地关注每个音位发音时的舌位，更不会去仔细揣摩发音器官的特征及状态和物质世界状态之间是否会有关联。因此，语音发声象似性只存在于人们的潜意识之中，很抽象、模糊。第二，在任何一种语言的语音系统中，诸如/i/和/a/这样对

---

① 短元音/i/发音方式的描述：高舌位、前元音。

② 比起/i/，元音/a/和/ɒ/发音时舌位更低，更后。

③ 参见 Otto Jespersen, *Language：Its Nature. Development and Origin*, London：George Allen & Unwin, 1922。

④ 参见 Edmund L. Epstein, *Language and Style*（New Accents）, London：Methuen, 1978。

立的元音数量是有限的。雷伊①在对语音发音象似性研究文献总结中提到，爱德华·萨皮尔曾经设计了一个"单词"列表测试受试对语音发声象似性的感受，列表中的词并不是英语中实际存在的单词，而是一些根据实验目的设计的词对，其中含有他想要测试的对立音位，例如"mil"对"mal"，目的是测试受试能否根据其对 mil 和 mal 中的音位对立的感觉作出这样的预测，即体会出这两个词的意义会相应地包含"微小"和"宽大"这样对立的倾向。萨皮尔的方法引发了一系列类似的语音学试验，这些实验还分析了类似于/i/和/a/这样的元音对立体其他方面的联觉和跨情态特征；根据萨皮尔的试验，费舍尔·约根森②利用"CVC"③音节结构的单词测试了元音对立体是否还能激发人们感觉中以下对立的表意倾向：明、暗对立，锐、钝或尖、圆对立，硬、软对立，轻、重对立，紧、松对立，张、驰对立，窄、宽对立以及薄、厚对立等；约根森的试验结论是这些元音对立的确能反映出上述众多对立的表意倾向。众多相似的语音学试验都发现某些特定的元音总是出现在相应的语义丛中，如果前、高元音和后、低元音对立地出现在两组音节中，那么这两组音节的表意倾向肯定是相反的。元音/i/和/a/的对立是如此的普遍，甚至在一些生动的口语词中的元音顺序排列都体现出了从高到低、从前到后的顺序象似性，如chitter-chatter、tittle-tattle、ding-dong、pitter-patter、tick-tock 中④舌位更高、更前的/i/总是要出现在舌位相对较低、较后的/a/前面。

第三节　语音联想象似性

　　前文中提到的字母组合"fl－"及"－ash"所暗含的象似性和语音听觉象似性以及语音发音象似性都是完全不同的，"fl－"及"－ash"的

---

　　① 参见 I. E. Ray, "Sound Symbolism", *The Encyclopedia of Language and Linguistics*, Vol. 8, Oxford: Pergamon Press, 1994, pp. 4064 – 4070。

　　② 参见 Eli Fischer- Jørgensen, "Perceptual Dimensions of Vowels", *To Honor Roman Jakobson*: *Essay on the Occasion of His Seventieth Birthday*, Vol. I, The Hague: Mouton, 1967, pp. 667 – 671。

　　③ 即辅音＋元音＋辅音结构（C 是"Consonant"的缩写，代表辅音；V 是"Vowel"的缩写，代表元音）。

　　④ 这四五个单词的意思分别是：喋喋不休，闲谈，叮当声，噼噼啪啪声，滴答滴答声。

象似性是在众多单词的群体内部结构对比中联想出来的象似性。费舍尔认为在此有两个层面的联想：首先，在初级层面的联想中人们把某些音或者音丛和某些意义联系起来；接着在二级层面的联想中人们把所有含有这些音或音丛的单词都联起来并发现其中共同的表意倾向，其中后者是确定类似字母组合象似性的关键。塞缪尔①把后者称为字母组合象似性的语境，他认为音组联觉②只有依赖于一定的语境才能成立，而一旦这样的语境出现，这些字母组合即音组的意义象似性就会得以突出和加强。据此我们可以说"flash"中的字母组合"fl－"意义的象似性或表意倾向并不是这个字母组合内在固有的，而是由于还有很多其他含有该字母组合的单词，并且这些单词也表现出了和"flash"相似的意义元素——"闪光"；那这些含有相同字母组合的单词就构成了该字母组合表意象似性的语境，"－ash"也是同样的道理。这样的音丛联觉有很强的类推作用，会引发出更多对于字母组合意义的联想。

那么，怎么理解字母组合表意象似性生成过程中的初级联想呢，也就是说"fl－"是如何最初被人们和某些意义联系起来的？对于这个问题很难找到一个合理、明确的回答。费舍尔引用雅克布森对另一个语音现象的探讨来间接地回答这个难题。语音学家发现世界上很多语言中"母亲"一词都含有一个鼻音，这难道纯属巧合吗？很多语言中婴儿对妈妈和爸爸总会是"mama"和"baba"，雅各布森③认为婴儿由于双唇在吮吸母亲的乳头时口腔受阻，只能通过鼻腔发出声音，鼻腔发出的轻微鼻音/m/伴随着整个吮吸乳汁的过程，这声音在婴儿吃奶的过程中是反复、连续地出现的，并形成一种刺激反应，对婴儿而言成为得到食物、照顾或者爱抚的条件反射，并逐渐成为妈妈的指代符号。

在语音联想象似性的研究中，雅各布森明确地提出，在整个发音过程中，生理或心理的状态（如，吮吸乳汁引发一种心理的满足感）和发音器官的特定位置产生关联，并引发人们对语音象似性的心理感受或体会。因此，这种语音象似性纯粹是意识对语音发声经验的一种联想。

---

① M. L. Samuel, *Linguistic Evolution with Special Reference to English*, *Cambridge Studies in Linguistics* 5, Cambridge: Cambridge University Press, 1972.

② 即 phonaestheme。

③ Norman Jakobson, "Why 'mama' and 'Papa'?", *Selected Writings. Vol.* 1: *Phonological Studies* (2nd, expanded ed.), The Hague: Mouton, 1971, pp. 538 – 545.

总　　结

根据皮尔士的符号象似性理论，象似性的三种表现形式分别是具象象似性、图示象似性以及暗喻，在此我们所关注的只是前两者。具象象似性是个体性的，由具体的形式来表征意义，依据的基础是符号的能指和所指之间的象似性；而图示象似性则是参数性的，象似性并不是通过符号能指和所指之间的象似性来体现的，而是参数对比性的（如 big-bigger-biggest），或者句法结果对比性的。图示象似性中能指和所指之间也有可能出现相像，但它们之间的相像性却不是必要的。那么，上面提到的语音听觉象似性、语音发音象似性、语音联想象似性如何融入皮尔士符号三分法思想体系呢？语音听觉象似性中，非语言语音被用来指代非语言语音（如象声词），因此可以把语音象似性归为具象象似性；语音发音象似性中，既有具象象似性特征也有图式象似性特征，例如音位/i/和/a/发声时发音器官的位置关系和其在词汇中的意思之间的象似性，如上文中提到"little""wee""teeny"相对于"large""vast"；语音联想象似性则完全是图式象似性，因为语音联想象似性是通过一组单词所共有的某些形态特征来凸显出某些意义的共同倾向，如上文中的"fl－"组合，这是一种建立在形态对比基础之上的理据。语音发声象似性中发音方式映射出物质世界中的"空间"和"尺寸"等具体意义，但这种映射却是以人类意识的联想为基础的，例如，语言学中的术语"音义联觉"就是在表达这个语音现象。南尼之所以提出"语音联想象似性"这一名称，就是要强调某些语音和某些语义的相关性是说话者心理机能的发挥，或者是其抽象、模糊的心理感受、领悟，这种现象很值得认知语言学关注和研究。

第三章

迈耶对模拟音意义理据的探究

第一节　对模拟音的对比和商榷

很多词汇充满韵律的魅力，这些韵律魅力魔术般地出现在这些词汇的意义中，这也是人们一致认可的语言美学价值的源泉之一。语言研究者曾经讨论过一个很有趣的主题，列举出英语中最"美"、最令人"舒服"的十个单词和最"丑"、最令人"不舒服"的十个单词；前者包括："chimes""dawn""golden""hush""lullaby""luminous""mist""melody""murmuring"和"tranquil"①；后者包括："cacophony""crunch""flatulent""gripe""jazz""phlegmatic""plump""plutocrat""sap""treachery"②。这两组词的区分中，显然有来自语音听觉的因素参与其中，迈耶认为人们对词汇的印象受感觉的左右，但是最明显触动人们的仍然是语音。

迈耶还提到荷兰人看上去似乎对语音的韵律美感充耳不闻，他们把词语当作词语所指代的事物本身，在其眼中最美的语言词汇是诸如"moeder"（母亲）和"liefde"（爱情）等字眼。迈耶分析说：每个人天生就兼具柏拉图主义者和亚里士多德主义者的特质，③ 也就是说，一方面对语

---

① 这十个单词意思依次是：钟声、黎明、黄金的、肃静、摇篮曲、光明的、薄雾、旋律、低语、恬静。Hans Heintich Meier, "Imagination by Ideophones", *Form Miming Meaning*: *iconicity in language and literature*, Amsterdam / Philadelphia: John Benjamins Publishing Company, 1999, p. 135。

② 这十个单词意思依次是：刺耳的音调、嚼碎声、脾胃气胀、抱怨、爵士乐（喧闹）、冷淡的、扑通声、财阀、消耗、背叛。出处同上。

③ Hans Heintich Meier, "Imagination by Ideophones", *Form Miming Meaning*: *iconicity in language and literature*, Amsterdam / Philadelphia: John Benjamins Publishing Company, 1999, p. 135.

言作为一种符号与它所指代的事物之间的象似性在理念上有某种抽象而模糊的领悟，另一方面又主张语言符号与它所指带的事物之间的关系纯粹是任意性的，只承认象声词的模拟性。语言学界一再强调"任意性"学说，著名的语言学家利奇告诫人们"你们总是频繁地把对词语的个人主观想象投射到组成这些词语的语音上去了"①。

对语言符号象似性学说的否定似乎是语言学界的一个传统，关于语言起源的象似性理论，诸如"bow-wow""ding-dong""la-la""pooh-pooh""ye-he-ho"以及其他相关理论都遭到质疑和否定。语言学家叶尔姆斯列夫②虽然承认语音象征意义或模拟音的存在，但是他只是把语音象征意义和语言的功能联系起来，认为语音象征意义（模拟音）仅限于人们的语言观念中，并不是语言结构本身具有的特征。对于语言符号象似性学说反对的主流观点认为只有少数象声词体现出象似性，因此并非语言符号的主体或普遍现象；此外，这种观点还认为象声词也受制于语体风格的限制，也就是说象声词只出现在口头语中，如"boing"③"brr"④"whoosh"⑤，大都是发音器官如鼻腔或口腔随意发出的声音，由于长时间的规约而成为某些意义的固定所指。语言象似性现象除了出现在人类或动物随意并经常发出的声音中外，也出现在动物的名称、人们对动物的呼语、讲故事或说书的语言、民谣和歌曲、广告和商标、漫画书以及四字俗语中等。这些领域中的象声词或语音象征意义作为象似性符号被轻易地看作原始的和初级的语言形式，因而也被认为是琐碎和微不足道的，甚至是牵强的。

对语言符号的象似性还有更加深刻的批评，象声词"boum"（嘣）和"baoum"以及"braoum"表达的是同样的象声意义，据此象声词的拼写被认为是没有具体的固定形式的；还有些象声词由于拼写形式甚至不被认为是标准的词汇形态，如"hoi!""iiih""pst"，这些词也很难被收录

---

① 参见 Geoffrey N. Leech, *A Linguistic Guide to English Poetry*, Lodon：Longman，1969，p. 100。

② Louis Hjelmslev, *Die Sprache*, *Eine Einfuhrung*, Darmstadt：Wissenschaftliche Buchgesell-schaft，1968，p. 55.

③ 象声词，［弹簧突然弹开或振动时所发出的声音］"啵嘤"。

④ 象声词，［领悟或冷战的声音］哦，呵。

⑤ 象声词，［飞速行进等发出的声音］嗖，呼。

到字典中去。在此先不说这些象似性将如何被标准词汇化和语法化，迈耶[①]观察到英语中有一种简单的方式能把自然的声音转化为语言中的动词：/s:/滋生出"hiss"（发出"嘘"声；发嘘声），/z:/衍化出了"buzz"（作"嗡嗡"声；东奔西忙），/ʃ:/引出了"hush"（发"嘘"声；使安静；使寂静），/m:/创造出了"hum"（发低哼声）。对于"合法"语音的认定标准也是对模拟音的限制，即这些模拟声音或表意声音必须是符合语言规范的语音，必须符合语音的属性、音素结合的要求，如音响度排列。罗兹[②]根据自然声音和英语标准音位的相符合程度和音位组合的要求，制定了一个等级量表把这些自然声音分为"完全不符合"语音的模拟音、"不完全符合"语音的模拟音、"符号"语音的模拟音三个等级。这其中不符合语音的自然音包括很多表示情感的感叹词，它们在字母上稍作调整就会成为准语音了，如"aha""ahem""hem""ow""uh-huh""whew"[③]，这些音完全符合音位排列的规范；下面一组词也属同样的现象"faugh"（呸，嘘<表示厌恶、轻蔑等>），"humph"（哼<表示怀疑、不满、轻蔑等>），"phew"（唷<表示不快、惊讶的声音>），"tut-tut"（发啧啧声；发嘘声<表示不耐烦、烦恼、轻蔑等时>），"ugh"（啊！唷！呸！呃<表示憎恶、厌恶、咳嗽声等>）。[④]

语言符号象似性或者模拟音面临的另外一个主要障碍是同一个所指可以有全然不同的能指，即使在象声词中也是如此，例如"whisper"（耳语；飒飒地响）、"chuchoter""flüstern"[⑤]。迈耶认为象声词在表音文字中的不同拼写并不能抹去或削弱象声词作为模拟音的表意特性[⑥]，只能说明

---

① 参见 Hans Heintich Meier, "Imagination by Ideophones", *Form Miming Meaning: iconicity in language and literature*, Amsterdam / Philadelphia: John Benjamins Publishing Company, 1999, p. 137。

② 参见 Richard R. Rhodes, "Aural Images", *Sound Symbolism*, Hiraga, Masako, K, 1994, pp. 276 – 292。

③ 这一组词均为英语中标准的象声词。

④ 转引自 Hans Heintich Meier, "Imagination by Ideophones", *Form Miming Meaning: iconicity in language and literature*, Amsterdam / Philadelphia: John Benjamins Publishing Company, 1999, p. 137。

⑤ Chuchoter、flüstern 分别为法语和德语，意思相当于英语中的 whisper。

⑥ 可参见 Geoffrey N. Leech, *A Linguistic Guide to English Poetry*, Lodon: Longman, 1969, p. 69。

在不同民族的语言中人们对这种模拟音的感受是有差异的，或者人们是从不同角度去捕捉和记录自然声音的。例如，"buzzing"和"humming"尽管在语音上完全不同却都指代蜜蜂发出的声音，就好像是在不同的距离内听到的蜜蜂嗡嗡声；"crack"和"bang"① 的差异也出自同样的道理。最后一个反对模拟音的观点认为除了占词汇数目很少的象声词之外，所有的词汇无法从其语音判断其所指代的意义，在这样的反驳中，皮尔士提出的象似符号（icon）的能指和所指之间的自然拟像以及奥格登和理查兹②提出的象声词作为语言符号其能指和所指之间的关系不是嫁接的而是自然的，这两种学说都要被大刀阔斧地修正了。

　　然而在文学作品中模拟音被大量使用，有时候似乎是作者在刻意地运用模拟音来增加作品表意的生动性和直观性，如"buzz of bees"（蜜蜂的"嗡嗡"声）、"the beat of horses' hooves"（马蹄踩踏路面的叩击声）、"the clash of swords"（利剑交锋时的撞击声）、"the hiss of snake"（毒蛇威胁时发出的"嘶嘶"声）、"the murmuring of brook"（小溪流淌时发出的"潺潺"声），以及"the whisper or rustle of leaves"（树叶被风吹动时发出"沙沙"声）。迈耶还举了另外一个例子：1938 年一个叫约翰·克罗·拉瑟姆的人在描写疯牛病肆虐，数量众多的牛在芝加哥被屠宰时，用了这样一个短语"the murdering of innumerable beeves"③，这个短语被认为是拉瑟姆仿照"the innumerable bees"④ 而写的。语言学研究者用这个例子来说明"音义连觉"效果的产生并不是建立在语音基础上的，因为语音的一点点变化就会消除这种音义联觉的效果；但也有学者分析到上述例子中"murmuring"向"murdering"变化中一个字母的更改（m 变为 d）其实并不是轻微的变化，这一更替把短语中"innumerable"一词的拟音性给破坏了；再后来人们意识到这里的"m"和"d"的变化是音位上的替换，而这样的音位替换必然会引起词义的变化。事实上，在讨论表意文字作为拟音符或象声符的理据性时，语义是要被优先考虑的，例如"bark"

---

① 此处 crack 和 bang 都指枪声。

② 参见 Charles Kay Ogden and Ivor Armstrong Richards, *The meaning of Meaning. A Study of the Influence of Language upon Thought and of the Science of Symbolism*, London: Kegan Paul, Trench, Trubner, 1946, pp. 11 – 12。

③ 这句话的意思是：无以计数的牛被屠宰。同上。

④ 这句话的意思是：无以计数的蜜蜂。同上。

（狗吠声）和"swallow"（吞咽）作为动词所饱含的象声性或象似性，在它们作为名词的意义"树皮"和"燕子"中消失得无影无踪；而我们也可以从中看出语言学界维护符号任意性学说的深刻动机和依据，为了在理论上论证词语的意义的多样性，拟音符必须被限制在很小的数量内。

第二节　模拟音名称的多样化

迈耶认为从数量上讲，在标准英语中"音义联觉"或拟音现象是很常见的，而在各种英语方言和世界其他地区的英语中，语音象似性现象就更加突出了。不管我们对图符或象似符（icon）的具体界定有多大程度的差异性，对模拟音或语音象似性研究的文献一致反复强调模拟音的图像性，虽然称呼这种现象所用的术语各不相同。理查兹把非严格意义上的模拟音象声词称作"语言听觉意象"（auditory verbal imagery）或"自由听觉意象"（free auditory images）[1]；弗莱在在其研究中把语音象似性称为"仿拟和谐"（imitative harmony），并认为语音象似性与其说是一种听觉现象倒不如说是一种视觉现象；他还强调指出在口语和俚语中这样的"语言视觉意象"（verbal opsis）十分丰富，这些语言被作为图画一样描述为"栩栩如生的""富有色彩的"[2]；诺沃提尼引用蒲柏的话把模拟音叫作"语音的风格"（style of sound）[3]；维勒克把语音象征意义的现象命名为语音的"面相"（physiognomy）或词语的"语音相貌"（the sound-look of words）[4]；还有研究者把某些特定字母组合在众多单词中出现并表达相同意义的现象叫作词语绘画（word-painting）。

语音象似性或模拟音现象的名称众多，有些是现代语言学家提出的，因为他们对于把模拟音现象仅限于象声词感到不满。例如，詹姆士·莫瑞

---

①　Ivor Armstrong Richards, *Principles of Literary Criticism*, London: Routledge and Kegan Paul, 1955, p. 128.

②　Northrop Frye, *Anatomy of Criticism. Four Essays*, Princeton N. J. : Princeton University Press, 1973, pp. 258 – 259.

③　Winifred Nowottny, *The Language Poets Use*, London: Athlone Press, 1991, p. 13.

④　René Wellek, "Closing Statement", *Style in Language*, Cambridge, Mass. : M. I. T. Press, 1975, p. 412.

在 1880 年提出的"形声"（echoism）、亚历山大·埃利斯 1881 年提出了"模拟音"（ideophone）；而史密瑟斯则以模拟音来指代语音象征意义的现象；1930 年，J. R. 弗斯创造了"联觉音组"（phonaestheme）来指代字母组合"sl -"在"slack"（松懈）、"slouch"（下垂）、"slush"（稀泥）这一组词中的语音理据性或象似性；凯蒂·威尔斯 1990 年提出"心理词素"（psychomorph）这一名称作为联觉音组的同义词。① 语音象似性名称虽然众多，但是它们都和语音象征意义的现象密切相关，例如，"flame""flash""flare"这一组词中"fl -"表达的语义是"运动着的光"（light in motion）；而"ounce"在"bounce""pounce""trounce"这一组词中的语义是"迅速的运动"（rapid movement）。

　　根据语音象似性众多名称和这些名称所侧重方面的不同，迈耶把语音象似性或者模拟音的名称按照具体和抽象的程度在表 3 - 1 中分为一级象似性和二级象似性，前者更加具体而后者则相对前者较抽象：

表 3 - 1	迈耶一、二级象似性表②
一级象似性	二级象似性
象声词、语音仿拟（语义）、形声	语音联觉、语音象征（意义）、心理词素（从形态出发对意义进行的联想）

　　从表 3 - 1 中的各个名称可以得出，"模拟音"是所有这些名称的上义词（hyponym），这个词所包括的基本含义是：词汇作为符号其所指和能指之间的关系是非任意性的，语音和语义之间是存在理据性的；其中一级象似性体现的是语音对自然声音的直接仿拟，而二级象似性则体现了语音触发说话者其他感受或心理意象的现象。

第三节　模拟音存在的范畴和相对性

　　语言研究的面越小，研究得出的结论越深刻、越详细、越丰富。这正

---

　　① 转引自 Hans Heintich Meier，"Imagination by Ideophones"，*Form Miming Meaning*：*iconicity in language and literature*，Amsterdam ／ Philadelphia：John Benjamins Publishing Company，1999，p. 147。

　　② John N. Deely，"Idolum. Archeology of the Iconic Sign"，*Iconicity*：*Essays on the Nature of Culture*；Festschrift for Thomas A. Sebeok on his 65th birthday. Tübingen：Stauffenburg-Verlag，1986，p. 37.

是模拟音研究的状况，面对模拟音研究者的分析单位不是个体单词，而是构成个体单词的音素、形素以及义素；甚至这些构词的基本单位也不能单独成就模拟音，它们必须和人们的感觉和心理联系起来才能创造模拟音的象似性；可见表音文字（如英语）和表意文字（例如汉语）的符号象似性是截然不同的。表意文字本身就孕育着视觉直接可以观察的符号象似性，这种符号象似性不是建立在大脑抽象联想和心理模糊感受的基础之上；而表音文字的符号象似性恰恰是倚重于这两方面的，前文中提到的术语"语音联觉"和"心理词素"就是明显的例子。叶斯柏森[①]把英语词汇形态中的下列单位分析为语义象征意义的载体："fl –""sl –""gl –""– sh""– tch"；"叠音"现象、动词中的"– le"和"– er"后缀，以及元音中的某些对立体如"/i/"和"/u/"。史密瑟斯不仅详细地分析了英语中众多模拟音之间的关系，而且还研究了这些模拟音的构型特征，他发现很多很有规则的形态变化：尤其体现于发音在器官同部位的众多辅音之间。例如，词首和词尾的辅音变化的规则性、词尾爆破音的叠音等。模拟音家族就这样被微妙地呈现出来了，还有一些模拟音在比喻意义的衍生过程中也体现出了这样的规则性或者说某些规则样式。例如某些具有模拟音特征的单词中，其发音和词义有明显的相关性，"wr –"有表达"拧""歪""斜""不正"这样一些具体意义以及"错误""扭曲""歪曲"这样抽象意义的倾向，例如："wriggle"（蠕动、蜿蜒前行）和"awry"（向一边歪曲的、错误的、走样的）；同样，"拨动""弄乱""打扰"这样的表意倾向出现在"– other"这一形态中，例如"bother"（使……不安、打扰）、"pother"（使忙乱、使烦乱）；而"sc –/sk –"则总是表达"四处跳跃"或者"嘲笑"这样的意义，例如"skip"（轻快地跳、跳来跳去、跳跃、跳着走）、"scoff"（嘲笑、愚弄）；再如"ba –"倾向表达"唠叨/喋喋不休地说"和"混淆/混乱"的意义，例如"babble"（喋喋不休、牙牙学语、作潺潺声）、"baffle"（使困惑、使迷惑、难住）；"– ump"这个构词形态的语义表达倾向更加突出，集中于两个意义特征，第一表示"突起、突出"，例如"bump"（隆起物、突起部、＜路的＞凸块）、"clump"（堆、团、块）、"lump"（块、块状、肿块、瘤）；第二表

---

① 参见 Otto Jespersen, *Language. Its Nature*, *Development and Origin*, London：Allen and Unwin, 1947. pp. 396 –411。

示"重重地落下",例如"dump"(猛地扔下、使砰地落下、沉重地放下)、"slump"(掉下、猛地掉下)、"thump"(重击、砰地撞击)。[①]

这样的模拟音体验虽然很抽象、很细微,但是模拟音象似性在人们意识中是完全成立的,有研究发现模拟音出现在词首往往确定或突出象似性意义的种类,而出现在词尾则突出其所指代事物的存在方式或者状态。例如"sn –"这一形态在发音上给人的感受是使气流或声音在通过发音器官时受到某种阻碍。这种阻碍可以分为三类:第一类,气流严重受阻,不得不在鼻腔"艰难"通过:"snore"(打鼾、呼吸粗重)、"snort"(喷鼻息、鼻息声)、"snot"(鼻涕);第二类,气流受阻所以"缓慢"通过:"snail"(缓慢移动)、"snake"(使曲折行进、使迂回前进)、"sneak"(鬼鬼祟祟地走、潜行、溜走)、"snoop"(窥探、窥视、探寻);第三类,气流虽然受阻却"快速"通过:"snip"(剪、剪刀的咔嚓咔嚓声)、"snap"(突然折断、拉断、猛咬、啪地关上)、"snatch"(一下子抓住、很快接受)。关于某些模拟音出现在词尾往往表示其所指代事物或事件发生的"方式"、"方法",迈耶列举了古英语中的一些以"– ettan"结尾的动词,他发现这些动词中的 3/4 的词义都具有理据性或象似性。例如 bealcetten(belch)、blægettan(cry)、clæppettan(throb)、cloccettan(beat,palpitate)[②] 这一组有共同词尾"– ettan"的动词中,词根指代各种行为或动作,而词尾则一致性地表示行为或动作被重复或连续进行。

此外,研究发现黏合词(blends)的构词中模拟音所占的比例相对较高。迈耶以庞德的作品为例,统计出其某作品中 205 个黏合词中有 75 个涉及模拟音现象,所占比例为 36%。迈耶[③]认为黏合词中高频率出现的构词象似性或理据性现象说明模拟音可以被人们随时随意地运用,这也就意味着音义联觉在构词中的变通性、自由性;如果说音义联觉在构词中只是

①　上述例词转引自 Hans Heintich Meier,"Imagination by Ideophones",*Form Miming Meaning*:*iconicity in language and literature*,Amsterdam / Philadelphia:John Benjamins Publishing Company,1999,p. 143。

②　这一组单词的汉语意思分别是:打嗝;哭泣;(心脏等急速地)跳动,悸动,搏动;(连续)打击,(尤指用棍或其他硬物接连地)打,敲;急速地跳动,心怦怦地跳(尤指心脏悸动)。

③　参见 Hans Heintich Meier,"Imagination by Ideophones",*Form Miming Meaning*:*iconicity in language and literature*,Amsterdam / Philadelphia:John Benjamins Publishing Company,1999,p. 144。

特殊现象的话，那么这种特殊现象正好吻合模拟音的特殊身份，从这个特殊身份中得出的结论就是：从对心理词素的研究中来看，模拟音中的音素有时分享、有时抵制正统或标准的语音变化，模拟音这种特征是语言学家经常谈论的主题，也在各种文学作品中被广泛应用。很多本身并不具有象似性或模拟音的词汇也被用来创作出一种象似性，例如前文中提到的"innumerable"（不计其数的）和"murmuring bees"（发出嗡嗡声的蜂群），正是"murmuring bees"才使得"innumerable"饱含语义的象似性。人们根据语音联觉的启发，突破了语音象似性或理据性的限制，通过更多的手段创造出了表音文字的形态象似性，这在商业广告中尤为突出。

第四节　模拟音象似性的根本特性——抽象性

作为符号的一种类型，模拟音在符号象似性上存在一个如此明显的问题，以至于语言学界都以怀疑的眼光来审视模拟音所蕴含的象似性或表意性。这个问题就是：在语言符号的语境之下，我们所关注的模拟音象似性并不是皮尔士符号学说中的典型图像象似性（iconicity），也就是说模拟音所蕴含的象似性不是直观化的、视觉化的，模拟音所呈现的"意象"（image）其实就是这些语音在说话者和听话者大脑唤起的某种形象、生动的感受或想象，或者某种语音轮廓（phonetic contour），这和皮氏的图标象似性是不同的。罗德兹①认为尽管模拟音的象似性是毋庸置疑的，但是它并非是通过视觉媒介来呈现或实现的，它的象似性和象形文字如"汉字"的图像性象似性不可同日而语；模拟音的象似性是一种"心理"现象而非"感官"现象，它在更大程度上是一种微妙的"印象"而不是一种具体的"概念"，正如纳什所言：语音象征意义的现象既不是建立在自然也不是建立在规约的基础之上，而是建立在人们的"幻想"（illusion）之上的。②

虽然语言学界很多学者都把模拟音象似性现象作为边缘主题来对待，

---

① 参见 Richard Rhodes，"Aural Images"，*Sound Symbolism*. Cambridge：Cambridge University Press，1997，p. 277。

② 参见 Walter Nash，"Sound and the Pattern of Poetic Meanning"，Linguistics and the Study of Literature，Amsterdam：Rodopi，1989，p. 131。

字典中除了典型的象声词之外，从不提及或解释模拟音、音表意现象，但是它们在人们的语言交流中屡见不鲜。模拟音在人们心理上产生的印象有的是听觉性的，有的是视觉性的，有的是触觉性的，有的是味觉性的，有的是动感性的，还有的则是上述感觉的结合和转化。因此，可以说模拟音的象似性是"通感性"的、暗喻性的，无法用某一个具体的感官体验来清晰地说明，有时甚至无须借助微妙的感觉体验也能观察到某些模拟音的表意倾向。例如，流音（liquids）和鼻音（nasal）有表达"无声""寂静"这样意义的倾向：silent，still，stilly，tranquil，calm，lull，mute。① "st-"有表达"静止不动"之意的倾向：still，stiff，stand，state，statue，stock，stone，stuck。② 元音/ʌ/倾向于表达"麻木""感觉迟缓"之类的意义：blunt，dull，dumb，numb，stunned，③ 等等。

　　也有学者提出语音的象似性和表意性可以从发音器官发音时的运动中寻找线索，这种提法被称为动觉学说（kinesthesia）；还有学者认为诸如模拟音这样的音表意的现象只能存在于听话者的感觉印象中，存在于说话者感受到的来自动觉神经发声时带给说话者的某种满足感。④ 当然这里的前提是交际的双方对来自动觉神经语音的感受能力是相同的，也就是说他们的语感是相同或至少是相似的。也可以这样认为：是语音触动或激活了语言使用者的感觉，所以也有人提出应该用"激活"学说来替代模拟音或音表意的提法，因为语音的象似性或理据性最终还是要从发声的动觉中去探寻和感知；语音和发声器官显然是无法分离的，而关于语音的印象就来自发声器官的直觉感受，所有模拟音的感觉激发和动觉效应也正是源于发声器官。

---

① 这一组单词的意思分别是：寂静的，静悄悄的，静静地，安宁的，平静的，使……平静，无声的。

② 这一组单词的意思分别是：静止的，僵直的，站立，形态/结构，雕像，囤积，石头，卡住。

③ 这一组单词的意思分别是：迟钝的，呆滞的，愚笨的，麻木的，目瞪口呆的。

④ 参见 Phermann Paul，Prinzipien Der Sprachgeschichte，Halle：Niemeyer，1920，p. 177。

第四章

杰西·帕尔眼中的符号象似性

关于符号最基本的二元论是基于组成符号的能指和所指之间的关系，有一种观点认为能指和所指之间是任意性关系，而另一种观点则认为能指和所指之间有自然的关联，所以任意性、规约性、自然性、象似性这样的对立标签成为符号分析和讨论的关键词。对象似性符号进行分类讨论时，美国哲学家皮尔士也用到了这些关键词。

皮尔士界定符号时首先提及的是能指和所指之间的仿拟性，后来他用图符或图标（icon）来命名能指和所指之间的拟象性，这里的"icon"有别于拜占庭宗教里的圣象或神的肖像，他更强调"icon"作为"图像""影像"的普遍意义。图符作为符号的特殊性在于它的能指和所指之间共享某些特征或属性，即图符和它所指代的事物之间存在具体或抽象的共同特质。根据能指和所指之间具象相似的不同程度，皮尔士把非语言图符分为三种：映像符（image）、拟象符（diagram）和隐语（metaphor），语言图符也分为三类：象似符（icon）、标记符（index）和代码符（symbol）。王寅把皮尔士图符分类总结如图 4 - 1 所示：

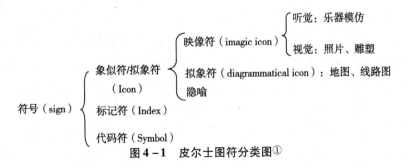

图 4 - 1　皮尔士图符分类图①

---

① 王寅：《Iconicity 的译名与定义》，《中国翻译》1999 年第 2 期，第 50 页。

映像符、拟象符和隐喻都是象似性的喻体，都以各自特殊的方式模仿、描绘或折射着本体。映像符，如照片或雕像是对人体外表的记录，再者，象声词作为听觉图符是对各种声音的模仿，以及香水作为味觉图符是对大自然花草之香的移植、而各种调料和香精是食物对自然中各种味道的品觉再造。拟象符是对现实生活中各种形态、结构的再现，而隐语则是人们对各种事物、现象和人物之间对比并提取象似性之后的生动叙述，如明喻、暗喻、提喻及转喻等。

莫瑞斯[①]也曾关注过符号象似性现象，他认为符号象似性的基础是符号本身具有其所代表的事物的特征，这种象似性是图符使用的唯一规则。他举例说教堂的图片和教堂建筑之间的索引关系，宇宙天文图对宇宙星体的运行轨迹和位置的展示，化学分子式对物质微粒结构的建模，都是具象图符象似性的体现。但莫瑞斯并不把照片、人物姓名和化学元素名称归类到具象图符中，而是把它们分到另一类并命名为非具象符（non-iconic signs）或代码符（symbols），这两类符号合起来就成为其所谓的特征化符号（characterizing signs）。而特征化符号又和标记符（index）不同：前者可以相关于多种事物，而后者则只能指代某一种事物。可以说莫瑞斯所说的代码符的指代性是规约性的，或至少可以说不是自然性的，相对比之下，具象图符的象似性不是指代性的，而是临摹性的。于是莫瑞斯把象似符和代码符对立起来，强调前者作为事物符号，其象似性是自然而非规约的。

后来莫瑞斯又修正了符号象似性的分类，提出把图符分为具象性对非具象性（iconic signs vs. non-iconic signs）和代码符对信号符（symbols vs. signals）两大类。他维持了具象符原来的定义，即具象符和其所指代事物之间的特征具有共性或象似性，但是认为具象符号所呈现的象似性有"量"或者"度"的不同。例如，彩色照片比黑白照片要展现出更多与其所拍摄事物之间的象似性；而黑白照片又要比照片底片展现出更多与所其记录事物之间的象似性；大幅图片要比小卡片呈现更多与事物之间的象似性；四声道高保真音响播出的交响乐比晶体管收音机播出的更具逼真性（象似性）。莫瑞斯先前的图符象似性是建立在图符和所指代事物相似基

---

① 参见 Charles Morris，*Writings on the General Theory of Signs*，The Hague and Paris：Mouton，1971，pp. 83 – 87。

础之上的，但是在此他则把图符象似性的级别化作区分图符的主要依据。

对此杰西·帕尔[①]认为莫瑞斯级别化的象似性缺乏自然性和一致性，指出莫瑞斯的图符象似性并非总是建立在符号和事物之间的模拟基础上而是认为它们之间是一种人为的设定和搭配，尤其是莫瑞斯对图符的第二次分类中所提及的代码符。代码符在此是一种人为规约的符号，并没有体现出象似性，和他所界定的信号符没有本质的区别。杰西还指出莫瑞斯所列举的有关符号象似性的现象也更多体现了符号和所指代事物之间一种人为联系。莫瑞斯艺术作品的例子是典型的符号规约化表意，尤其是抽象艺术作品。而莫瑞斯把人们的梦和空想也作为象似性图符的例证，认为梦和空想从弗洛伊德心理学角度看是人们对外在失败行为的内在重现和替代，进而满足人们的心理需求。杰西认为这样的象似性与其说是形态的还不如说是功能的，梦中的事物不是现事实物的象似图符，因为梦境中的事物超越了表面的象似性、结构的雷同性或顺序的平行性。梦体现的是一种更加复杂的对现实的心理加工，其中有意识、潜意识和无意识的介入。杰西指出梦中的事物往往还要担负起其在现实中的功能，如梦见有关个人优越感或权力的事物，这些事物不仅仅只是表面现象，它们还有安抚和满足心理的功能，缓解做梦者在现实生活中由于受挫和自卑而导致的心理压力。正是因为梦的这种功能使莫瑞斯断定梦中的事物是现事实物的象似性图符，认为梦的符号性恰恰在于其所担负的抽象角色，这些角色迎合现实生活中人们压抑的欲望，成就人们未满足的需求，这一切都是在梦中在短时记忆和无意识条件下，在对现实的模拟中进行的，是关于各种心理情结的一种释放。

莫瑞斯的象似性图符不仅仅是建立在事物和其符号间外在、结构或顺序的象似性上，这种图符象似性还结合了符号所代表的现事实物的类比功能或抽象意义。杰西认为莫瑞斯为象似性符号添加了生物性特征。根据象似符的这种生物化特征，事物（A）作为某种潜在物刺激生物体（如人类），而该生物体正处在某种需求状态中，由于事物（A）的迎合性刺激于是在生物体内激发出某种倾向或性情并以某种行为方式表达出来，而这

---

① 参见 Jercy Pelc, "Iconicity. Iconic Signs or Iconic Uses of Sifns?", *Iconicity*: *Essays on the Nature of Culture*; *Festschrift for Thomas A. Sebeok on his 65th birthday*, Tübingen: Stauffenburg-Verlag, 1986, pp. 7 – 16.

些行为方式恰恰是具体的事物（B）可以引出的，于是事物（A）被当作事物（B）的符号。为了说明这样一点，莫瑞斯举了下面两个例子：如果用敲锣来作为喂狗时的条件反射，狗听见锣声就会像它闻到或看到食物时那样流口水，那么，锣声对狗来说就是事物的符号；同样的道理，梦见坠落悬崖会使人的机体恐惧、出汗，就像在现实生活中人体处在危险中而恐惧、出汗一样，跌落悬崖的梦魇对我们的机体而言也就成为一种符号。①

莫瑞斯的符号都有象似性特征，尽管有些象似性是极其抽象和模糊的。杰西指出，虽然莫瑞斯区分了具象图符和非具象图符，但是这两种图符其实是象似性在程度和清晰性上有所差别，而不是具象和非具象之分。而且莫瑞斯符号的象似性有时尽管极其模糊，甚至是间接的、心理的或臆想的，但只要它能完成能指对所指的指向功能，符号的象似性仍然是被认可的。杰西以想象中的色情场景举例，认为它也是象似符，只要这场景（即使是在想象中）能完成这样的功能：引起人脉搏和心跳加速（就像亲眼看见该场景时一样）。

针对莫瑞斯符号象似性的阐释和所举的例证，杰西提出了一系列疑问，如对于梦和空想作为象似性符号的思考：梦境和空想以及发呆是现实生活中什么事物的符号？是梦境中事物的符号，还是做梦者主体的符号？或者是做梦者某种潜意识状态的符号？梦对谁而言是符号，对于做梦者还是对于释梦者（心理分析师）？还有，如果梦境中的事物在现实中并不存在，那它还是什么的象似性符号呢？杰西以皮格马利翁和伽拉忒亚的故事②来表达他的疑惑：皮格马利翁想象中还未最终完成的少女伽拉忒亚雕像是象似性符号吗？或许应该反过来说，最终完成的雕像是雕塑家大脑中意象的图符；或许应该说这雕像是一位有血有肉的女人的象似性符号。只是，在这个特殊的符号指代中，能指先于所指而存在，因为雕像完成之后爱神阿弗洛狄才赋予了她生命的气息。那可否这样认为，这雕像不是皮革马利翁大脑意象的图符，而是一位活生生的名为伽拉忒的少女的象似性符号，爱神阿弗洛狄赋予了她生命，而皮革马利翁赋予了她形体？

---

① 参见 Charles Morris, *Writings on the General Theory of Signs*, The Hague and Paris：Mouton, 1971，pp. 83 – 87。

② 皮格马利翁（Pygmalion）是现代塞浦路斯的一位擅长雕刻的国王，因为他把全部热情和盼望放在本身雕刻的少女雕像身上，竟使这座雕像活了起来；伽拉忒亚（Galatea）是雕刻师皮格马利翁所倾心的出自他手的雕像；后来，应他的祈祷，爱神阿弗洛狄赋予伽拉忒亚以生命。

如果把两个事物的就像功能象似性看作象似性的基础，并就此认为它们是彼此的象似符，那么就可以说安眠药是生理疲倦的象似符，依据就是两者导致的机体反应是相似的；滴入眼睛的阿托品（一种生物碱）也就成了黑暗降临的象似符，因为就像黑夜一样，阿托品也可以让人眼睛瞳孔扩张。杰西认为如果去除生物因素，莫瑞斯象似性符号将会失去意义，因为那样一来，任何的替代想象都会成为象似符指代，这样符号象似性就被极端化了：副经理成了经理的象似符、人力推动汽车成了引擎发动汽车的象似符、乘电梯上楼成了走楼梯上、下楼的象似符。因为这些例子中前者都是后者的替代，而且两者功能对等。因此人们对以替代和功能对等为依据界定象似性符号的做法的态度是审慎的、不完全接受的。

其实也有学者彻底否定以象似性作为符号和其所指代事物之间象似性的自然依据，如达姆博斯卡，① 他的观点刚好相反，认为象似性符号和象征符（symbol）一样都是一种符号和事物之间人为的规约，而非自然的联系。即使雕像、绘画、地图和图标的象似性也被质疑和否定，认为它们和所有人为设定的符号毫无区别，事物之间的相似，不管是类质同构（isomorphism）还是异质同形（homomorphism），都不能使它们成为彼此的象似图符，象似性只能是激发了人们规约符号指代的动机，赋予某一事物代表另一事物的功能。一事物要代表另一事物，前者必须首先被人们有意识地选定或创造，并对其两者之间的关系加以解释，方可完成前者作为后者符号的指代作用，这其中规约起着关键作用。

从上文中看出，符号象似性是否成立并没有一个定论，自然派和规约派各执己见，有意见认为符号既可以看成是自然象似的，又可以当作人为象征化的。也就是说符号指代的复数性或其功能的多样性带来了对符号象似性的争议。例如，杰克作为单一个体却身兼数个角色：父亲、儿子、丈夫、兄弟。水果可以很清晰地分为苹果、梨、野生莓、浆果；不像杰克，各种水果不可能同时属于两种分类。所以符号的分类似乎没有确定和明显的界限，比如橄榄枝，既是一种树木的象似符，同时也象征着和平；闹钟铃声既是电子脉冲所引起的听觉的高频振动，又是危险或某种预设事物的指代。这种复杂的指代关系根源于被用作符号的物体有多重功能，符号既

① Izydora Dambska, "O konwencjach semiotycznych［On semiotic conventions］", *Studia Semiotyczne*, Vol. 4, Warszawa: Ossolineum, 1973.

可以象征别的物体，也可以标志别的物体；符号即可明确表达、亦可隐晦地指代另外一个事物；此外，符号还可以用来描述物体，也是对物体的一种呈现。也就是说，从功能的角度讲，符号同时可以承担五个角色：第一可以是代码符（symbol）、第二可以是征兆符（symptom）、第三可以是标记符（index）、第四可以是信号符（signal）、第五可以是象似符（iconic sign）。据此，杰西提出与其把符号的功能区分为指示（indication）、征兆（symptom）、共现（syndrome）、标记（indice）、拟象（iconic sign）、信号和代码（signal and symbol），不如详细分析符号不同的指代途径和指代目的。①

　　这样的建议是可行的，只是要有一个条件，那就是当在众多的上述功能中挑选符号时，须确定所选择的符号在概念上不能阻塞或妨碍其他功能符号的呈现。反过来说一种功能的符号应该有清晰的界定和概念从而不会和其他的功能符号出现混淆；同时要把所有的功能都归在符号这一名义之下，也就是说以上所有的功能都从属于这样一个符号使用的原则：符号是一种指代现象。杰西虽然认可这样的区分方法，但是他质疑这种区分方法的充分性，因为他认为信号、征兆等这样的指代功能，它们之间的不同是类别性的（typological），就像人类血型的差异，而非异质化的（classificational）或不同门类的。差异性区别是比较直观的，这样的差异可以根据度的不同而进行切割和划分。杰西曾这样举例说明，假如以"有无子女"为依据，我们很轻易就可以把成人进行完全分类；而如果以"神经紧张"为依据对人们进行分类，情况就复杂多了，根本无法进行确定的分类，比如"神经紧张"和"神经不紧张"有无一个清晰的界线呢？"神经紧张"在个体身上的体现是差异性的，有不同的程度，而用于形容人们精神紧张状态的标记词往往也是模糊和不精确的。

　　这种度的差异性也明显地体现在上述各种符号功能上，它们都是模糊甚至是隐晦的，其区别也是差异性而非类别性的。充当符号的物体其实就是在特定时刻被特定的人用来指代另外一个物体，而这两个物体之间的象似性自然有特定的程度；把这种指代方式普遍化，任何一个物体总是可以

---

　　① 参见 Jercy Pelc, "Iconicity. Iconic Signs or Iconic Uses of Sifns?", *Iconicity*: *Essays on the Nature of Culture*; *Festschriftfor Thomas A. Sebeok on his 65th birthday*, Tübingen: Stauffenburg-Verlag, 1986, pp. 7 – 16.

被特定的人在特定的语境中用作另外某一特定物体的象征符号，也就是不同相似度的象似性图符。在艺术发展史上，有时绘画者以牺牲写实而使其作品更象征化、抽象化，而有时却又恰恰相反；在前一种情况下，绘画更多体现了代码符的特征和功能，而在后一情况下，绘画则更多地体现了具象符或象似符的特点。准确地说符号是复杂的，不仅有象似度的不同；在莫瑞斯很早就指出符号象似度差异时，皮尔士就关注到了符号使用时的规约性，例如几何公式。

象似性和规约性这样的混杂特征在事物的象征意义方面也同样突出，象征不管是具体的还是抽象的，都是象似和规约的混杂，但并不能因为这种混杂就把所有的符号象征意义都视为符号的象似性。我们不能说书本上的"煤"和"炭"两个字有象似性，因为用黑墨书写的；它们之间的象似性来自文化的规约，已经成为代表黑色的语言符号，因为其中的象似性显而易见。同样把"雪"字也用黑墨书写，没人会仅仅因此把雪和煤或炭联系起来，雪仍然象征着白色，除非有一种相反的文化传统把用黑色墨水写的雪字规约黑色的象征，就像有人说"白马非马"，但这样的规约因为没有包含任何的象似性而不会被人们认可和接受。

象似性和规约性相结合的典范是象声词，一组模仿大自然和动物声音的人类语言的语音，其中的象似性呼之欲出，但也并非毫无规约性。象声词，"rumble"、雷的"轰隆"声、"hiss"（蛇发出的"嘶嘶声"）在象似性方面分别指代两种声音，在规约性方面则象征大自然中一种现象和一种动物。说话者用字、词、句描述其经历、表达其感受时，会激起听众的某些反应，这过程是字、词、句作为符号发挥各种指代功能的结果，这些功能包括象征的、象似的、指示的、标记的、征兆的、信号的，等等。这种混杂状态才是符号意指的复杂性常态，没有纯粹单一的符号意指。有时候这样的混杂是同一种象征表意的不同方式的结合，杰西以他收到的来自古巴出版社的信件举例说明：信件正文习惯性地以"Revolucionarmente…"①结尾，而且信是用红墨打印的。很明显红色是有意识挑选的，作为一种符号象征着革命，这种符号的意指功能源于暗喻，而信件里的字句也是一种符号，是语言符号，其意指功能建立在规约性基础之上；这样两种不同的象征手段就被融合在一起了。杰西还看到了第三种符号意指，那就是信件

---

① 相当于英语中的"Revolutionarily yours"，意为"你的革命同志，某某某"。

作为文本陈述写信者的某种人生体验，这种体验通过文本使阅读信件的人理解并激发其某种行为，这也是一种符号的表意功能，因为文本本身也可以被看作是一种更加复杂的表意符号。

因此，一条基本规则是：符号的意指功能不是纯粹的、单一的、同质的，而是混杂的、融合的，也就是说符号既有自然性也有规约性，割裂两者把符号单一界定为任何一种特性都是片面的。往往是在某些情况下符号的象似性或意指功能是自然性的，而在另外一些情况下符号的象似性或意指功能是规约性的。之所以如此，是因为每种情况下符号占主导地位的象似性或意指功能是不同的。普通情况下人们所使用的符号功能是"自然——规约化"的，把符号当作事物的指示符、信号符、代码符还是象似符，是由符号和符号所指代的事物的可类比性决定的。例如，在一种语境中，符号作为象似图符的意指功能更为直观和贴切，就可以说在符号众多意指功能中其象似性功能在人们的思维中占据了主导地位。

可见上文所区分的符号功能（指示、征兆、共现、标记、拟象、信号和代码）是相对的，可以确定的是在特定语境下符号的某一意指功能更加突出和象似，但这并不能否定符号的其他意指功能。正因为如此，人们理解名为"亚当和夏娃"的油画时会把毒蛇领悟为撒旦的象征符号，而从外在象似性上他们几乎是毫不相关的，虽然在绘画中符号的象似性功能是运用得最普遍的，这种领悟却是人们运用符号其他功能的结果。在此，毒蛇作为"罪"的符号是绘画者和赏画者的共识，这种共识来自符号的规约性。鉴于此，皮尔士认为符号的意指功能既不在于充当符号的物体的物质属性，也不在于符号本身具有的纯粹的指代作用，而是在于使用符号的人类思维。

简言之，符号的各种分类是类型化而非门类化的，其类型界限是相对而非绝对的；相应地，能指的各种符号，和其所指代的所指之间的象似性有度的差别；人们对符号意指功能的运用受时空的限制，往往既利用符号能指和所指之间的自然性，也利用它们之间的规约性，也就是说，符号兼具象似性、标记性、代码性等特征。

第五章

约翰·迪利关于象似性符号的考古学和认识论探讨

让我们先通过两段引语来开始这一章的话题讨论。皮尔士曾经这样说道："尽管在日常话语中，并不要求对事物进行科学准确的描述，人们往往用象似的肖像或图符（icon）来指代客观事物，这些肖像或图符其实是人类意识呈现的客观事物的意象，所以，严格地说，事物的形象只存在于人的意识之中。"① 莱斯得则说道："至今，对象似性现象的讨论只限于以下一些图像性事物：地图、画像、图形、实物模型、照片，等等，还没有把象似性现象和人的感官对事物的知觉联系起来。"② 这两种观点都涉及象似性符号和认识论之间的关系，对此，约翰·迪利通过分析拉丁文艺复兴中亚里士多德式的认识论及其相关争辩，对象似性符号和认识论的关系作了考古学式的探讨。

第一节　认识论的符号性特征

文艺复兴时代就出现的一个词"幻象/意象（idolum）"和皮尔士的"象似符（icon）"有十分近似的含义，它们都表达了人们认知过程中的符号化特征。皮尔士对其符号学思想中的象似符（icon）界定为：人类意识中事物的符号化意象，象似符是人类大脑凭借对客观事物特征的直接认知而产生的映像；有些象似符作为能指在现实中并没有与其相对应的所

---

① Charles Sanders Peirce, "On Existential Graphs, Euler's Diagrams, and Logical Algebra", *Collected Papers of Charles Sanders Peirce*, Vol. IV, Cambridge, Mass: Harvard, 1933, p. 447.

② Joseph M. Ransdell, "The Epistemic Function of Iconicity in Perception", *Peirce Studies*, No. 1, Lubbock, Texas: Institute for Studies in Pragmaticism, 1979, p. 57.

指，这些象似性符号其实已经不能看作严格意义上的符号了。而且皮尔士认为："纯粹的象似符并不能表达确切的或符合事实的意义或信息。因为，即使有纯粹的象似符，也并不能证明就有它们能够指代的完全真实的意义或事实；而象似符最大的价值就在于它使符号解读者能够通过能指深入研究所指的特征。"① 这种象似符思想有四个方面值得关注：第一，象似符之所以能指代所指物是因为其内在特征；第二，象似符只存在于人类的意识当中，是象似性现象的基本形态和体现；第三，这种象似符思想并不十分关注客观现实，因为皮尔士的象似符并非一定要有相应的客观所指物；第四，象似符属于客观物体在人类意识领域的映像。所以任何思想物即使在现实中并无所指物仍然可以成为象似符，它为解释人类思想和观念本身提供了方法和途径。

早在洛克的《人类理智论》问世前 200 年，就已经有很多关于符号本质的思考，这些对符号的研究受到中世纪认识论思想的影响，而中世纪认识论思想又是在亚里士多德自然哲学的基础上发展起来的，其中也蕴含着关于符号的理论。在认识论和符号思想整个融合、发展的过程中的一个关键词就是"幻象/意象（idolum）"，其意指和皮尔士的象似符"icon"几乎完全相同。

为详细说明上述符号认识论的特性，约翰·迪利首先总结性地回顾了拉丁文艺复兴中亚里士多德式的认识论及其相关争辩。他得出的一个结论是："我越研究这些思想作品和相关的术语，就越觉得被人们公认的希腊哲学思想也存在于拉丁文艺复兴中，尤其是孕育于其中的符号学思想，而这些思想则很难映射在英语语言中。"② 迪利的研究还发现拉丁人后期思想中把人类的认知分为三个层面：第一个层面他们称之为"sentire"，字面意思基本上等同于英语中的"sensation（感觉）"；第二个层面被命名为"phantasiari"，在英语中找不到和这个词字面意思相近的单词；第三个层面叫作"intelligere"，可以理解为英语中的"understanding（理解）"或者"concept formation（观念的形成）"，但这样的对应并非完全准确，对这三

---

①   Charles Sanders Peirce, "On Existential Graphs, Euler's Diagrams, and Logical Algebra", *Collected Papers of Charles Sanders Peirce*, Vol. IV, Cambridge, Mass: Harvard, 1933, p. 447.

②   John Deely, "Idolum. Archeology of the Iconic Sign", *Iconicity: Essays on the Nature of Culture; Festschrift for Thomas A. Sebeok on his 65th birthday*, Tübingen: Stauffenburg-Verlag, 1986, pp. 31 –32.

个认知层面的现代理解也不是完全统一和一致的。关于第二个层面的名称"phantasiari"，英语中最接近其所表达意思的是"perception（知觉）"。英语中 perception 一词主要出现在心理学领域，指人的大脑对客观现实的意识或认识，而拉丁人观念中的 phantasiari，不仅包括意识对客观事物的印象，也包括梦境中的现象、幻觉中的形象、解释性意识等无法清晰、合理地从理性角度理解的大脑意象。拉丁人在第一层面的感觉向第二层面的知觉过度的对比中强调的是要克服一种不均衡，这种不均衡存在于人们的经验结构认识客观事物的途径和客观事物以其物质属性影响或刺激人们感官的途径之间；也就是说，在人们对事物的认识过程中，有主体性的输入而不仅仅是客体映射的形象，这样人们意识中的客体超越了物质刺激物的功能并参与在意义的指代过程中。例如，一个人的形象在我们的大脑中造成一个印象的同时可能还会让我们产生"友好"，"心怀敌意"等诸如此类的意识。而其中不仅仅只是第二个层面的认知过程，也有第三个层面的介入，即某种理解或观念的形成。迪利进一步对第二和第三个层面作了深入的区分，强调理解或观念的形成（即 intelligere）只发生在人类知觉（phantasiari）活动中。对于动物而言（即对于纯粹的知觉认知而言），如动物认知自然基本物质并把其生存环境认可为一个"客观世界（umwelt）"，动物知道在这个世界里该躲避什么，寻找什么；这个层面的感知活动完全发生在存在交互现象的环境当中，对事物的感知是为了满足需求和欲望。在这个"客观世界"里客体事物之间的复杂关系网是生物主体编制和构建的，用西比奥克①的话说，生物体对任何客体的感知都只是其对客观事物形成的主观意象，绝非是客观事物在镜子中的真实影像。认知中的理解或观念（intelligere）更加深入地表明人类认知的客观事物的过程比人们经验中的体验更加复杂和多样化。也就是说，人类经验无法全面感知客观事物的所有特质；而且客观事物与其所在的周围世界（umwelt）有更加复杂的联系，这些联系是人类的经验无法捕捉穷尽的。由此可见，拉丁人的"现实（ens reale）"比我们今天所说的现实（reality）指代更丰富、内涵更博大。从拉丁人的现实观的概念进行判断，人们可以怀疑客体的外观，质疑所谓的"真实感知"。

---

① 参见 Thomas A. Sebeok，"Neglected Figures in the History of Semiotics Inquiry：Jakob von Uexküll"，*The Sign & Its Masters*，Austin：University of Texas Press，1979，pp. 187 – 207。

　　还有一个与上述三个认知层面相关联的概念，这个概念在希腊文里用"eidos"表达。迪利认为在所有现代民族语言中都找不到和这个概念相对应的词，其意思接近于英语中"species（物种）"这个单词，西方学者把它翻译为"form（形式）"，但并非现代词汇学概念意义上的形式。在柏拉图哲学思想中"form"指某一事物之所以是其本身、之所以存于客观世界的理据和缘由，是其本质形态、自然状态（natural being）、真正本体（en reale：real being），这种状态或本体不依赖任何的认知过程而独立存在。此处界定的形式有两种状态：一种是从"物种"的客观角度讲的形式，它是事物的自然形态（esse naturale）；另一种是生物机体意识中存在的形式，它和生物机体的认知力相关联，这种形式也折射出生物有机体认知活动的维度、深度和准确度。12—17 世纪的认识论因对形式的不同理解而与现代认识论截然不同，尤其是和以康德思想为基础的当代认识论差异突出。拉丁人的认知产生于认知与客观事物的冲突中、与人类大脑意识的抵触之中，这样的冲突和抵触根源于物质与环境的联系当中。迪利用人类的有性繁殖类比拉丁人的认识论：认知能力例如视力、听力、想象力、记忆力，等等，都是用来认知一定范围内的客观事物；但是不管这些认知力多么得敏锐，认知者的主观能动多么强烈，也无法确定人类意识所认知到的就是某一个特定事物的特性，除非有能力确定这一事物客观外在的标志或其具体的物种归属。这个前提对于人类意识认知能力的意义就像有性繁殖中雄性精子对于雌性身体的意义，有了雌性的身体受精才能发生，才能有受孕过程。同样的道理，人类意识只有确定了认知的领域，确定了事物的种属，才能认知具体的事物。这一确定"形式"或种属才是认识论语境中意义产生的基础。

　　认知的感觉阶段（sentive level）关注的是客观事物的形态或形态的不同侧面，注意到的是客观现实环境的某些部分，这些都是决定认知能力的客观途径。因此，感觉阶段对事物的认知突出的是自然象似性或逼真性，确切地说，是认知感官中的事物形象和外在客观事物具体形态之间的相似。这个最初阶段的认知中就已经确定了事物的种属或确定标志，这种确定性不仅仅对感觉阶段很重要，也是认知知觉阶段（phantasiari）和理解阶段（intelligere）必不可少的。种属在事物的认知中起"始发功能"并激发认知能力的作用，设置认知的种属印象，即设置认知某一事物时人类感觉的范畴或轮廓（species impressa）或呈现在人类大脑的客观主题

（objecta motiva），种属及其功能在感觉阶段均以"感官印象（sense impression）"或者"认知数据""资料（datum）"的方式列席于人类大脑之中。迪利①指出，后来，由约翰·洛克②等提出的认知语境中的"感官印象"和拉丁人认知思想中的"感官印象"并不完全相同，我们往往受到误导而不能正确理解拉丁人这一认知思想的准确含义。洛克和休谟认为感觉纯粹是人类大脑本身活动的产物，人们对某事物感知完全是大脑的内在行为，这种内在认知并不一定需要或者可以完全摆脱事物所在的外在环境。而对于拉丁人而言，人类对事物的感知完全是大脑和事物所在环境互动的结果，认知深受外在环境特征的影响，也就是说，感官印象既不单独存在于客观事物本身，也不单独存在于认知者大脑当中，它存在于它们两者的互动之中。迪利③指出，在拉丁人看来，在认知的感觉阶段把事物思想化或抽象化是毫无理由和根据的，因为在最初阶段的认知是事物以其物质属性直接作用于人的大脑而产生的。

认知初级阶段的感官印象进一步通过感觉通道被输送到更高阶段的认知过程——记忆、评估、判断，这一阶段的认识是大脑或有机体对事物及其环境的间接的、更高程度的理解和反映，会出现对事物的分类、基本的判断，进而产生对待事物的相应态度，而不再是最初阶段对事物和环境的简单的直接印象了。在初级阶段向第二阶段的过渡中，有感觉（sentire）和知觉（phantasiari）的汇合，后者说知觉在感觉的基础上进行了认知的追加或建构，结果就使得这时大脑或机体意识中的事物已经不再完全是自然状态下事物的直接形象。知觉对事物及其环境所输送的信息进行深加工而产生第二阶段的认知，拉丁人根据其对认知感觉阶段的名称"species impressa"（种属印象），把这一阶段的知觉认知命名为"species expressa"（种属表征、种属范畴，或者投射表征），后来也称为"objecta motiva et terminativa simul"（客观主题和主观印象共现）。

① John N. Deely，"Idolum. Archeology of the Iconic Sign"，*Iconicity：Essays on the Nature of Culture；Festschrift for Thomas A. Sebeok on his 65th birthday*，Tübingen：Stauffenburg-Verlag，1986，pp. 17 - 28.

② John Lock，*An Essay Concerning Human Understanding*，New York：Dover Publications，1959.

③ John N. Deely，"The No-Verbal Inlay in Linguistic Communication"，*The Sigifying Animal*，Bloomington：Indiana University Press，1980，pp. 201 - 217.

所有层面的认知，无论高低，都需要"认知客体"最初提供的具体、客观、直接和物质性信息，认知客体通常被称为"causa formalis extrinseca"（认知的启动）；但是超越了物质性而整合化、抽象化了的信息，即客体信息的表征信息，只出现在认知活动的高级和复杂阶段，也就是直观信息被大脑表征化的阶段，这些表征信息只有在感觉和知觉的互动中才能生成。例如，对一个人的认识，某个人的外表和长相提供的就是认知启动所需要的直观信息，而这些外表信息在大脑中所唤起的抽象感觉，如"和蔼可亲""凶狠可怕""羸弱不堪""气宇轩昂"，等等，都是感觉抽象化、表征化后的知觉信息。

可见种属印象和种属表征两者功能上的差异主要在于来自认知感官的信息量和来自经验知觉的信息量之间的比例。知觉信息中包含的某些成分是感觉信息中所缺失的，虽然前者是建立在后者基础之上的，知觉信息中超越了感觉信息的成分则不依赖于认知中的客观事物，或不依赖于客观事物已知信息的。也正因为如此，大脑意识能够进行更抽象的、超越客观事物基本信息的认知活动。迪利[1]提出在认知的感觉阶段（sentire），只有认知行为和被认知的客观事物，而在知觉和理解阶段（phantasiari and intelligere），存在另外某种成分，它把客观事物信息以一定的比例分配到认知的过程中，如表5-1所示。

表5-1   认知活动各阶段客观事物已知信息比例表[2]

认知活动 （Activity）：	认知的形成 （Production）：	客观事物已知信息 （Known）：
感觉（Sentire）		客观事物所在的环境提供的各种信息 （Physical Aspects of Environment）
知觉（Phantasiari） 理解（Intelligere）	种属表征 （species expressa）	认知主体意识中依赖于客观事物的信息和不依赖于客观事物的信息之间的比例 （Present and Absent Objects Proportioned To Subjectivity）

可以看出在认知感觉阶段，并没有认知结果的出现，有的只是客观事

---

[1] John N. Deely, "Idolum: Archeology and ontology of the iconic sign", *Iconicity: Essays on the Nature of Culture*; *Festschrift for Thomas A. Sebeok on his 65th Birthday*, TuÈbingen: Stauenburg Verlag, 1986, p. 36.

[2] Ibid. .

物（认知客体），拉丁人看来这个认知客体并不仅仅指客观事物本身，还应当包括其所在的环境，而环境中的信息均在认知主体的感觉范围之内。在知觉阶段，认知的结果开始出现，从拉丁人提出的众多名称中就可以体会该阶段认知的复杂性，这些名称有：幻象（phantasma）、概念（conceptus）、表征（repraesentatio）、影像（similitudo）、意象（imago）、幻象/意象（idolum），等等。拉丁人思想中的认知客体既可以是也可以不是客观事物，兼具具体和抽象特征，但基本上都有或多或少的客观性。拉丁人的客体概念比现代人对客观事物的定义更丰富、更宽泛。在拉丁人看来只有一小部分客体被具象化了，或者说客体的某些方面（并非全部）被客观呈现了；反过来说这些客体本身内含了物质性成分，这些物质性存在于客观世界并独立于人类意识，但只有在客观世界的网络和人类意识的网络相结合中，客观事物才对于认知有意义，才能被人类大脑表征和理解。同样，在认知的理解阶段（intelligere），也必须要有认知结果的产生，这个认知结果就是用于理解事物的各种概念。这样，才能有认知的推进；在该认知阶段主体把认知信息加以概括并以象似性符号或图符的方式表征，其中既有理解中的观念也有感觉中的印象。

迪利因此认为客观世界是一个完全不同于物质世界的空间，完全可能有这样的情况：某事物不是一种绝对存在（being），但却是一种客体（object），因为事物之间在物质性和存在方式上的差别是一回事，而事物的原理和事物的可认知性之间的差异则是另一回事。① 然而，物质世界和客观世界通过人类感觉被恒久地合理联系起来了，拉丁人认为在认知的第一阶段大脑中没有必要出现对客体的认知结果，在该阶段大脑并未意识到它有任何关于认知客体的信息处理或建构，因为整个认知程序就是依赖于客体的信息和不依赖于客体的信息两者之间比例变化的过程。感觉阶段也就是客体以一定比例向意识投射信息的过程。

不同于现代人的思想，拉丁人把最初阶段中的感觉活动分析为认知的核心所在；认知第二阶段的知觉现代人认为是经验，拉丁人认为这一阶段是"客体印象"呈现于意识之中，而现代人的"经验说"恰恰相反，这

---

① John N. Deely, "Idolum: Archeology and ontology of the iconic sign", *Iconicity: Essays on the Nature of Culture; Festschrift for Thomas A. Sebeok on his 65th Birthday*, Tuëbingen: Stauenburg Verlag, 1986, p. 36.

一阶段是意识对客体的表征。这里出现在意识中的"客体印象",或者说拉丁人的众多名称所指代的感念——幻象(phantasma)、概念(conceptus)、表征(repraesentatio)、影像(similitudo)、意象(imago)、幻象/意象(idolum)——在迪利看来这些名称所指刚好对应于皮尔士思想中象似性符号的内涵。而"idolum"(幻象/意象)尤为值得一提,在文献中很少被提起,因此是人们比较陌生的。"幻象/意象"只是"idolum"一词的机械翻译,很难把其意思准确地翻译出来,尤其是它在拉丁人认知思想中所指代的某些概念和功能。接近 idolum 本意但并非毫无误导的英文翻译是"idol(幻象、拟象)",牛津字典中 idol 的一项解释是"image",但 image 一词应对拉丁文中的"imago(意象)";此外,idol 在英文中其含义的外延指向事物的"外在影像",而当它指代"内在影像"时,往往表示被人类意识主观化进而和客观形象不完全相符的事物影像,而后者恰恰是认知论思想所需要和关注的;也就是说英文中 idol 一词缺乏拉丁文中 idolum 所表达的事物影像的客观性,idol 中已经包含了人类的意识或观念,而 idolum 一词却是意识对事物影像的中立呈现。迪利在英语字典中没有找到的与拉丁文单词 idolum 概念最贴切的对应词,他认为皮尔士符号学思想中的"icon(象似符)"更加接近 idolum 的内涵意义。

第二节 认知论与符号学

对于拉丁人的认知思想这里需要强调一点,知识不是人类意识对事物客观、直接认知的结果;拉丁人在意识中积极主动地进行建构和创造进而认知事物。在这些建构和创造中,通过人类意识的理解力把认知客体从"以物质为主体的"客观世界(umwelt)推进到了"以主观意识为主体的"理性化世界(Lebenswelt)。[①]迪利认为从拉丁人的认知思想看,17 世纪由洛克和笛卡尔思想引发的哲学革命有强烈的反符号学倾

[①] John N. Deely, "Idolum. Archeology of the Iconic Sign", *Iconicity: Essays on the Nature of Culture; Festschrift for Thomas A. Sebeok on his 65th birthday*, Tübingen: Stauffenburg-Verlag, 1986, p. 33. 此处的 umwelt:侧重于客观物质世界,是动物和人类生存环境的总称;而 Lebenswelt 则侧重指受人类意识和主观感知影响的世界,也就是说人类意识融入客观物质世界,进而产生了一个被人类思维内化了的、出现在人类认识中的环境。

向；洛克和笛卡尔坚持认为知觉和理解就是事物在人类意识中产生的直接影像或图符（image），而拉丁思想家则把这影像或图符看作象似性符号（icon），并对象似符的表征功能和其表征或指代能力加以区分，从而也就区分了知觉阶段（sentire）的客体和理解阶段（intelligere）的客体，即知觉和概念。

在迪利看来，在历史上知觉和概念的区分全面出现在象似性符号上，对于这种区分的关注仅出现在拉丁文化的后期，区分的主旨是：每一个符号都涉及对另外一个事物的表征，但每一个表征不一定就是一个符号，因为符号首先能够指代其自身，而且符号至少指向另一个其自身之外的事物。在拉丁后期哲学中，整个的认知过程是在分析符号表征的基础上展开的，也就是说认知论引入了符号学思想。迪利指出早在 1564 年，认知思想中就已经出现了"idola"和"phantasmata"两个术语，其意思相当于前文提到的"species expressa"（种属或形式表征），这两个术语就是认识论中的形式符号（signum formale）。拉丁人对形式符号功能作了表征和意义的区分，进而提出映像或象似符作为认知高级阶段[①]的产物的确是其所指代的客体的表征，但并不能反过来说，映像或象似符因为是表征所以它们就是符号。迪利直接引用了拉丁人的观点："感觉和概念有一个基本原理，它们表达事物的某种特性，因为它们就是客体的行为或意象，形式符号和事物之间联系的基础即为两者之间的象似性，而该象似性正是符号本身形成的基础，即概念作为符号通过这种象似性替代认知客体。"[②] 他们还认为符号的形式表征功能是建立在符号的指代关系基础之上的，这个指代关系是可逆的，换句话说，指代可以由抽象符号出发驶向客体，也可以从客体出发驶向抽象符号。

表征只存在于意识之中，被用来建立一种关联性，这种关联的终端就是意识要认知和理解的客体；而象似符的符号性能完全建立和确定在这个关联性之上或指代过程中，此关联性或指代是符号（能指）和符号所指代的客体（所指）之间"相关性信息"向第三方即认知主体（符号阅读者）的传输或意会。对语篇中文字作为符号的阅读过程，其实就是读者

---

① 此处指知觉和理解阶段。

② John N. Deely, "Idolum. Archeology of the Iconic Sign", *Iconicity: Essays on the Nature of Culture; Festschrift for Thomas A. Sebeok on his 65th birthday*, Tübingen: Stauffenburg-Verlag, 1986, p. 38.

作为符号系统中的第三方对文字符号（能指）所指代的事物或所表达的意义（所指）的理解过程。

　　形式符号（formal sign）或意识中的象似符之所以被冠以"形式"之名，是因为主体意识中符号和其所指的客体之间的相像，但是在思考"符号"的普遍意义时，这种形态上的象似性就只是符号的一个侧面了，更重要的是符号通过其和客体之间形态的相关性而呈现出一种能指和所指在主体意识中的关系，通过这种关系主体把未知的客体转化为已知。这也就是符号学说基本要义的所在：符号吸收并囊括了传统认识论中和人们常识中的"概念""意象"等抽象思想；符号思想很微妙甚至晦涩，但是它基本解释的是客观物质世界和人类意识世界的主体间性（intersubjectivity）或可互通性；某一环境中的群体尽管其对客观世界的经验各不相同，然而他们可以分享其共同的文化语境、流畅地交际，就是因为符号和符号编制中有数不清的能指和所指关系的网络。

　　迪利引用莱斯德的话来进一步解释象似符："严格地说，象似符可以被界定为认知客体和符号之间可量化的共态性。客体形态是象似符生成的首要条件，所以客体和象似符之间没有区别，不过客体在形态上比象似符更饱满而已；不能由于象似符和客体的形似而把两者割裂并置起来，应该把符号和其指代的客体合二为一，就像人们把其意识中的事物和现实中的事物等同起来一样。"[1] 可见在谈论象似符号时，莱斯德否定了"把事物和事物所指意义相分离"的思想；但是对莱斯德的看法作了更仔细的思考之后，溥安硕提出的看法也是符号学说不可忽视的，他认为："符号不会增加认知中的所指的数量，不能说作为能指的符号和人类意识中事物的印象（也是一种能指）并置，所以能指和被认知的客体在数量上增加了，但是要看到能指或客体的指代途径或方式由于符号的参与而增多了；所以符号和其所指是相对应的，尽管人们在意识或表征中习惯于把两者看成一体……符号学说中的表征和被表征是两码事，因为一个事物无法表征其自身，把客体和符号合二为一就会使符号丧失其基本原理。"[2]

---

　　[1]　Joseph M. Ransdell, *Charles Peirce*: *The Idea of Representation*, Doctoral dissertation, Columbia University, 1966, p. 152.

　　[2]　Joannes Pointsot, *Tractatus de Signis*, *within the Artis Logicae Secunda Pars* (Alcalá, Spain), as explained in Deely, 1982, q. v. The Reiser edition of this work (*Cursus Philosophicus Thomisticus*, Volume I; Turin: Marietti, 1930, pp. 249 – 839), 1632.

　　莱斯德所说的象似符号生成的首要条件"能指——所指共态性"也是皮尔士符号学思想中认知表征和直接知觉相结合的基础，这表明在认识论思想发展中，尽管对符号和客体的关系有激烈的分歧和争论，但是，所有认识论思想家都保留了符号学的研究视角，这一视角也可以用莱斯德的话来总结："由于意识中事物的呈现形式（符号）并非完全是该事物的客观原型，所以知觉是表征性的；而且这种表征形式（符号）可能被用来指代多个事物，但是意识感知到的能指——所指共态性使得特定的符号或呈现形式成为表征的特定客体。"①

　　当然，此处的形式符号（formal sign）和皮尔士思想中的符号是有区别的；这里需要简短指出不能把形式或思想符号和皮尔士的象似性符号（icon）等同看待，虽然在表征方面形式符号和象似性符号的认知学功能是一致的。莱斯德认为形式符号或象似性符号很抽象，其表征的意义也是"可疑的、暧昧的主观感受或设想"，或者说它们的表征是超乎直观的、晦涩的。而马利坦②则认为大脑意识中的形式符号和象似性符号并非因其相似于客体事物而被认知，而是因为两种符号和客体事物之间的关联。迪利认为形式符号和象似性符号其实并不抽象和晦涩，它们恰好是对意义和表征进行严格区分的结果，也正是对形式符号的这一理解，才使形式符号从"任意性特征"的禁锢中解脱出来。表征和意义的区别引起了更大概念的区别：即人们主观意识内客体事物之间的相互关系和在现实中客观事物之间的相互关系。在符号学思想中，符号的表征其实就是建立事物之间的关联，而这一关联正是形式符号存在的基础和依据。从根本上讲符号是一种表征，从形式上讲符号则是一种关系，这种关系总是外指向性的。

　　符号的这种特性是必要的，因为历史上对事物关系的争论表明事物有不同意义上的相关性，这些相关性要么是种明确的关系，要么只是一种影射性的指向或趋势。前者是严格意义上的相关性，也称作"本体关系或存在关系（ontological relation）"，是符号的根本属性；而后一种关系，不

---

　　①　Joannes Pointsot, *Tractatus de Signis*, *within the Artist Logicae Secunda Pars*（Alcalá, Spain）, as explained in Deely, 1982, q. v. The Reiser edition of this work（*Cursus Philosophicus Thomisticus*, Volume I; Turin: Marietti, 1930, pp. 249－938）, 1632, p. 150.

　　②　Jacques Maritain, *The Degree of Knowledge*, trans. from the 4th French ed. under the supervision of Gerald B. Phelan（New York: Scribner's）, esp. Appendix I, "The Concept", 1959, pp. 387－417.（Originally publication 1932）

是严格意义上的相关性，被称作"超验关系或先验关系（transcendental relation）"，是表征的特性，是人类认知现实世界时主观意识功能的突出体现。在迪利看来，皮尔士思想中一直坚持的符号构成三分法在拉丁经院学者学说中也曾经被深入探究过。如溥安硕，他在经院学者的争论中提到了符号本体论和先验论之间的关系："符号和其所指之间总是存在一种认识论关系，它是符号的基本要件，但这种关系在认知中既可能被主体理解为本体关系也有可能被主体内化为超验关系，关键是要看所涉及的符号是内在于意识的还是外在于意识的。"[1] 迪利指出，人类大脑中的符号，即认识论所关注的符号，自然是人类意识的形式符号或象似性符号；人类大脑之外的符号是意识对客观事物的知觉，客观事物进入人类意识时也携带了其他的客体，经院学者把这种符号称为工具符号"instrumental signs"。[2] 工具符号总是与其所指，即意识中的客体保持短暂的同步或联立；他们认为工具性符号的关键点是：不管它和其所指客体是联立共现的还是前后连续出现的，它的有效存在取决于其自身的客观实在性，其客观实在性被人类逻辑认知，并表征为符号。工具符号要成立，它就必须首先在逻辑上是客体，有其客观实在性。而对于象似性符号而言，情况正好相反，象似符之存在于意识之中，最重要的是它们为意识而存在；象似符不是一个指代客体本体论关系的术语，而是客体本体论关系的根基，换句话说，象似符是任何客体存在和在高于感觉层面被感知的根据。因此，象似符的所指是那些属于知觉的特殊的和常见的可感知物之和，不同于象似符，工具符号的成立完全依赖于形式符号，这种依赖不是逻辑意义上的而是本体和实质意义上的，工具符号融入了形式符号的本质特性。成为意识认知用具之前，工具符号本身就是客观实体；普遍而言，意识对所有的客体的感知［属知觉阶段（Phantasiari）的认知］，就是客体作为相关性形式符号在意识中的投射，是客体和形式符号在意识中的联立或共现，这是形式符号的重要特性。任何被感知到的事物，不管是真实的还是虚幻的，也不管该事

---

[1]　Joannes Pointsot, *Tractatus de Signis*, *within the Artist Logicae Secunda Pars* (Alcalá, Spain), as explained in Deely, 1982, q. v. The Reiser edition of this work (*Cursus Philosophicus Thomisticus*, Volume I; Turin: Marietti, 1930, pp. 249–938), 1632, p. 150.

[2]　John N. Deely, "Idolum. Archeology of the Iconic Sign", *Iconicity: Essays on the Nature of Culture*; Festschrift for Thomas A. Sebeok on his 65th birthday, Tübingen: Stauffenburg-Verlag, 1986, p. 42.

物是否继续作为符号在意识中运作，都是以本体论意义上的相关性而存在的，这种相关性或意指关系在任何情况下都是符号认知的基础。比如，尽管通过对以"马"为主题的观念进行思考和推理而呈现现实中的马，但当人们想到"马"时，它是以一种动物的形象而非一种思想观念出现在人们的意识之中的，即意识首先具象化的是马的动物形象，而不是马的抽象意义。符号在认知中的意指功能其实并不晦涩和模糊，形式符号作为象似性符号原始阶段的状态，主要行使符号在意识中的基本指代功能，而符号自身在此阶段并未被具体突出，符号所建立的能指和所指之间的关联性是符号的根本功能和属性。皮尔士指出，"在思考一幅画作时，一刹那间我们会突然感觉画中的事物形象似乎并不是现实中相应的事物，换句话说，现实形象和符号形象之间的差别消失了，那一刻的视觉印象更像是一种幻觉，这幻觉不是某个特殊和具体的形象而是一种笼统和整体的形象"①

下面图 5 - 1 是迪利根据心理学家的建议绘制的工具符号在认知中的运作功能图：

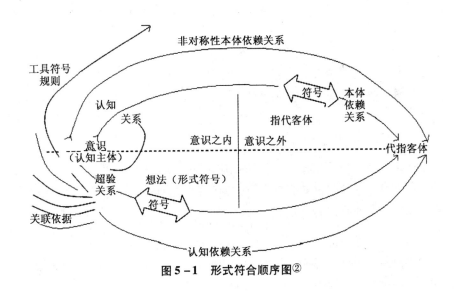

图 5 - 1 形式符合顺序图②

---

① John N. Deely, "Idolum: Archeology and ontology of the iconic sign", *Iconicity: Essays on the Nature of Culture: Festschrift for Thomas A. Sebeok on his 65th Birthday*, TuÈbingen: Stauenburg Verlag, 1986, p. 42.

② Ibid. .

　　拉丁文化中的符号学思想很微妙、抽象，尤其是其中提到的客观物质世界中（Umwelt）的动物符号学（zoosemiotic）思想（对应的是主观化世界"Lebenswelt"人类学符号学"anthroposemiotic"思想）。迪利在此突出强调了拉丁思想中的客观物质世界，即纯粹的物质世界和被意识内化了的认知世界之间的对立，这两者之间的关系是认识论中所有认知关系的基础和来源。迪利同时也指出，皮尔士的象似性符号和亚里士多德（也就是拉丁思想）中的形式符号在认识论上是类似的；但是皮尔士的象似性符号更具概括性，既包括拉丁思想中的形式符号（即意识中的象似符）也包括工具符号（即以能指——所指相似为基础的符号）。现代符号学主要致力于工具符号，如地图、肖像、图表、实体模型、照片，等等，以至于象似性符号的整体特征被忽略，也就是忽略了象似性符号在感知客体时的认识论维度或功能。事物在意识中呈的客观、具体的信息和抽象、模糊的信息都是符号象似性范式和参数，但是认知中现代思想往往只强调前者，即以术语明确界定的工具性信息：工具性信息只能呈现认知客体的直观特征，而无法指代认知客体的抽象表征，象似性符号的"能指——所指实体方面的相似"抹杀了象似性符号意指或抽象影射的功能。

　　在西比奥克①看来，不管是皮尔士理论中的象似性符号学说，还是拉丁哲学中的形式符号思想，它们都会导致对西方思想历史在符号学角度的重新审思。迪利发现具有讽刺意味的是，对象似性符号的这一忽视恰恰是出现在由符号学激发和呼吁的哲学概念系统大量产生的哲学发展阶段。洛克②也曾经提醒思想家们符号学思想是与哲学家所熟知的认知逻辑完全不同的学说。马利坦③提到这一时期，在1350—1650年，是由翻译亚里士多德思想的新浪潮而带动的哲学持续发展阶段，这时人们不再把"形式"理解为亚里士多德式的"形式符号"，而更倾向于现代"形式"概念，即

---

　　① Thomas A. Sebeok，"The Semiotic Web: A Chronicle of Prejudices"，originally in the Bulletin of Literary Semiotics，1975a，pp. 1 – 63.

　　② 参见 John Locke，*An Essay Concerning Human Understanding*，A. C. Fraser，ed. New York: Dover Publications，1959。

　　③ Jacques Maritain，*La Philosophie de la Nature*（Paris: Tequi），trans. Imelda C. Byrne，*The Philosophy of Nature*，New York: Philosophical Library，1951；"The Conflict of Methods at the End of the Middle Ages"，in The *Thomist* III，October 1941，pp. 527 – 538.

事物的自然外形，并认为对形式概念的这一更新是认知论分析经验和自然的发展成熟，而在笛卡尔及随后的时代，由于哲学兴趣的转移，"形式"的真正含义不再是思想家关注和探讨的主题。但是亚里士多德式的"形式"观有如此丰富的内涵，是符号学和认识论不可忽视的，是回顾现代认知思想发源的新视角；在拉丁语文化向现代民族语言文化的过渡中，对象似性符号的丰富指代和表征的疏忽，不仅仅是符号学而且也是哲学的损失。迪利指出现代认知哲学对传统认知哲学的新认识必将是符号学对两者的弥合，把皮尔士的符号逻辑思想彻底阐发出来，就会有巨大的收获：认识到哲学范畴的混杂或多面性"（coenoscopicness）"。①

莱斯德对象似符的表征总结如下："在我看来，象似性表征概念是传统思想中的表征和直接感知的合成体"②，把两者割裂都是对象似性表征的歪曲。迪利评论说这种综合体如此丰富和庞杂，不是任何个体思想家所能全面阐释的，不管是皮尔士还是溥安硕；这个合体思想也是认识论发展的全新方向，它既不是纯粹现实主义的也不纯粹是唯心主义的；它是纯粹符号学的，"处于文化和物质世界的交接处"③；它既不是现代也不是反现代的，而是超现代的，它带来了哲学变革时代：从符号的角度来开，西方思想进入了换羽期。

---

① John·N. Deely, "Idolum. Archeology of the Iconic Sign", *Iconicity*: *Essays on the Nature of Culture*; *Festschrift for Thomas A. Sebeok on his 65th birthday*, Tübingen: Stauffenburg-Verlag, 1986, p. 41.

② Joseph M. Ransdell "The Epistemic Function of Iconicity in Perception", *Peirce Studies*, No. 1, Lubbock, Texas: Institute for Studies in Pragmaticism, 1979, p. 71.

③ Thomas A. Sebeok, "Zoosemiotics: At the Intersection of Nature and Culture", *The Tell-Tale Sign*, Lisse, Netherlands: Peter de Ridder Press, 1975b, pp. 86 – 95.

第六章

约瑟夫·莱斯德对皮尔士象似性
符号的理解和分析

皮尔士对符号学兴趣浓厚，是符号哲学的敏锐思想者、早期符号学领域里的泰斗。但是皮尔士的象似性符号，一如他所有的符号思想，既不是从他对各种象似性现象的观察中总结出的，也不是从借鉴和发展前人符号表征理论中得出的；他的象似性符号概念明显的是其个人深刻、细致的观察和百科全书式的知识的产物。但他从一开始就认识到符号应该是一种"建筑式"（architectonically）的构造，从严格意义上讲，符号的表征或意义滋生于数个相对简单然而高度抽象并且可以反复应用的原理，它们可以形成系统并有无限潜能的概念和意义网络，如果没有对这个无极认知网络里内在关系的认知，任何个人都将无法完全理解概念和意义。① 但并不是说皮尔士认为符号学理论的认知价值仅仅是一种内在的连贯性或跨系统性，就好像是纯粹先验的思维的连贯性也能确定其认知价值；皮尔士强调符号学应该成为真正意义上的理论：关于意义和概念综合、全面和一致的学术思想体系，这样的理论思想作为一个体系能经得起实践运用的检验和修正，而不是作为集体的归纳总结。皮尔士正是带着这样的信念投身于符号学研究长达半个世纪之久。然而对他的误解也普遍存在，有人对他的思想并非完全理解，并根据肤浅的字面理解把一些孤立的符号概念和符号区别归咎于他，并且对这些概念和区分进行分析、批判、修改，而完全没有认识到皮尔士符号思想的基本特征就是系统性、整体性。莱斯德根据自己的理解，分析了皮尔士符号学思想的系统性，而认识这个系统的最佳方式

---

① Joseph Ransdell and Lubbock, "On Peirce's Conception of the Iconic Sign", *Iconicity: Essays on the Nature of Culture; Festschrift for Thomas A. Sebeok on his 65th birthday*, Tübingen: Stauffenburg-Verlag, 1986, p. 51.

就是分析皮尔士的象似性符号，莱斯德着重关注了皮尔士象似性符号的功能和逻辑。

第一节　皮尔士的符号概念的三个方面及其表征特征

首先要思考的是皮尔士思想中的符号究竟是怎样定义的。皮尔士很多符号及同类术语的规范定义并不是我们理解其思想的最佳着眼点，恰恰相反，这些规范的符号概念是验证我们对其思想理解是否恰当合理的标准。自从皮尔士时代"符号"一词在认知理论中频繁出现，但是我们现在并未充分认识到皮尔士思想其实是对其所在时代之前符号理论在哲学上的反复思考和提升。而在过去六七十年里符号概念的使用充斥着多样化和异质化特征，这些庞杂的符号概念已经和皮尔士的符号理论概念相去甚远，更接近符号的通俗概念。莱斯德把常识意义上的符号概括如下：符号是用某一事物恰当展现、揭示、显现、明示、表征另一事物的手段，人类意识中处处存在符号：在梦境中、在记忆中、在感官知觉中（人们认知符号所表征的意义可能受其自身行为模式的影响，也可能不受行为方式的影响；这里的基本思想是：人类认知活动中符号的功能是表征性的而非刺激——反映性的）。他还接着指出："任何一部综合性字典对'符号'或符号同义词解释时毫无例外地都指出了符号的启示或者表征功能。"①

当符号值（符号的表征）并不明确时，主体意识就会不同程度地发挥主动性以发掘出符号在特定语境中的意义值（表征的意义）；有时候意识认知的只是符号的表层意义值，后来随着认知的深入才发觉这种认知的误区，只是人们会发现意识对事物的认知是解释性的；其实即使在那些没有主观性发挥的语境中，认知仍然是解释性的，也就是说认知总是一种利用符号展开的解释活动。一方面，被认知的客体本身有别于主体意识中被主观化了的客体，另一方面，作为客体表征和认知工具的符号要向意识"诉说"或呈现某些信息，这两方面相对应于皮尔士符号学理论中的解释

---

① Joseph Ransdell and Lubbock, "On Peirce's Conception of the Iconic Sign", *Iconicity*: *Essays on the Nature of Culture*; *Festschrift for Thomas A. Sebeok on his 65th birthday*, Tübingen: Stauffenburg-Verlag, 1986, p. 52.

项（interpretant）和符号所指（object of sign）。可见皮尔士的符号能指和索绪尔的符号能指是不同的，皮尔士的能指不一定就是客体本身，有可能是意识加工后的事物，而索绪尔的所指完全是现实中的自然客体。"在皮尔士学说中符号完全是媒介或者相关模式，符号是其能够表征的那部分事物信息和其所表征出的那部分事物信息的共同在场。"① 假设有这样一种符号，在理想状态下，它所表征的信息全部呈现在客体事物本身，这时自然客体和符号所表征的客体（即解释项）是最大程度地接近于等同。这种理想的情况下，客体和解释项之间唯一的不同是客观事物本身和被意识认知后的事物之间的区别；因此，在非理想的实际情况下，解释项总是自然客体的部分表征或再现，解释项和客体之间的认同是部分的、非整体的。事实上，这也是我们关于符号表征功能的常识，因为，日常生活中我们并不要求符号把我们对事物的经验百分之百地表达出来。

至此我们探讨了符号这种抽象概念的三个方面：符号的本身意义、符号能够表征的那部分事物信息，以及符号所表征出的那部分事物信息。但是更重要的是符号的使用，即主体如何使用符号开展认知活动。然而，皮尔士却认为为了理论目的，从符号整体关系的概念中省略去释义主体或者解释行为是完全可能的，甚至是更加有益的。通过这种关于符号整体关系的思想，皮尔士极大地拓展了符号理论的运用空间，因为有很多现象都应该以皮尔士符号学视角去研究，研究这些现象无须任何解释者而只需要对这些现象的状态或发生过程进行观察和记录。例如，对于各种有机体内在活动过程，生物学家是从信息传输的角度进行研究的；同样，个体对社会—政治—经济交织发展的解释往往是不恰当的；也可以设想为是对物理学现象进行的符号学分析，如对物质微粒的研究，其中更多需要的是越来越深入的观察而非草率的判断和解释，皮尔士的符号思想与科学方法论很吻合。尽管皮尔士自己也看到了他的符号学思想的巨大应用价值，但是莱斯德认为皮尔士提出三分法符号的最根本目的是要人们重新思考意识认知事物的过程和大脑思维的内容，他指出不能把认知过程简单地看作大脑在思维；皮尔士要清除笛卡尔式的意识主体以及主体的所有功能。总之，如

---

① Joseph Ransdell and Lubbock, "On Peirce's Conception of the Iconic Sign", *Iconicity*: *Essays on the Nature of Culture*; *Festschrift for Thomas A. Sebeok on his 65th birthday*, Tübingen: Stauffenburg-Verlag, 1986, p. 52.

果不能认识到皮尔士符号构想中的主观化特性，就无法完全理解并运用其符号学理论；皮尔士的符号思想中包含着心理学成分，对符号表征的认知和理解有时是需要一个微妙而复杂的心理过程。

在所有情况下，皮尔士把符号所蕴含的表征阐述为符号、客体、解释项三者之间的关系，结果就出现了这样一个逻辑：符号向解释项过度的载体由符号自己来承担，因此符号滋生了其本身的解释项，这个符号生产自身解释项的现象被称为"符号衍义行为（semiosis）"。由于时代的偏见，如符号任意性学说的盛行，我们很难理解"符号衍义行为"所表达的重要思想。我们习惯性地认为我们作为符号的解释者和使用者完全能够根据我们自己的想法和意愿赋予事物意义，这就是所谓意义的规约性，换句话说，事物和其意义之间的关系是任意的；我们认为我们能够简单地任意设定词语的意义；我们在"创造"语言，而这样创造的语言不受词语内在限制。与任意性学说相悖，皮尔士的符号学观念认为：作为符号的解释者我们所能做的一切只是观察和发现符号本身已经具有的意义（即符号自身根据其一致性所蕴含的解释项，我们依据这些解释项进行理解和认知活动）；作为符号使用者，我们不能影响或改变符号本身的意义，就像我们不能随意改变其他任何普通物质的属性一样，除非我们把符号以某种特殊的方式联系起来，符号产生互动进而影响或改变其意义，就像我们对不同物质进行化合作用进而改变其性状一样（符号意义的变化基体存在于符号的组合过程中，这个过程也是我们唯一能够参与的衍生意义的空间）。

在某种方式上，比起现代人的认知思想，符号独立自主表征的观念更容易被古老的认知方式所认可。在古老的认知思想中，词语和其他的符号都属于最有生命的实体或本质的存在，不能像我们一贯那样随意地、不假思索地对待这些实体或本质存在，即词语的力量。莱斯德引用童谣来说明人们对语言所蕴含力量的轻视：

> 棍子和石头能损伤我的骨头，
> 但语言永远无法伤到我。①

① "Sticks and stones can break my bones/ but words can never hurt me." Joseph Ransdell and Lubbock，"On Peirce's Conception of the Iconic Sign"，*Iconicity*；*Essays on the Nature of Culture*；*Festschrift for Thomas A. Sebeok on his 65th birthday*，Tübingen：Stauffenburg-Verlag，1986，p. 55.

　　这话听起来的确有些孩子气，但是我们的确总是在容忍和参与语言的辱骂和语言的滥用，这种对待语言的态度在古人看来是极为愚蠢的，因为在他们眼里语言是一种力量或能力，不应该被误用。我们恣意地嘲笑古人对语言力量（或是魔力）的畏惧，但是作为现代人，我们的生活、行动甚至是全部的自我所在的社会空间被语言或符号的力量如此随意地、全方位地统治着，以至于我们很难认清这些语言和符号背后的社会现实。社会中发挥控制力的语言俯拾即是：政客的误导语言、公共关系专家的分析语言、广告商的宣传语言、推销员的促销语言，等等。莱斯德认为"现代主义"一词所指庞杂，现代思想的基调是人可以是一切的主宰者，词语和符号更容易被操控，但是现代主宰者狂妄自大的最终结局却是幻灭、悲观、怀疑，乃至绝望。"'对于所要毁灭的人，神首先盲其眼睛'就是说我们看不到神的存在，于是我们就篡夺了并稳坐了他的位置，因为我们武断地认为那个位置是空的。的确，现代主义正在西方按常规发展，上述盲目的狂妄自大在美国也在渐渐枯萎，但它仍然在封闭着思想，使人们不愿放弃自大和武断并从另外的视角认知事物。但是就我而言，不管皮尔士的符号观能否最终被定论为正确可行的，他彻底扭转认知来源和意义载体的思想是最为意义深远的，有极为广泛的应用价值；皮尔士符号思想把我们领进了真正的后现代时期，在这个新的时期，古人关于语言力量的观念得以再现和加强，不管愿意与否，都要接受这样一个事实：我们不是滋生意义的主体，意义的生产者，我们是意义的依附体，意义的附庸。"①

　　莱斯德说以上话的目的是要提醒人们，在皮尔士的理论中，任何的符号，包括语言符号，都是独立自律的或自主的，但是与皮尔士相悖的观点认为某些符号（尤其是语言符号）的意义是以认知主体为中介而微妙地表征的；这种观点试图覆盖符号学理论和符号释义领域，并最终得出这样的结论：所有的符号，包括象似性符号，本质上都是规约的（convention-al）；但是，有必要指出的是从一开始皮尔士就在其符号学逻辑中彻底摒弃了规约性学说。事实上皮尔士理论中并没有和语言符号相对应的符号思想，尽管其符号体系中的代码符（symbol）经常被等同为语言符号。这种

---

　　① Joseph Ransdell and Lubbock, "On Peirce's Conception of the Iconic Sign", *Iconicity: Essays on the Nature of Culture*; *Festschrift for Thomas A. Sebeok on his 65th birthday*, Tübingen: Stauffenburg-Verlag, 1986, p. 56.

等同其实是不准确的，词汇并不是代码符的充要条件；其实皮尔士符号体系（代码符、象似符、标记符）根本不是普通意义上的符号的术语命名及分类，他的符号系统是建立在符号科学诞生之前的范畴基础之上的。皮尔士用他的符号（代码符、象似符、标记符）来离析事物的意义范畴，而并不是用它们对具体事物进行清晰的分类，例如用苹果、橙子、梨来对一大盘堆积的水果进行分类。当我们认可某个符号的象似性意味时，这只意味着由于某种原因该符号的象似性在我们认知事物时有特殊意义，但是象似性并不否定该符号的代码性和标记性。

第二节　皮尔士符号研究的范畴理论

为了更加明确地理解皮尔士符号基本思想，首先应该对他用于符号研究的范畴理论有所了解。从符号学角度出发，莱斯德认为应该把范畴理解为"一类谓词或一类属性"。皮尔士在其 1867 年发表的《论范畴的新分类》一文中把任何事物可能具有的所有属性分为三类：一元的（monadic）、二元的（dyadic）、三元的（triadic）。一元属性在皮尔士理论中被称为第一性（firstness），它完全是内在性的，即是说一元属性是事物本身的性状，与其他事物毫无关系；以这种孤立方式认知的事物既可以是真实的也可以是非真实的，因为用一元的维度认知事物意味着该事物和其他事物毫无联系，而"存在""客观实在"这样的概念总是在普遍联系的语境下被认知的。相对应地被称作第二性（secondness）的二元属性是一种二项式的关联属性，以二元相关性视角认识事物意味着以相互联系和影响的观念理解事物，换句话说一事物被当作另一事物或其相似体，因为两个事物非理性地（brutely）相互联系和影响；之所以说是"非理性的"关联，是因为皮尔士认为事物之间这种联系的出现是实时和实地的，在一个单一的场合，是完全非逻辑、非理性的；二元属性被认为是事物在逻辑空间真实存在的属性（但这并不意味着，就像我们看待现实世界的存在一样，逻辑空间的一切存在也出现在我们的意识当中，逻辑空间中真实的事物和非真实的事物是共存的）。最后被称为第三性的三元属性是三项式相关性，三元式属性是典型的符号范畴，换句话说三项式关联是事物间的表征型关系，事物和解释项之间的关系是第三性的基本类型。皮尔士认为符号学系统思想就是第三性范畴的总理论，第三性或三项式关联是在符号的表征关系中界定和实现的，这样的三项式关系是很抽象和微妙的。根据莱斯德的叙述可以这样来理解皮尔士符号表征中的三项式关系：符号在意识中限定或确认某种事物，通过该事物又唤起一个更加复杂的符号，即解释项，这个解释项自身又有符号的限定或确认功能，因此解释项本身又成了符号，以此类推，符号的表征过程成了无极的多米诺效应。

在深入探讨皮尔士三项式符号关系之前，还要继续谈谈范畴的思想。

第一，语言学形式的谓词对其所陈述的事物属性并不是完全正确无误的。莱斯德以颜色举例：仅仅从普通视觉的角度而言"X 是红色的"这个陈述中事物的属性是一元的，这种"红色"是肉眼可以分辨的；但如果从科学的视角来分析"X 是红色的"，"红色"被界定为"在特定环境中由某种光源放射出的、有特定长度的光波"，在这种情况下，"红色"就成为"X"的二元属性，因为在此语境之下，我们把"红色的"这一属性同确定光波长度的设备或仪器联系起来。但是，如果"X 是红色的"其中所陈述的主题"红色的"是某种主观意识的判断，那它就成了三元属性，因为谓词表述涉及主观意识的判断；莱斯德认为在确定谓词表述是否为三元属性时，最可信的判断依据是分析谓词表述中是否存在某种参照或判断，而这种参照或判断总是和主观意识密切相关的，也就是说谓词陈述往往内含着主观意识的表征。

第二，皮尔士确定除上述三种属性之外，别无其他种类的属性，即使是再复杂的属性也不过是以上三种属性的组合而已。

第三，皮尔士指出第二性是第三性的逻辑前提，而第一性又是第二性的先决逻辑基础，但这种逻辑关系并不是互逆的；同样，三种范畴并不意味着主体经验中的事物会是一元的或是二元的，而不会是三元的，皮尔士认为三种范畴中的属性都可以用于认知事物；但是主体经验中的所有事物之所以具有来自三个范畴的属性，并不是事物的先决原则，而是就事物主体经验的语境而言的。理解范畴的先决种类和秩序是理解皮尔士思想中系统性内在关系结构的重要线索。

第四，根据皮尔士理论，人们经验中的任何事物都有来自三个范畴的属性，但是这并不是说符号学是一切尽在其中的科学；人们对事物的兴趣可能仅限于事物的一元或二元属性，虽然原则上任何事物都可以从符号学的视角得以解析。

第五，从上述第三点可得出推论，没有一种事物仅仅作为纯粹的符号而存在，也就是说没有一种事物带有第三范畴属性却没有第一或第二范畴的属性。需要强调的是，成为符号的任何事物必然也具有非符号性特征。有人在讨论皮尔士思想时认为，化身为符号的事物在本体论上是完全非物质性的。他们之所以如此理解，大概是错误理解了皮尔士反复强调并坚持的思想：所有的思想都是符号（或者所有的思想均存在于符号中）；这一皮氏符号思想被武断地解读为：符号只是思想的或意识的，或是符号是思想的幽灵，没有任何物质实体性。正如莱斯德很早就指出的那样，理解皮尔士符号学思想需要我们彻底倒置一些基本观念，而这并不是一件容易的事情。

上述范畴属性的讨论是解释符号表征关系的前提，表征形成过程中的"符号""解释项""客体事物"只是该三项式关系中的项目名称，表征关系中的三个关键词是"限定""指涉""类推"（此处"类推"前不必再添加"无限地 adinfinitum"，因为三项式中的解释项本身被看作另外一个符号）。这样在符号三项式表征关系中就不会出现一种循环，因为符号表征过程中产生了新的符号，也就是说一个符号表征过程中的解释项本身成为另一个符号，而它作为符号又会产生它自身的解释项，这样每一个符号都是表征中其先前符号的解释项；而且这也意味着客体事物本身也就成为符号（当然要记得皮尔士的告诫，符号并不只是纯粹思想性、意识性的）。在符号表征关系中我们要理解的关键点是：从符号学视角认知事物时，它们被当作符号关系网络中的连接点，这些节点往往是先前符号的解释项，同时又是后面解释项的符号，并以此模式双向蔓延而去。符号关系链起源于一个实体，即符号学客体（除其他特性之外，其本身就具有符号的本质），它能够作为一个起点而勾勒出整个的符号关系链条，这些链条的数量因表征环节的不同而不确定。

这样的符号关系链条有起点吗？有末端吗？这样的问题在莱斯德看来并不十分重要，第一，因为针对不同的符号的表征意义，答案既可以是肯定的也可以是否定的，对于这样肯定或否定情况的区分并不是符号学的主要兴趣所在；只要认识到这两种答案并不是在逻辑上矛盾的或违背常识的就足够了。第二，这些问题在应用符号理论时并不重要还在于追究符号链条的终端或极限相当于在研究分析抽象概念的最终意义极限，而意义是无法穷尽的，无法最终确定的，也不存在对任何事物绝对根本的符号学分

析，只有符号分析行为是确定的，这种认知分析作为一种思想工具足以让
人们进行科学的思索和探究。只有针对最终的问题才有最终的答案，但是
在符号学领域，就像在物理学或其他领域一样，并没有最终的问题。每一
个问题都以另一个还未被提问和思考的事物为前提，而这一前提事物总是
会成为新的问题被反思，正如符号和符号解释项的关系。

第三节　符号的分类及其表征作用

让我们再回头来看看符号的分类问题以便进一步认识象似性符号。符
号分类的方式总是不变的，基本方法如下：把某物看作符号，它要么本身
就是一种符号，要么是某一客体的表征符号，要么是指涉某一解释项的符
号；然后再从上述三个范畴的角度分析其属性。一旦某物被视为符号，它
就不仅处于三项式关系之中，而且也具有二元或一元属性，因为每一种类
型的属性都赋予它特定的符号值（sign value），也就是说它拥有作为符号
的身份（符号的身份是多元的，有符号性的也有非符号性的）。我们可能
对符号多元身份有不同的关注，如果只关注符号的一元属性，那我们注重
的就是作为品质记号（qualisign）的符号身份；如果关注符号的二元属
性，那侧重的就是作为事实记号（sinsign）的符号身份；如果关注符号的
三元属性，关注的则是作为通性记号（legisign）的符号身份。此处的
"品质"基本可以被理解为"属性"或"特质"，"事实"可以被理解为
"客观存在的实体"，而"通性"则可被理解为"规律（规则、习性、惯
例）"。莱斯德这样举例来说明这一点："由于长时间的斋戒，约翰没有体
力站稳当，即使敌人来了他也跑不动了"[1]，其中有一个品质符号，三个
通性符号，也相应地有三个实事符号，它们在例句中均以文字"fast"表
征。理解了品质符号、实事符号、通性符号之间的不同才能更好地理解象
似符号（icon）、指示符（index）、代码符（symbol）之间的区别。上面
例句中"斋戒"（fast）说明一个具体事件在符号功能方面可以同时起品

---

[1]   Joseph Ransdell and Lubbock, "On Peirce's Conception of the Iconic Sign", *Iconicity*: *Essays on the Nature of Culture*; *Festschrift for Thomas A. Sebeok on his 65th birthday*, Tübingen: Stauffenburg-Verlag, 1986, p. 61.

质符号、实事符号、通性符号三者的表征作用。

首先，谈谈品质符号，莱斯德认为所谓的品质特性就是事物的一元属性，皮尔士把一元属性的表述等同于逻辑学中的命题函项（propositional functions）。莱斯德以命题"John is red（约翰的皮肤是红色的）"为例来说明一元属性的表述：如果去掉命题中的主语"约翰"，把句子表述为"X是红色的"，这时句子就成为命题函项，用皮尔士的术语叫"述位（rheme）"，用数学术语来说"X"为命题中的变量（variable），而"John"这样变量的选项就是常数（constant）。皮尔士认为这个常数不确定的主语（变量）是一个无确切所指的符号，要确定这样的主语客体只能借助于谓语的陈述。这样，命题"X是红色的"所指代事物的唯一属性就是"红色"。换句话说，皮尔士所谓的品质特性就是一种客体事物，而且其属性是一元的，这样的一元属性是不能和其他实体完全分离或割裂的。所以如果我们认为某一实体是一元的，我们实际上就是认为它只是一种品质特性，但是这并不能排除该实体具有其他物质属性的可能性。

通性符号和品质符号有相似之处。把某事物当作规律或法则，就相当于认知一种三项式关系，是一种动态化的普遍关联性；皮尔士认为这种关联性作为能动的或被动的力量就潜在于符号的三个构成项之中。所以，皮尔士并不认为规律或法则作为实体独立于客观事物并在适当的时候被运用，皮尔士相信规律和法则是与三项式关系相对而存在的实体，并且具有某种表征能力。同一个事物从一个范畴看是某种品质特征，从另外一个范畴看是客体，从第三个范畴看则是某种表征能动性。由于特定的事物代表着特定的通性特征（通性符），反过来可以把该事物看作把其所代表的通性具象化了，因此，该事物拥有作为实事符号的身份，反过来说实事符号就是该事物的"仿真品"或"反复符（replica）"。

第四节　象似符号、指示符、代码符

下面我们来讨论象似符号（icon）、指示符（index）、代码符（symbol）。符号总是和客体事物联系在一起的［更确切地说，皮尔士符号所指涉的客体事物有两类：一类事物为直观的"immediate"，不借助任何中介被符号直接/直观指代（无中介指代），另一类则是动态的"dynamical"，在符号指代的过程中被表征]。

　　符号的表征依据如果是建立在它与客体事物之间的相似或相像的基础上，这类符号想当然就是象似性符号"icon"；如果符号的表征线索在于它与客体事物之间二元的或实际存在的关系，这类符号就是指示符号"index"；倘若符号和其所表征的客体事物之间并不存在任何相关联系，但是符号所具有的能动性生产出其本身的解释项（另外一个符号），而该解释项则作为中介使得符号和客体事物发生关联，这样的符号被命名为代码符号"symbol"。对于指示符号，它的解释项不仅仅是客体事物的符号，而且在该解释项和客体事物之间存在某种实际的联系；而对于象似性符号，它的解释项即是客体事物的符号，在该解释项和客体事物之间也还存在某种相像或相似。也就是说，在判断符号的类型时，象似性符号和指示符号都有某种明确的线索或者依据，而代码符号则完全不同，它并没有前两者的"符号——客体"相像线索和"符号——客体"关联线索。符号和其客体事物之间存在着共同属性或特征，但是这并不意味着符号和客体事物完全等同、毫无区别。

　　象似性符号在事实其本质属性上经常被看作品质符号"qualisign"，也就是说它蕴含的是一元符号属性，象似性符号也被称为次肖似符或亚肖似符（hypoicon）；如果符号呈现的表征和客体事物相同，该符号就是实事符号"sinsign"；如果符号的图符功能能使我们更加直观地认知事物，它就被叫作肖似实事符号。倘若符号在表征过程中生产出其自身的解释项，那它就是通性符号"legisign"；它也能成为象似或肖似通性符号（如果在表征过程中它发挥了图符功能）。具有象似属性的符号不一定就是象似或肖似通性符（也就是说，象似属性不一定受制于肖似通性符号）。但是，假设具有象似属性的符号就是象似或肖似通性符（在此情况下的实事符号和通性符号重合），这时符号把其象似属性表现为具有某种通性特征的解释项，该解释项就成为客体事物的象似性表征（解释项又产生其自身的解释项，从而又一次转化客体象似性的表征，如此一直推演下去，生成无尽的符号表征链条）。把符号看作客体事物象似通性的表征，意味着符号在表征过程中有其自身的解释项（解释项就成为事物象似通性的表征），然而如果符号不是客体事物象似通性的表征，但是通过某种途径符号又被用来象似地表征客体事物，在这种情况下，符号可能有、也可能没有解释项，如果有解释项，那么解释项功能的发挥一定涉及其他某些符号因素。

象似通性贯穿于符号表征的整个过程，象似通性中的某些属性在系列的表征进程中始终出席，所以表征中连续出现的解释项要么整体丧失、要么整体捕获某些外在于象似性符号本质属性的东西，或者后一个解释项重复前一个解释项的某些象似性。因此，这些系列符号被认为在象似性上是统一的。莱斯德以柏拉图的《理想国》中的洞穴思想①为例来解释符号表征的多重性和可剥离性。如果抛开洞穴的本质，洞穴是一种很有用的形态构造，是一个多侧面的表征形象，莱斯德把洞穴看成一个象似性符号，并逐层剥离其所蕴含的表征意义，这些表征意义之所以可以被剥离是因为它们并不是洞穴作为象似性符号的本质属性（即这些属性可以在随后出现的符号解释项中被省略）。例如，首先它的"洞穴"名称或身份可以被剥离掉，这样"洞穴"概念的抽象性加强，被解释为"太阳光照不到的地方"；其次，抽象概念中的"太阳"也可以被剥离，洞穴概念进一步被抽象化为"光源投射进入的地方"；最后，把第二次抽象表述中的可见光——光源——也剥离去，遗留下来的被第三次抽象化的概念就成为"事物展示其自身的空间或环境"。这样的剥离可以一直持续到"洞穴"所表征的最本真、最本质的概念被萃取出来。从这个意义上讲，并不存在这样一个剥离点：在此剥离点上象似符是事物概念的纯粹表征，或事物本质意义的表征，因为象似符总是包含着某种品质符特征，而这些品质特征是外在于象似符的。换句话说，因为事物本身所具有的属性，象似符无法把事物的概念彻底地抽象化。相反地，被剥离的表征也可以重新被附着于事物的概念，比如上面的被剥离的"洞穴"概念可以被反方向添加表征，进而具体化为柏拉图所想表达的意义"从混沌走向启蒙的通道或途径"。可以这么说，事物概念的表征被剥离到什么程度为止，取决于主体意识在

---

① 洞穴寓言说的是，在一个地下洞穴中有一群囚徒，他们身后有一堆火把，在囚徒与火把之间是被操纵的木偶。因为囚徒们的身体被捆绑着（不能转身），所以他们只能看见木偶被火光投射在前面墙上的影子。因此，洞穴中的囚徒们确信这些影子就是一切，此外什么也没有。当把囚徒们解放出来，并让他们看背后的火把和木偶，他们中大多数反而不知所措而宁愿继续待在原来的状态，有些甚至会将自己的迷惑迁怒于那些向他们揭露真相的人。不过还是有少数人能够接受真相，这些人认识到先前所见的一切不过是木偶的影子，毅然走出洞穴，奔向自由。刚走出洞穴的这些人不禁头晕眼花，开始，他们不敢直接正眼看光明的世界，渐渐地，他们可以直接看、仔细看清阳光下的一些事物，最后，他们甚至可以直接看清阳光的源头——太阳。

什么程度上把事物概念的意义抽象化①。所有的生化过程也可以被看作符号过程，这个过程中生物有机体作为符号其特征有些类似于通性符号，而生物机体符号的演进过程完全不同于上述类型：例如有机体生长过程中的基因遗传，生物机体的演进是有次序性的，其中还有生物机体某些形态和特质通过基因被复制，这些被基因复制的生物形态和特质就是通性符号的本质性状、符号的核心表征。通性象似符很接近古希腊哲学思想中的形式（form）②，即促使事物使然的根本原因。柏拉图在《斐多篇》（*Phaedo*）中着重解释了苏格拉底的思想，认为现实中我们之所以感受到的事物或人的美、真、善，是因为事物和人领受了先验的、永存宇宙的美、真、善理念，这种理念被称作"卡洛斯（Kalos）"；不仅"美、真、善"，万事万物的所有的特性均是对宇宙中先验理念的领受。这很让人误解为乏味的重复，即，假设任何是 F 的事物，它就包含 F。此处，对柏拉图阐释的准确理解是，所有事物都具有其不随时空变化的内在或固有本质属性。通性象似符概念和柏拉图内在理念学说很接近，通性符所表征的事物意义或属性特征在符号演绎过程中始终得以维持，是事物固有的形式或品质特征，符号指代过程，如从符号向解释项推进，并不会抹去或剥离这些内在属性，这或许也是国内学界把皮尔士的"legisign"译为"通性符号"的原因。象似通性符（iconic legisign）和指示通性符（indexical legisign）及代码通性符（symbolic legisign）总是在意指过程中符号协同运作，指示通性符确保符号过程中指代项的统一性，而代码通性符负责符号过程朝着认知目的的方向演进。

符号过程中通性符很容易会被主体在确认符号解释项时理解为表征的规律或法则，皮尔士自己也曾谈及这一点；虽然这样的理解有时候是有益的，但是也有可能误导我们对通性特征的准确理解，好像通性特征是外在

---

① 这里所说的事物概念的剥离过程是认知主体的一种意识或心理过程，严格地讲是符号对意义的演绎过程，贯穿在此过程中的象似性符号，它随着演绎过程的变化不断地剥离或添加关于事物意义的外在表征，而且这个过程掩盖了一个基本事实，那就是始终都是主体意识或心理在事物外部主导着意义表征的剥离和添加。

② 古希腊哲学中，柏拉图把思想形式概念（form）和原型概念（archetypal idea）等同起来，形式或原型是唯心的，并且和客观现实事物相对立，或者可以说是形式/原型衍生了具体的客观事物。柏拉图用希腊文中"idea"和"eido"同时指代形式/原型概念，后来"idea"经由拉丁文引入英语，而"eidos"在拉丁文中被翻译为"forma"，后又被英语引进，并拼写为"form"。参见 Richard Tarnas, *The Passion of the Western Mind*, 1993, p. 17。

于符号所指代的客体事物；恰恰相反的是，通性属性是事物内在的、固有
的。莱斯德①着重强调这一点，他把通性特征当作符号演绎的积极动力，
认为只要一个符号是通性符，它就是表征中的主导者而非从属者。任何一
个符号就其自身个体而言毫无意义，它内在的属性或特征不足以确定它作
为事物通性表征的符号或解释项身份，一个符号之所以能成为事物通性特
征的解释项或表征（或者说它之所以能成为客体事物的实事符号），是因
为在符号意指过程中存在一种普遍的共性，所有符号在表征过程中都分享
这种共性。事实上不仅仅在符号学中，所有其他学科中都有这样的普遍规
律，学术界揭示并充分利用这样的规律进而使人们对相关的学科领域理解
得尽可能透彻和准确。在这个普遍原则下，象似通性符最能体现符号学领
域里表征的运作规律，象似符在符号以"符号——解释项"为链条的表
征过程中一贯地呈现出某些共态（尽管这些共态可能在外在形式上有所
不同）。这就是我们确定象似性符号所表征的通性属性的恰当依据，符号
成为客体事物的象似性通性符，在表征过程中连续不断地传送客体的共性
（符号的根本属性），体现象似性通性符的符号身份，而正是这种在符号
和其解释项之间客体属性的传送维持了符号过程中共态在场。然而，在没
有任何统一的索引来有效指示象似性符号所表征的属性的情况下，受象似
性通性符控制的符号过程有可能出现某些随机变动或游离。例如，故事中
的传奇人物虽然有其基本原型，但是不同的扮演者总会在不同方面偏离传
奇人物的原型；再比如对《圣经》中《启示录》的解读，不同的时代有
不同的理解；在此，不同的"扮演者"和"不同的理解"不再受制于象
似性通性符而是受制于指示通性符。

　　另外，一个问题是符号意指过程的机械原理，显而易见符号的表征过
程和物理学过程中的机械力学的运作过程是截然不同的。符号学描述的过
程是解释性的，但这种解释并不对抗或取代非符号学领域对事物的解释。
莱斯德以计算机和小昆虫为例来说明这一点：符号学解释计算机的运作原
理时不会以任何方式提到计算机的物理运作，但如果把计算机看成各种传
动杠杆和齿轮的有机集合体，而且这个集合体相当于昆虫神经系统的复

　　① Joseph Ransdell and Lubbock, "On Peirce's Conception of the Iconic Sign", *Iconicity*: *Essays on the Nature of Culture*; *Festschrift for Thomas A. Sebeok on his 65th birthday*, Tübingen: Stauffenburg-Verlag, 1986, pp. 17 – 28.

制，那么符号学对两者的描述将会一致，尽管对机械运作原理解释聚焦机器零件而对神经系统运作原理的解释主要针对化学反应。这里所说的要点是，通性符概念的提出不是为了解释符号表征过程中某一项符号属性或特征，而是用来说明符号表征过程中反复出现的属性或特征，也就是表征过程中的符号共性。

第五节　客体事物和其象似性属性之间的关联

并非所有的象似性符号都是象似性通性符号，下面来谈谈象似性（iconicity）的另外一个重要方面，即客体事物和其象似性属性之间的关联。在此，认识到下面一点是很重要的，即虽然象似符在根本属性上只是一种品质符号，并因此不能和表征它的实事符号相分离，但是象似符还是有可能从它的表征实事符号中抽象出来，进而作为一种存在或实体被意识思考和分析，这个存在或实体除了和符号所指代的客体之外和其他任何因素均无关系。对于象似性符号而言它所体现的"符号——客体"关系很特殊，因为它的客体被等同于符号属性客体，进而割裂了该客体和其他一切事物的联系，该客体具有的其他未被其指代符号表征的属性被通通忽略了，这样造成的最终结果是象似性符号和其所表征的客体被完全等同起来并无从进行区分。也就是说在这种情况下，符号和客体拥有的必须是同一个身份；据此推测，在把他们分离地看作象似属性和客体时，我们在逻辑上就割裂了其外在属性。

莱斯德认为高速公路线路图具有象似性实事符号的表征功能；尽管作为品质符号高速公路线路图所表征的图形和公路本身的线路构造可能并不是完全吻合，但它们之间的差异在公路线路图的使用者看来并不重要：只要作为品质符号的线路图和公路实际线路相似到足以让驾驶员知道该朝什么地方转向另外一条公路就可以了。地图只要和地形在相关方面同形即可，并不一定要在所有方面完全同形，就像前面提到的，作为象似属性表征的品质符不必是其所指代客体特征的绝对写实。所以，从符号学角度来看，符号作为客体表征的身份不是全部而是部分合法化的。

当然，象似性实事符号和其客体之间的相像也可以不是局部的。比如，当我们坐在飞机上俯视地面把下面的地貌看成地图，再在这幅地图上观看高速公路线路图，这和看小幅的纸质高速公路线路图并无本质的区别，然而，这在象似性实事符号和客体之间就是完全的象似性关系。再比如桌子上放的钢笔，可能在不同方面像不同的事物（在形状上像火箭，在外层色泽上像汽车，整体上还像其他钢笔），但它首先与它本身相像。所以事物可以被认为是其自身象似性表征，事物可以形象地无须中介地指涉其自身，这样的指涉也是表征性的；在这一点上，符号学认识论摆脱了"客体事物不能表征其自身"的传统认识论限制，进而使得客体事物成为自在之物"Ding an sich"。因为，在这里认识论把客体当作其自身表征，在人们的经验中直观呈现客体，但与此同时也在逻辑上被理解为符号而成为认知的媒介。①

从认识论角度来看，象似性符号最重要的也是最独特的功能在于它最直观地呈现了客体（局部或全面的直观呈现），这和指示符号和代码符号表征客体的方式完全不同。理解代码符的困难在于人们对"symbol"一词复杂运用，既被用来指那些规约的象征，也被用来指符号学里的象似表征，导致对代码符认知的混乱。大体上而言，理解符号的最基本特征的关键词是"代码性"或"表征性"，而象似性符号则总是在符号本身上呈现出其所指代客体的某些特征。所以，认识象似性符号就是感知客体事物的相关特征，或者说就是以符号为载体局部或全面地感知客体事物本身。认知符号对客体事物表征时，我们要学会如何感知和理解象似性符号，这便涉及我们的直觉技能或方式，而直觉是受文化影响的，确切地说，是受文化培养的。认知符号表征的要点不是去学习如何解释符号，而是理解符号在表征客体事物过程中所起的作用或所扮演的角色；如果符号的确尽可能完善地在主体意识中替代了客体事物，那么，它就是其所指代客体事物的象似性符号。

符号的象似性特征只是符号指代过程中众多因素的其中之一，象似性符号是会意式的，并非陈述式的，通过对象似性符号表征的理解和认知，主体意识无中介地获得对客体事物部分或全面的感知，但是象似性本身并不直观无中介地表明它是某种客体事物的化身，也就是说，我们可以通过

①　Joseph Ransdell and Lubbock, "On Peirce's Conception of the Iconic Sign", *Iconicity*: *Essays on the Nature of Culture*; *Festschrift for Thomas A. Sebeok on his 65th birthday*, Tübingen: Stauffenburg-Verlag, 1986, pp. 17 - 28.

经验习得来认知符号的象似性，而不是反过来说象似性塑造我们的经验。莱斯德把柏拉图笔下的苏格拉底看成人生的象似性符号，苏格拉底并不以老师身份自居，也从来不谈及他所表征的人生意义，他只是和年轻人们辩论，进而让他们看到他思考生命的意义，就像我们理解和认知象似性符号的过程一样。另外，莱斯德还认为某一事物所在环境和存在方式可以被当作该事物所表达的意义，一如符号认知表征的线索或语境，苏格拉底就是那些围绕在他身边和他辩论的年轻人认知生命意义的线索和语境，即，苏格拉底就是生命的表征符号。就像客体事物一样，每一个象似性实事符号，不管是有生命的客体还是无生命的物质客体的符号，都在自己的领域表征着自我，都在其空间中产生着自身的解释项，都在刺激着人类意识去认知和理解它。因为，如果指示性和代码性缺席，符号的表征就无法完成，所以皮尔士断言所有的符号运作都涉及三方面的功能：象似功能、指示功能、代码功能。

　　有人提出，象似性是一种特殊的象征性或代码性，因为符号能指和所指之间的相像其实是人们规约行为的结果，莱斯德并不同意这种把客体的象似性、象征性和主体意识的规约等同起来的说法。他认为，即使客体象征在某些高度抽象的特殊情况下可以被认为是人为的规约，也不能就此得出客体象似性也是规约的结论；等同象似性和规约性的错误之处在于这种观点认为"能指——所指"间的象似性就是两者的相像性，然而能/所指之间的关系不是外在身份性的，而是预设性的，象似性预设或假定符号和其客体之间的相像，而且这样的相像关系本身并不是一种符号学关系。即使能/所指之间的相像是规约性的，那也是能/所指之间的相像而非主体的规约赋予能指符号的功能或者身份。象似性概念本身对于什么构成能指和所指之间的相像并无先入为主的界定；此外，在皮尔士符号理论中，符号象征性或代码性不能等同于主体的规约性。

　　对于大部分研究象似性的文献，主要研究对象为：地图、肖像、图表、实体模型和照片，等等，似乎这些客体事物是象似性的特殊载体，其实象似性可以更加广泛地用于研究其他客体事物。上述客体之所以有独特的象似性，是因为它们的名称本身暗示着某种象似性。此外，它们并没有包含更多的象似性参数，在符号学分析过程中也不具有特殊或核心作用；它们作为象似性符号所表征的客体事物的特征在主体的感官里是很直观和形象的，甚至主体意识已经习惯性地把它们当作客体事物本身来看待，也就是说，能指在主体意识中篡夺了所指的身份。这些符号就是自我表征型的、也是客体表征型的象似符，符号的表征是双重性的；这样的象似符同时呈现了主体直观感受到的客体特征（如地图）和现实环境所呈现的客体特征（如地形）。

对于这些象似符表征客体事物的直观性，皮尔士作了以下讨论：

"象似符在主体意识中如此彻底地替代了它所表征的客体事物，以至于它们之间的界限不再清晰可辨；几何图形就是其中之一。从整体意义上讲，图形并非是纯粹的象似符，但是在几何推演过程中，我们往往会忽略图形的抽象性而把它视为图形所表征的客体事物本身。同样在欣赏一幅绘画时，有一刻我们的意识会忘记这绘画是对某一事物的描摹，这一刻意识中真实和虚幻的界限模糊了、消失了，就像是在梦境，这就是象似思维的意识状态。"①

从某种意义上讲，象似符所表征的客体事物（如被地图所表征的地形）是被主体意识直观感知的，只要象似符的表征准确，它所呈现的属性就是客体事物的实际属性，因为根据逻辑推断它们是等价的。但是，从另一方面讲，客体事物总是通过某种中介而被意识感知的，这种感知，也就是说感官通过某种介质认知事物，和感官无中介接触的是蕴含事物的介质而非事物本身。

在另外一些情况下，我们很难判断甚至是无法判断客体事物的象似性身份是通过自我表征的还是借助他者表征的，莱斯德以足球赛电视转播为例来说明这一点。假设电视的科技已经发达到可以超逼真阶段，即三维立体图像，荧屏上事物的色彩自然、本真，画面高度清晰并且大到足够显示整个比赛场地；在这种情况下，坐在家里电视机前观看比赛的视觉效果就如同坐在比赛场草坪上看比赛一样。但是，足球赛事仍然是他者表征型的，充当表征中介的就是电视荧屏，即电视荧屏是呈现足球比赛的象似符。进一步假设科技发达到电视荧屏被更加先进的设备所取代，它可以无中介地把人的视神经和足球赛场景链接起来，和人们看电视或亲临现场的视觉效果一样，在这种情况下什么是足球赛事的象似性符号？在没有电视

①　Joseph Ransdell and Lubbock，"On Peirce's Conception of the Iconic Sign"，*Iconicity*：*Essays on the Nature of Culture*；*Festschrift for Thomas A. Sebeok on his 65th birthday*，Tübingen：Stauffenburg-Verlag，1986，p. 71.

荧屏作为中介的情况下，我们能认为足球比赛是被我们直接感知到的吗？在此情形下，我们自然认为对比赛的感知是通过电视设备、眼球、视神经等进行的，是实体或物理性的感知。但是，即使在比赛现场观看，实体或物理性中介仍然存在，如光波、眼球、视神经等。当然，逻辑上的中介和物理学中介手法完全不同；但是，如果我们认为眼球的视觉形象是事物的直接投射这一说法是合乎逻辑的，那么，为什么认为电视图像是事物直观呈现的说法只是物理性的而非逻辑性的呢？从定性假设的角度看，两种视觉经验是完全相同的，它们之间的差异仅在于视觉感受的实体或物理途径不同。诸如此类的例子还有很多，反射式望远镜中的形象、镜子中的形象、眼镜中的事物、扬声器中的声音，等等。

　　当然不能认为象似符的自我表征和他者表征之间不存在真正的区别，只是上述例子表明象似符两种表征之间的区别并不是十分明显的或者很容易判别的。而且，在有些临界或非典型情况下，很难对象似符的两种表征进行清晰的分类。同时，莱斯德也认为，"象似性直观或无中介地表征客体事物"这一叙述中，"直观、无中介"的说法有误导性。他认为，从逻辑学角度讲，主体对客体事物的感知并不是在无中介的条件下进行的，因为主体意识所有的感知都只是主体通过感官对客体事物所做的表征。所以皮尔士认为应该把"直观、无中介"重新措辞为"直接"可能才更加准确地表达象似性符号能指和所指之间的关系。事实上，完整的符号哲学体系中象似性符号和指示符号及代码符号共同形成了一个整体思想。在此文的讨论中，我们在进行逻辑解释时把象似性符号的功能和指示符和代码符的功能分离了，但是在实际的符号指代过程中如果不结合指示符和代码符的表征功能，象似符的表征功能是无法充分地和清晰地说明和分析的，三者在符号过程中是协同运作的。

　　莱斯德用皮尔士象似性符号思想分析了人类大脑储存的回忆，认为回忆和逻辑命题论证是完全不同的意识，是一种特殊的感知行为。假设回忆是很清晰的、连贯的，我们对往事的回忆就如同感官在经历这些往事一样。这样，可以说意识回忆中的往事和过去客观发生过的事件至少在形式上是等同的。那么它们在物质上也是等同的吗？既然回忆只是一种意识活动，不具有物质性，就没有必要在此认为回忆中的往事和过去客观发生过的事件之间有物质差异性，这样，我们也就有理由认为回忆中的事物就是过去客观发生过的事物。从这个意义上讲，回忆作为意识的感知活动是对往事的直接表征，也就是说，意识可以直接并有凭据地通向过去。这样的等同也有问题，以下情况均会导致作为往事象似符号的回忆与往事原型不全等：首先，回忆中意识对事物特征的感受是有限的。其次，主体感官认知活动同时也是高度图式的、抽象的；事实上，回忆中意识对往事的感知可能更加准确和全面（尤其是在事件发生时主体由于某种情绪，如紧张、兴奋、压抑而导致其对事件的认知模糊和片面）。最后一点导致误差的是往事的发生和回忆行为本身不在同一个时间点上。但实时的感知活动也可能会和感知的对象同处一个时间点。例如，人类对非太阳系恒星现象的感知总是要比这些恒星现象出现的时间晚四年，甚至有些非太阳系恒星现象的出现要比人类感知到它们早更多时间。总之，由于要以神经系统活动为中介，意识对客体事物的感知总滞后于客体事物的出现或发生，即使这种滞后在时差上是极为短暂的。反过来，回忆中的事件相对于它的原型在时间上是滞后于意识的，但是我们仍然会认为意识对记忆中事件的感知就是意识对客观原型事件本身的感知，就像我们对超前于意识四年或更久的非太阳系恒星现象的感知一样。所以，一如感觉器官中的客体，记忆中的事件完全可以被认为就是客观原型事件的象似性符号，并且这种象似性符号是自我表征型的。

大体上而言，感觉器官和大脑记忆的感知活动是相同的，本质上都是一种象似性表征功能的运作，在此过程中，符号的表征和感官或大脑的感知活动结合了起来。从认识论的角度来看，象似性表征的思想也正是综合了传统的表征概念和感官或大脑的感知活动，所以，主体的认知活动既不是单独的符号表征，也不是单独的感知活动，而是两者的整合。在传统的认识论思想中，表征的基本功能被认为是说明或解释，这就意味着表征有可能出现错误，因为解释或说明可能有误；而传统认识论中的感官或大脑的感知活动被认为可以弥补表征的不足，即发现表征错误。但是，如果不从认知活动发生的中介中去分析，即使表征错误被意识到，错误的原因也无从得以解释。皮尔士的象似性符号思想似乎把传统认识论的表征和感知概念结合起来并扬其长避其短，皮尔士符号学思想中的认识论价值还有待于开发和研究。

莱斯德提到了一个解读皮尔士思想时出现的而且和我们在此讨论的主题相关的问题，那就是作为认知客体事物最佳结果的知识（关于事物的理想知识，被皮尔士界定为关于客体事物的真理）和客体事物本身之间

的关系，即这里所谓关于客体事物的最佳知识和客体本身在多大程度上相
符合。莱斯德认为这个问题的答案是隐含在皮尔士符号学说中的，皮尔士
认为所有的认知活动都涉及意识对客体的逻辑或心理的象似性表征，因此
所有的认知活动都是感性的、直觉的。符号学观点认为关于客体的认知总
是代码性的，从皮尔士思想中可得出：每一个代码符定会有与其相像并有
机结合在一起的指示客体的索引和表征客体品质的图符；代码符、指示符
和象似符在符号过程中形成了一个不可割裂的指代系统。

最后要强调指出的是，从象似性符号的认识论功能上讲客体事物存在
于由符号过程所形成的最终的象似性表征里。客体事物在符号指代过程中
表征方式不同，但主体意识关于客体事物的认知或知识总是和事物的象似
性表征相关的，也就是说，客体事物在主体意识中的直接投射或象似性呈
现有可能带来意识对客体事物的最佳认知。所有的客体事物都能够以象似
性自我表征的方式被主体意识所感知；符号过程中还有指示符、代码符和
象似符的联合运作，但客体事物和象似符表征体现了最直接的关联性。

第七章

皮尔士的三分法符号及符号象似性

　　瑞士语言学家索绪尔被誉为现代语言学之父，他提出的语言任意性特征学说（arbitrariness）已成为语言学界的金科玉律。与这位语言学家处于同一时代的另一位美国语言学家、哲学家却提出了相反的观点，他认为人类的语言和现实之间存在一种象似关系（iconicity）。皮尔士提出的语言象似性现象最突出的例证就是象形文字，但他所描述的象似性突破了象形文字所体现的直观象似性。

第一节　符号的二分法和符号的三分法

　　首先需要区分的是索绪尔和皮尔士对符号的切分：索绪尔的符号切分是二分法（dichotomy），即符号是由能指（signifier）和所指（signified）构成；皮尔士的符号切分是三分法（trichotomy），即符号是由代表项（representaman）、指称对象（object）和解释项（interpretant）构成。按照皮尔士的理论："符号，或者说代表项，在某种程度上向某人代表一样东西。它是针对某人而言的。也就是说，它在那个人的头脑里激起一个相应的符号（心理效应），或者一个更加发达的符号。我把这个后产生的符号称为第一个符号的解释项。符号代表某样东西，即它的对象。它不在所有方面，而是通过指称某种观念来代表那个对象"①，这样皮尔士的符号就由三部分组成，在符号和其所指代的事物之间有一个中介成分，这个中介，即解释项或一种心理效应把符号和符号的所指联系起来。也就是说皮

---

　　① ［美］查尔斯·桑德尔·皮尔士：《符号学的逻辑：符号理论》，转引自丁尔苏《语言的符号性》，外语与教学出版社 2000 年版，第 52 页。

尔士没有把语言看成是孤立的、静止的现象，相反，他在解释语言符号的过程中强调了语言主体在语言符号意义产生中的作用，把语言和外部世界紧密联系起来。在理解皮尔士的符号时，所有需要理解者补充观察或生成心理效应的那部分都在解释项之外。所谓"补充观察"，不是指关于符号系统的知识，它是指先前对该符号意义的认识，也就是说皮尔士同时也关注符号产生意义的生活背景，强调集体意识。否则，符号的意义就太先验化了。

第二节　皮尔士符号的三组三分法

（一）第一组三分法

皮尔士符号第一组三分法主要关注人类对外部事物的认知，皮尔士把人类感官意识中的存在分为三类：即一级存在（firstness）、二级存在（secondness）和三级存在（thirdness）。

1. 一级存在

皮尔士把一级存在与自由、感觉和独立的客观存在联系起来，不管人类的感官是否意识或感知到了这样的存在。皮尔士这样举例描述一级存在："例如我在一种不清醒的状态下意识到一种很模糊的、很飘忽的红，或者一种咸味、痛觉、悲伤、快乐，或者一段乐曲，这样的存在是完全处于单一感觉状态，一级存在强调存在的可能性，孤立的、感官很难清晰地捕捉的、微妙的存在。"此类存在，如"气味"，总是和感官相关，因此又被称为"感觉状态"。①

2. 二级存在

二级存在比一级存在更具有客观性，这类存在不像一级存在那样与感官密切相关，它有自身存在的完整独立性，甚至是强迫性。皮尔士通过具体的例子来解释二级存在：一个人伸手推动半开的门，进入室内，这一过程中有一种不可见的、无声的阻力被克服了；同样一个人依靠在门上，门要给他一个反作用力他才能站直。这样的不可见但客观存在的阻力或反作

---

① Douglas R. Anderson, *STRANDS OF SYSYTEM*: *The Philosophy of Charles Peirce*, West Lafayette, Indiana: Purdue University Press, 1995, p. 39.

用力就属于皮尔士所说的二级存在。这样的存在独立于人的意志客观存在。皮尔士用"限制"（constraint）和"反抗"（struggle）来分析二级存在，在人类心理现象中，二级存在表现为意志，在人类行为中，二级存在表现为非理性的举动。① 皮尔士认为人们思考和关注二级存在时应该慎重，因为它往往被感官所忽视。

3. 三级存在

三级存在表现为"中介、习惯、记忆、再现、交流等抽象范畴，它使具体的时、空经验获得新的形态，三级存在综合事物之间的关系并形成联系，这种联系足以形成孕育着概念的符号"。② 这三类存在是一种由低级到高级、由简单到复杂的状态分类的。三级存在是皮尔士所研究的中心环节，它包含着一级和二级存在，一级和二级存在也参与事物之间的联系。由于事物之间的联系是无限的，所以三级存在拥有最广泛的内涵，既包括物质的，也包括意识的，因为概念就体现在事物之间的联系中，这也是符号最本质的特点。

（二）第二组三分法

皮尔士符号第二组三分法主要关注人类语言符号，皮尔士把人类语言符号根据符号和符号所指代的事物之间的联系分为三类：类象符号（icon）、指示符号（index）和抽象符号（symbol）。

1. 类象符号

类象符号指代事物时只注重事物本身所拥有的特征，而事物本身的客观形式并不重要；任何一个类象符号可以指代任何一个事物，不管是抽象的还是具体的事物，只要它们两者之间存在象似性。比如肖像是模特的类象符号，地图是地貌的类象符号，建筑图是建筑物的类象符号，等等。它们之间的照应关系纯粹取决于两者之间的某种相像，通过两者之间的类比，可以清楚地揭示事物的特征。"类象符号通过写实或模仿来表征其对象，它们在形状或色彩上与指称对象的某些特征相同。换句话说，类象符号是表现指称对象本身的某种特征。"③

---

① Douglas R. Anderson, *STRANDS OF SYSYTEM: The Philosophy of Charles Peirce*, West Lafayette, Indiana: Purdue University Press, 1995, p. 41.

② Ibid, p. 52.

③ ［美］查尔斯·桑德尔·皮尔士：《符号学的逻辑：符号理论》，转引自丁尔苏《语言的符号性》，外语与教学出版社 2000 年版，第 53 页。

2. 指示符号

指示符号和所指称对象之间不存在纯粹的相像，它们之间存在一种关联性。它们之间的相关性比它们之间的象似性更突出。皮尔士关于指示符号的典型例子是风向标（weathercock）和子弹孔，这其中的相关性是明显的：风向标是风向的指示符，而子弹孔是穿透物体的子弹的指示符。语言中的物主代词、不定代词、介词都属于指示符，它们表达和所指称对象间的连接关系。

3. 抽象符号

抽象符号通过某种法则指称其对象，这种法则往往涉及普遍观念和联想，这样的普遍观念和联想使抽象符号和其所指称的事物关联起来。抽象符号和其指称对象之间的关联性是约定俗成的，抽象的，因为两者之间没有内在联系。例如，皮尔士认为语言文字就是一种抽象符号，对它的解释完全依赖于规约或法则；抽象符号无限拓展了人们对现事实物的指称和抽象化理解，抽象符号自身的发展使人类的思想的发展和积累成为可能。按照皮尔士的解释，我们对外部世界的认识并非一次完成而一劳永逸的。眼前的符号又将作为后人认识世界的出发点，所以它又是未来符号的符号。也即人们对符号动态对象的理解是一个无限的过程。

在皮尔士看来符号所指称的事物没有外部现实性，也就是说，没有事物可以独立于符号而存在，他甚至认为符号所指称的事物是虚幻的。索绪尔将物理世界和人类社会彻底排除在语言学视野之外，而皮尔士则认为外部世界对符号意义重大。这样，皮尔士的物质世界是一个符号的世界，在这个符号世界里各种符号和其所指称的对象之间具体或抽象的相关性就是所谓象似性，从类象符号、指示符号到抽象符号，象似性由具体趋于抽象，由显著趋于模糊。

（三）第三组三分法

在类象符号、指示符号和抽象符号中，类象符号是语言学家们关注的焦点，它所体现的象似性最鲜明。类象符号和所指称对象之间存在相似结构或潜在相似，如模拟、类比和同构，是类象符号象似性存在的关键。类象符号根据象似性的抽象程度又可以分为三类：图像（image）、图表（diagram）、暗喻（metaphor）。

图像（如肖像画、照片、风景画）表达图像与所指代事物之间全部或部分的相似；图表（如地图、建筑图）表达图表与所指代事物之间的结构相似；暗喻所表达的象似性是抽象化的，暗喻与所指代事物之间的相似是隐性的，如彭斯的一句诗中表达的抽象象似："我的爱是朵红红，红红的玫瑰。(My love is a red, red rose)"

第三节　符号象似性

象似性这一概念的创立者是皮尔士，但象似性 (iconicity) 这个词却是 C. W. 莫里斯提出的，它指的是类象符号 (icon) 和类象符号所指代的事物之间的象似，象似性是符号学领域里对概念进行的图符解释，解释是基于概念和感念所指代事物的对应或相关 (correspondence)。① 这样的图符解释需要交流双方的合作，类似于格莱斯的会话合作原则，不同的是这样的合作更加抽象和模糊，例如对隐喻的理解。根据皮尔士的观点，象似性是整个符号系统的普遍原则；符号象似性的显著程度根据不同图符而有所不同：象似性最强的符号是类象符号 (icon)，最弱的是隐喻 (metaphor)。象似性存在于语言的各个方面：从语音、词汇到句法、语法、篇章都有象似性的存在；象似性也存在与语言之外的领域：如艺术、哲学，等等。

语言中的象似性并不意味着语言对现实的描述是像镜子一样对现实的折射，它指的是语言的表达形式反映或类像于人们感知和内化外界的方式。换言之，从语言和人们的经验结构、概念结构和语义结构的关系来看，语言符号有其理据性 (motivatedness)，并非是任意的 (arbitrary)。② 简言之，象似性描述外界事物在人们大脑中唤起的心理效应 (mental effect)，它总是和人的感官和思维相关，有时很具体、直观，有时模糊、抽象，因此，象似性可以有如图 7 - 1 所示的分类：

---

① Earl R. Anderson, *A Grammar of Iconism*, Madison · Teaneck: Fairleigh Dickinson University Press; London: Associated University Presses, 1998.

② Max Nänny and Olger Fischer, *Form Miming Meaning: Iconicity in Language and Literature*, Amsterdam/Philadelphia: John Benjamins Publishing Company, 1999.

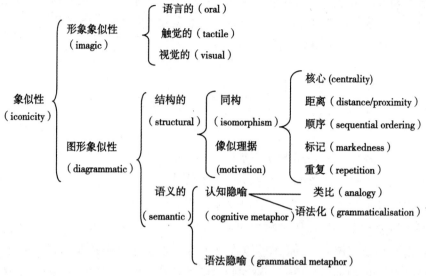

图 7 – 1　象似性分类图①

　　丁尔苏认为"皮尔士的符号理论避免了结构主义的缺点。他没有从索绪尔先验存在的、又能够自我运转的符号系统出发,相反,他把自己的理论建立在产生符号意义的感性基础之上"②。在皮尔士看来,虽然我们关于外部现实的知识是间接的(indirect knowledge),但是,我们的经验是直接的(direct experience)。在皮尔士看来,在符号之外有着一个生活的世界,符号与这个生活的世界之间存在无数的对应和相关,而且这样的对应和相关不是一次性的动作,而是一个反复的过程,它需要符号社团的肯定和维持。

　　①　Max Nänny and Olger Fischer(eds.), *Form Miming Meaning: Iconicity in Language and Literature*, Amsterdam/Philadelphia: John Benjamins Publishing Company, 1999, p. xxii.

　　②　[美]查尔斯·桑德尔·皮尔士:《符号学的逻辑:符号理论》,转引自丁尔苏《语言的符号性》,外语与教学出版社 2000 年版,第 58 页。

第八章

句法象似性：句子修饰语的自然次序

第一节　句法象似性总说

　　约翰逊和拉科夫的意象图式概念认为：作为动物的人类具有与自然界相联系的身体，故我们的意识和理性必然与身体在自然环境中的定位及其与环境的相互行为相系。[①] 因此，我们的身体经验在下列问题上都是至关重要的：我们是谁？意义是什么？我们何以具有推理能力？意象图式正是在身体经验的基础上形成的基本认识结构，它是联系感觉与理性的一道桥梁。约翰逊指出，为使我们能具备有意义的、相互联系的经验，并能理解它们及对之进行推理，我们的行为、感觉、知觉活动中一定存在着模式和常规。意象图式正是上述活动中一再出现的模式、形状和规律。这样的模式作为有意义地组织起来的结构，主要出现在我们在空间中的身体运动，我们对物体的操纵，以及我们的感知互动等层面。它给我们的经验和理性赋予了一致性和结构性。为了强调身体基础，约翰逊也将意象图式称为"来自于身体的意象图式"[②]。以上所述理论是认知语言学中的主要学说之一，也是语法中句法象似性的主要理论支持之一。多特认为：简单地说，语言的象似性指的是感知到的现实的形式与语言成分及结构之间的象似性。换言之，它是指语言的形式和内容（或者说，语言的符号的能指和

---

① G. Lacoff & M. Johnsion, *Metaphors We Live By*, Chicago: the University of Chicago Press, 1980.

② M. Johnson, *The Body in the Mind: The Bodily Basis of Meaning, Imagination, and Reason*, Chicago: the University of Chicago Press, 1987.

所指）之间的联系有着非任意、有理据、可论证的一面。① 而海曼对语言象似性有过一个更加具体的解释：当某一语言表达在外形、长度、复杂性以及构成成分之间的各种相互关系上平行于这一表达式所编码的概念、经验或交际策略时，我们就说这一语言表达式具有象似的性质。② 语言象似性问题的争论最早可以追溯到古希腊哲学家对"词语"和"事物"之间的关系到底是按性质而定还是按规定来确立的论说，即我国先秦哲学家所提出的"名实"之论。古希腊哲学家在《克拉底鲁篇》（Cratylus）里就语言是否具有以某种方式直接映照思维及思维所反映的外在现实这一特性记载了对这个问题的两种不同看法：一派认为，名称和事物之间存在着自然的联系，即正确的名称描摹现实的本质属性；另一派则认为，二者的联系完全是由人们规定的。结构主义语言学确定以来，语言与现实之间的关系（或者说事物和名称之间的关系一直以索绪尔任意性学说为主，即词语和事物之间的关系完全是任意的，是人们习惯性规约的结果。而几乎与索绪尔同时代的皮尔士提出的象似性学说则长久地处于被忽视的状态。但在认知语言学和符号学的理论提出后，经过许多语言学家和符号学家多年的研究，人们对语言有关任意性和象似性特征的关系有了比较客观的认识：象似并非仅仅体现在人类语言某些较狭窄的领域，如拟声词等，也非偶发地仅存于某些怪异偏僻的语言里，而是广泛地存在于大量语言的各种词汇、句法组织之中，甚至体现为某些语言的共性、规律。然而象似现象的广泛存在并不构成对任意性命题的简单否定，它只是促使我们更深入而全面地思考这两种属性在语言中的地位和作用。功能语言学家虽高度重视语言的象似性，却不否定语言的任意性，他们反对的只是对任意性作用的夸大。首先，任何一个思维健全的人都不会否定体现在不可分析的单个语言符号里的规约性，或任意性，否则无法解释不同语言对于同一事物会有完全不同的名称。这就是说，语素在语言中具有最高程度的任意性和最低程度的象似性，这和索绪尔的看法是相似的。其次，复杂的符号组合可能具有较高的象似性，但影响其结构形成的因素不光包括象似性，还包括其

---

① F. Dotter, "Nonarbitrariness and iconicity: coding possible", *Syntactic Iconcinity and Linguistic Freeze*, *The Human Dimension*, Berlin: Mounton de Gruyter, 1995.

② John Haiman, *Iconicityin Syntax*, Amsterdam: Benjamins, 1985a.

他功能原则，如经济原则、也可能包括纯粹任意的抽象原则。① 象似性之外的各种因素大多是为了使语言的编码和解码更加简单有效。此外，任何体现出象似性的语言成分既然都是规约的结果，必定包括程度不等的任意性。由此语言学家建议对各种象似性原则必须有一个正确的认识，即它们是促动，而非决定语言形式，认为它们只是解释规则的成因而非构成规则。

　　语言中象似性现象的类型很多，海曼主要观察的是句法的象似性。在谈及句法象似性时，首先要介绍的是海曼提出的同构假说（Isomorphism）中"同构"指的是图像象似性的能指和所指成分之间的一一对应，即图像中的每一点和它的代表结构中的每一点相对应，不管这些点在任何特性上有什么区别，这种象似性在语言里体现为"一个形式对应一个意义"的趋势。② 不同的语言形式总是蕴含了意义或交际功能上的不同；相反，若相同的形式一再出现在不同的语法范畴之间，则这种形式上的相同总是反映了意义或交际功能上某种感知到的象似性。句法上表现出的象似性主要有：独立象似性、次序象似性、对称象似性，重叠象似性、范畴化象似性，以及距离象似性。

　　根据海曼的论述，独立象似性指的是"一个表达式在语言形式上的分离性与它所表示的物体或事物在概念上的独立性相对应"，故此独立象似性又可称作"分离性理据（separateness motivation）"。③ 这一机制实际上指的是语言形式的个体化（individuation）和概念的个体化相对应。海曼进一步指出："一个独立的词素表示一个独立的实体；一个黏着的语素则不可能如此。一个独立的子句表达一个独立的命题，一个简缩的子句则不大可能如此。"如在：bow-legged（弓形腿的，罗圈腿的）、wall-eyed（外斜眼的）、Chicken-hearted（胆小的）、paperboy（报童）、oilcloth（油布）、moonbeam（月光）等词中的 bow（弓）、wall（墙）、chichen（小鸡）、paper（报纸）、oil（油）、moon（月亮）等词作为复合词的构成部分其语义或概念独立性明显要弱于这些词作为独立词所表达的意义或概

---

　　① 戴浩一、张敏：《汉语名词和动词认知语言学研究》，见《中国语言论丛》第 3 辑，北京语言文化大学出版社 1998 年版。

　　② John Haiman, *Natural Syntax*, Cambridge：Cambridg University Press, 1985b.

　　③ John Haiman, "Iconic and Economicmotivation", *Language*, Vol. 59, No. 2, 1983, pp. 781－819.

念。同样英语中前缀、后缀，以及一些表达时态的标志成分如 – ing（表达进行时）， – ed（表达过去时）等，其意义就像其自身一样必须依附在具体的词上才能得以表达，它们的独立性远远小于普通单词的独立性。语言形式上的融合标志了概念上的融合，语言形式上的独立标志了概念上的独立。句子中也是一样，独立的事件倾向于编码为独立的句子。如："John and Mary are tall" 与 "John is tall and Mary is tall"，这样在逻辑上可以互换并含有名词并列形式的句子在描述独立事件时，其并列提取的方法是不起作用的；如 "John and Mary lift in a Cadilac" 和 "John left in a Cadilac, and Mary left in a Cadilac" 两句可不能互换，前一句描述的是单个事件（约翰和玛丽乘同一辆车走了），后一局中两个子句各自描述一个独立事件（约翰和玛丽各自乘一辆车走了），即独立的句子可以描述编码独立的事件。

　　次序象似性是人类认知结构中最主要的观念之一的时间顺序观念的反映，也就是说语言结构在顺序上的安排对应于它所表达的概念的次序安排。格林伯格曾指出语言中成分的次序与物理经验的次序或对事物的认识次序是平行的。[1] 海曼把语言里这一现象称为时间象似性（tense iconicity），吉冯则把它称作 "线性次序原则（the linear order principle）"[2]。他指出 "在一段紧密结合的话语中，子句的顺序倾向于和它们所描述的事件出现的时间顺序相对应"。如：Kate had a baby and became a mother（凯特生了小孩成了母亲），John came out of the door and looked it（约翰走出房间锁上了门），他今天去参加了聚会，见了朋友，又参观了母校，忙了一天才回家。这是语言中的一般现象，如果违反这个规则，有时是为了强调某一事实（如英语中的各种句子倒装），有时被认为没有遵守会话原则，这时用不规则的句子的顺序来表达某种特殊含义，否则会被认为是纯粹的语无伦次，表达混乱。汉语不是屈折语言，汉语要表达时间现象主要是利用句序。在句子中限定词的排列也是有一定顺序。杰肯道夫注意到，在英语里一个逻辑量词（quantifier）或一个否定成分出现在另一个的前面，它常有更大的辖域，即一个限定成分，其辖域越宽，其形式的位置就

---

[1]　J. H. Greenberg, (ed), *Universals of Language*, Cambridge：The MIT Press, 1963.

[2]　T. Givon, *Synt ax：A Functional-typological In troduction*, *Vol. I & II*, Amsterdam：John Benjamins, 1990.

越前，或离中心词越远。①

　　对称象似性指的是：对称的概念和对称的语言形式相对应。语言里有许多对称的概念，如相互关系、同时发生的事件、互相依存的事件、交替出现的事件，等等。海曼指出，和我们的想象相反，尽管有线性特征的限制，概念上的对称关系是人类语言中最容易，也是最经常以图样方式表达的关系之一。② 海曼举例说 A、B、C 是几个概念成分，r 是它们之间的关系，如果：a）Ar B 和 Br A 同时为真，或 b）Ar C 和 Br C 同时为真，则概念之间的关系是对称的。如：张三和李四各自打了对方一拳（ ＝ 张三打了李四一拳，李四打了张三一拳）；张三和李四同时离开了（ ＝ 张三离开了，同时，李四也离开了）。语言中的对称性常以平行结构表达出来，并列成分在形式和概念上都是相互平行的。如：人不犯我，我不犯人；投之以木桃，报之以琼瑶；The more he has，the more he wants. Easy come，easy go. 英语中表示时间的平行时，常采用的手法有插入语，分词做状语等。

　　重叠象似性最早是戴浩一（1988）基于对汉语的观察首先明确提出的，在现实生活中，人们会将两个或多个相同的事物归在一起，会在一段时间内重复相同的动作，会表达某种状态的程度的加深。若语言在词法和句法构造上用重叠或重复的形式去表达这些意义，这些形式就称作重叠象似性。③ 简言之，语言表达形式的重叠（重复）对应于概念领域的重叠（重复）。约翰逊和拉科夫指出，在相当多的语言里，当重叠出现在名词上时，单数会变为复数表示集合概念，出现在动词上时，表示动作的持续或完成，出现在形容词上时，表示性质状态的增强，汉语有大量的重叠词，这些重叠词具有非重叠词不具有的量的观念。④ 如："一点一点地发现"，"一首一首地唱歌"，"一杯一杯地痛饮"，"个个都优秀"这些表达里的重叠词都有"每"和"逐一"的意思，表达相同事物或动作在量上的叠加或重现。再如"陪我走走"、"让我们聊聊天，听听音乐，看看电视"等表达里的重叠词都有"时量"的概念（走一程路，聊一会儿天，

①　R. Jackendoff，*Semantic Interpretation in Generative Grammar*，Mass. M. I. T. Press，1972.

②　John Haiman，*Natural Syntax*，Cambridge：Cambridge University Press，1985b；John Haiman，*Iconicityin Syntax*，Amsterdam：John Benjamins，1985a.

③　戴浩一、黄河：《时间顺序和汉语的语序》，《国外语言学》1988 年第 1 期。

④　G. Lakoff and M. Johnson，*Philosophy in the Flesh*，New York：Basic Books，1999.

听一会儿音乐，看一会儿电视）。形式上的重叠与意义上的动作延续及反复密切相关。动作的延续和反复虽是两个不同概念，但它们在认知领域却有明显的相通之处，"大大小小""明明灭灭""稀稀疏疏"等 AABB 式重叠词强调某种参差不齐的状态，描述某种状态的反复地、不规则地出现，而"来来往往""哭哭啼啼""说说笑笑"等动词性重叠词表示的动作是频繁或相连不间断的，分明是语言中的重叠象似性的表现。

范畴化象似性指的是属于同一形式范畴的语言单位在认知上也有相似之处。① 语法学家提出形式范畴和意义范畴之间有着明显的对应性，当代认知语言学家关注到了形式类认知基础的现象，他们的研究是从语言类型学和心理学出发的。他们提出，把有相同认知特点的概念放入同一语法范畴，这是人类语言的一项相当普遍的特征，是语言象似性的一个表现，因而，主要词类如名词、动词、形容词等，都有其各自的认知基础，这在词类的语法范畴上表现得十分明确。海曼将距离象似性定义为：语言成分之间的距离反映所表达的概念成分之间的距离。② 吉冯称之为"相邻原则（the proximity principle）"即在功能上、概念上或认知上更接近的实体在语码层面上也放得更近。③ 通俗地说，语言元素之间的表层形式连接越紧密，其意义联系往往也越紧密，因而形式关系是意义关系的临摹。根据海曼的定义，两个语言成分 X 和 Y 之间的形式距离在以下序列中依次减小：

a. X # A # B # Y，b. X # A # Y，c. X + A # Y，d. X # Y，e. X + Y，f. Z：其中"#"代表独立的词之间的界线，"＋"代码代表胶着在一起的语素之间的界线，"Z"代表由"X"和"Y"融合产生的单个词素，它可能是一个新的语素，也可以是"X"或者"Y"。上面说的形式距离在表层上体现为线性距离，即如在"X"和"Y"之间的成分越多语言距离越大，戴浩一、张敏（1998）认为它们之间体现的应是结构距离，可以从三方面理解：a. X 和 Y 及其间的成分独立性越强，语言距离就越大；b. X 和 Y 之间的组合方式越松散，语言距离就越大；c. X 和 Y 在结构树上跨

---

① 戴浩一、张敏：《汉语名词和动词认知语言学研究》，见《中国语言论丛》第 3 辑，北京语言文化大学出版社 1998 年版。

② John Haiman, "Iconic and Economic Motivation", *Language*, Vol. 59, No. 4, 1983.

③ T. Giv on, *Syntax: A Functional-typological In troduction*, *Vol. I & II*, Amsterdam: John Benjamins, 1990.

越的节点越多，语言的距离就越大。① 拜比把屈折型语言中的屈折变化作了如下排序，体<时<语气<人称和数。② 这个排序在英语句子中是很显然的，如表人称和数的语法标志是直接粘着在词尾的，而表示体的语法形式，如完成体却是由助动词 have 加过去分词联合的方式构成的，这个形式与动词的原形已相去较远了。在句子中如："He Killed the chicken" 和 "She broke the cup"；"He caused the chicken to die" 和 "She caused the cup to break" 之间表达的概念距离是不同的，前两个句子中表达的因果之间的距离小于后两句中因果之间距离，前者在语言形式上把因果直接联系在一起，其表达的因果关系在概念上也是直接的，而后者则是间接的。

第二节 语言系统和语言运用中的象似性现象

象似性是存在于符号和其所指代的客体事物之间的理据性或者仿拟性关系，符号和其所指之间有某种共同特征或属性。英语句法中也体现出了象似性现象，如下列例句：③

（1a）Mr. Smith stopped in front of his house. He waved to a passing neighbor and got out of his car.（史密斯先生把车停在自家房子前，他向正在经过的邻居挥手打招呼，然后下了车。）

（1b）Mr. Smith waved to a passing neighbor. He stopped in front of his house and got out of his car.（史密斯先生向正在经过的邻居挥手打招呼。他把车停在自家房子前，然后下了车。）

（1c）Mr. Smith stopped in front of his house. He raised his arm and

---

① 戴浩一、张敏：《汉语名词和动词认知语言学研究》，见《中国语言论丛》第 3 辑，北京语言文化大学出版社 1998 年版。

② Joan L. Bybee, *Morphology*：*A Study of the Relation between Meaning and Form*, Amsterdan：John Benjamins, 1985.

③ 参见 Roland Posner, "Strukturalismus in der Gedichtinterpretation. Textdeskription und Rezeptionsanalyse and Beispiel von Baudelaires 'Les chats'", *Strukturalismus in der Literaturwissenschaft*, Köln：Kiepenheuer andWitsch, 1972b; Roland Posner, *Rational Discourse and Poetic Communication. Method of Linguistic*, *Literary and Philosophical Analysis*, The Hague, Paris and New York：Mouton, 1981。

smiled to a passing neighbor. （史密斯先生把车停在自家房子前，他抬起胳膊并且向路过的邻居微笑致意。）

He pulled the handle of the door of his car, pushed the door open, swung his legs out, heaved his body out, and shut the door. （拉动开车门的把手，推开车门，双腿伸出车门，然后整个身体也挪出车门，然后关上车门。）

三个句子陈述的是同一个行为：史密斯先生把车停在自家房子前面，然后挥手向经过的邻居打招呼。（1a）中的陈述在内容上完全等同于（1b），在表意的结果上等同于（1c）、（1b）和（1a），只是句序有所不同。而（1c）只是在描写时更注重细节而已：如"抬起胳膊并微笑着"细化了打招呼时的描述，"拉动开车门的把手，推开车门，双腿伸出车门，然后整个身体也挪出车门，然后关上车门"是下车过程的详尽描述。

然而我们在读这三个句子时的感受是不一样的，从句子（1a）中我们得知史密斯先生先停车，然后才向邻居打招呼；然而从句子（1b）我们得出的史密斯先生的动作顺序正好和（1a）中陈述的相反。仔细阅读会发现上述句子之间的差异更加奇怪，因为句子（1a）和（1b）中都没有具体的语法标志（不管是词素的还是小品词式的）明确地指出句子所陈述动作的顺序。句子（1a）和（1b）用词完全一样，只是句子安排的前后顺序不一样；受时空的限制人们听、说、写句子时总是要有先有后的，不可能所有的陈述同时被完成，所以作者总是根据特定的顺序遣词造句，而这其中有一种符号学所讨论的象似性现象。我们总是依照下面的阅读规则理解文章中所陈述的事件：在没有具体词汇表述先后事件发生的情况下，文章本身描写的顺序就被默认为所描述事件发生的顺序。根据这个规则，我们把符号所表征的属性（如句子）和符号所指事物的特征（句子所描写的事件）进行传递或者过户。

不同的句子在描述事件或人物时有不同的标记性，仔细解读上述句子（1a）和（1c）还会发现它们之间更加隐晦的差异：句子（1a）中描写的史密斯先生在我们看来显得很平常，他的行为动作属于普通成年的人日常举止。而句子（1c）的描述显得有些特殊，换句话说，句子（1c）的表意是有"标记性"（marked）的，这个句子对史密斯先生的描述让我们产生这样的解读：史密斯先生似乎是一个年长而行为谨慎的绅士，动作缓慢而费力，他的每一个举动都是经过深思熟虑的，每一个很普通的举动在他那里都是一项复杂的任务。①

　　尽管我们解读句子时会产生上述差异性感受，但是从句法形态角度来看，句子（1a）和（1c）均未出现任何的词汇和词素信息表明史密斯先生的行为举止是普通、正常的或者是谨慎而费力的。虽然我们对句子（1c）的解读比句子（1a）要更加复杂，得出的信息也更多，但是（1a）在基本句意上等同于（1c），也就是说在句（1a）中史密斯先生一系列的具体动作被略去了，而在（1c）中却具体而详细地描述了出来，而在没有特殊语境标记的情况下，我们会更倾向于句（1a）的解读，因为（1a）更加符合语言"经济"原则。

　　句子（1a）和（1c）之间的唯一差异在于对史密斯先生举止动作描写的详细程度，前者中只出现了三个带补语的动词，而后者中出现了八个带宾语的动词，而两者描述的却是同一事件。所以，比起（1a），（1c）完全不符合语言运用的经济原则。这里又一次体现出了符号和其所指之间的理据性或者对应性：除非有特殊情况，普通写作中结构复杂的事件的记叙会花去作者更多的笔墨和精力，而简单日常事的描写则相应地轻松；而读者阅读时也会产生同样的感受；这是在我们阅读记叙文时所依据的第二个规则，在没有明确的语言信息陈述某一事件的复杂性或简明性的情况下，文章对事件叙述或描写的复杂性或简明性就会被默认为事件本身的复杂性或简明性。

　　根据上述两个阅读理解的规则，罗兰·波斯纳对例句（1c）语言陈述之外信息的解读是完全合理的，作者根据叙述史密斯行为动作本身的谨慎和费力而相应地把关于它的描写也安排得复杂，用了更多的笔墨进行润色和细致的刻画，就像中国的工笔画，把所指（事件）的特征图像化地呈现于符号（语言），我们把符号（如语言）对客体事物（如具体事件）的这种表征称为能指对所指的象似性解读。

　　上述分析如果要成立，还需说明一个先决条件，那就是我们对作者的解读。在此，我们认为作者在写作时是尽量为读者考虑的，他的叙述方式

①　Roland Posner, "Iconicity in Syntax: the Nnature Order of Attributes", *Iconicity: Essays on the Nature of Culture; Festschrift for Thomas A. Sebeok on his 65th birthday*, Tübingen: Stauffenburg-Verlag, 1986.

的选择是以读者理解的最佳效果为依据的，也就是说作者和读者是站在写作和解读合作的基础之上的；否则，作者对事件的描写方式就纯属偶然，或者是某一作者写作的个人特点；事件描写和事件本身状态之间的符号象似性就完全不存在，对上述句子的符号学解释也就是毫无根据的了。因此，在解读文本时有这样一个前提：文本对所叙述事件的描写要有秩序性，这个秩序和语用规则结合在一起产生最佳的阅读理解或者"作者—读者"间的良好交际效果；在这个前提之下，符号学对文本的象似性解读也成了一种合理的语用现象。

事实上对文本的符号象似性解读不仅仅限于上面例句中描写的复杂性现象，象似性在文本理解中有更广泛的应用，它可以解读出更多符号所指事物的信息，而这些信息是未被语言符号或代码明确表征出来的。"能指—所指"之间的象似性关系是最直观的解读方式，因为象似性通过能指符号直接表征客体事物的属性和特征。文本的象似性解读也不仅仅限于语言文字文本，也可用于非语言文本，例如，电影中的画面叙述，哑剧或舞剧，音乐，等等。总之，文本的符号象似性解读可以被归纳为如下：在没有明确编码信息的情况下，文本解读者把作者通过特殊表征方式呈现的符号信息默认为符号所指事物本身的信息；同时符号的编码者（如作者）也希望符号解读者体会这种象似性的表征方式和意图，进而取得最佳的交际效应。

文本解读中的象似性并非符号学体系的组成部分，而是对符号功能的运用。由于符号系统本身并不能决定符号能指所承载的信息或符号所指事物的特征，所以，越来越多的未通过代码明确呈现的信息或事物属性可以通过符号的象似性来表征，进而提高交际的效果。文本的象似性解读还与文本的文体特征相关。有一种假设认为，文本作者在使用符号表征意义时要在众多的方式中进行选择，同时也确保那些未明确表述的额外信息可以通过所选择的表征方式被读者"感悟"或"解读"出来。但是，文本象似性表征和解读也不会受到文本问题的限制，在表征过程中文本可以根据客体事物的主要特征或属性来选择恰当的符号体系，文本作者要内在地意识到如何表征才能恰当地在文本中铺设一条隐形的符号和其所指之间的象似性关系链。从总体上讲，文本作者通过符号象似性对信息或意义的表征主要取决于所选择的符号系统和文本语言编码的惯例。

罗兰·波斯纳从符号象似性拓展和功能的角度主要讨论了文本句法中

各个句子成分之间的关系，其中关于各种补语成分在句中的次序排列问题至今还没有一个统一的定论。

第三节　从句法角度看修饰语次序的排列

乔姆斯基在他的《句法理论面面观》① 一书中提到只要说话时发音的语调恰当，英语名词性短语结构中补语的排列没有特定先后次序的限制②，例如下面两个句子：

① I would like to see a round white table；② I would like to see a white round table；

罗兰·波斯纳指出乔姆斯基的上述言论有时也可以通过外延逻辑得到证明；第一种意义的短语（即"桌子是圆形白色的"）结构方式是以修饰语"圆形的（round）"起始的，在众多的特征中首先找出"圆形的"，然后再找出"白色的"，两者的交集就是中心词"桌子"的补语成分，如图8－1所示。

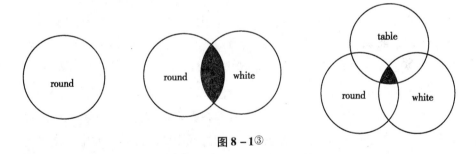

图 8－1③

第二种意义的短语（即"桌子是白色圆形的"）结构方式是以修饰语白色的（white）起始的，在众多的特征中首先找出"白色的"，然后再找

---

①　Noam Chomsky，*Aspects of the Theory of Syntax*，Cambridge Mass：The MIT Press.

②　在英语中，带有标准语调的名词性短语其主重音总是在该短语中的核心词即名词上，其他所有作为补语的词是通过其特殊的重读方式来进行区分的。同上，第196ff页。

③　Roland Posner，"Iconicity in Syntax：the Nnature Order of Attributes"，*Iconicity*：*Essays on the Nature of Culture*；*Festschrift for Thomas A. Sebeok on his 65th birthday*，Tübingen：Stauffenburg-Verlag，1986，p. 308.

出"圆形的",两者的交集就是中心词"桌子"的补语成分,如图 8 - 2 所示。

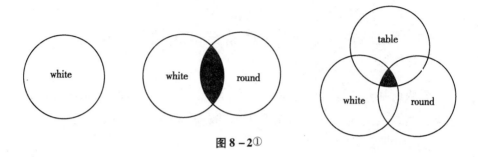

图 8 - 2①

　　虽然两组图形中起始的修饰语不同,但最终的结果是相同的,两组三圆均形成了同一个核心(阴影部分),而且两组图形都是垂直对称的。所以短语中名词的修饰语次序性似乎并不是一个可以被明确编码表征的特性,它因此在句子中仍然是没有标准排列的方式,只能根据非语言方式(例如文本或语境的符号象似性解读)来处理。但是波斯纳又引用布莱恩·伯恩(Brian Byrne)实验证明补语在句子中的排列方式并非随机而无序的:伯恩作了一系列相关实验,实验中他让受试解释短语中意思完全矛盾的修饰语,如"a slow fast dog" v. s. "a fast slow dog",伯恩预料到了三种受试可能的答案:1. 狗可能有时候跑得快而有时候跑得慢;2. 比起跑得快的和跑得慢的狗,这只狗可能是跑得中速的狗;3. 受试拒绝解释这两个句子,他们意识到两个句子是无法解读的,因为名词短语中的修饰语在语义上是相互矛盾的。然而这些答案在乔姆斯基的理论中都是可以被接受的,它们在句法形式上完全是合乎句法规则的。但是实验中受试得出的结构却是不同的:受试对"a slow fast dog"的解读是:狗本来是跑得很快的,只是目前它由于受伤或疾病而跑得慢了;而受试对"a fast slow dog"的解读却是:狗本来跑得慢,只是由于出现了某种意外事件(如后面有一只迅猛的狗袭来)而促使它跑得快了。之所以有这样不同的解读,完全是因为短语中修饰语的次序排列不同,那么,修饰语次序排列中出现

① Roland Posner, "Iconicity in Syntax: the Nnature Order of Attributes", *Iconicity: Essays on the Nature of Culture; Festschrift for Thomas A. Sebeok on his 65th birthday*, Tübingen: Stauffenburg-Verlag, 1986, p. 308.

的差异又该如何解释呢？

　　句法学文献中有很多关于句子中名词的修饰语成分或者补语成分在句子中排序问题的研究，芝诺·温德勒[1]是这方面卓有成效的研究者，他的研究证明了英语中用作定语的形容词在句子中的排序有明显的限制，而且他还对定语形容词和表语形容词在句子中的排序进行了对比。一些形容词从做表语转化为做定语是很常见的句法现象[2]：

> （i）a hat that is red←a red hat；
>
> 　　　　　　? a hat is red for a hat
>
> 　　　　　　* a hat that is red to look at

另外一些用形容词做修饰语的名词短语转化为表语结构则比较复杂：

> （ii）a big hat　　　　← a hat that is big
>
> 　　　　　　　　　　　a hat that is big for a hat
>
> 　　　　　　　　　　　* a hat that is big to look at
>
> （iii）a pleasant hat　← a hat that is pleasant
>
> 　　　　　　　　　　　a hat that is pleasant for a hat
>
> 　　　　　　　　　　　a hat that is pleasant to look at（见罗兰·波

斯纳，1986：310）

　　我们来对比一下每一组形容词做定语和形容词做表语时不同的句法结构（A：形容词，N：名词，V：动词）：

> （i）AN（形容词—名词结构）　　　← NRelCopA（Rel 为关系
>
> 代词，Cop 为系动词）

---

①　相关文献请参阅 Zeno Vendler, "The Transformation Grammar of English Adjectives", *Transformation and Discourse Analysis Papers*, Philadelphia: University of Pennsylvania, 1963a. Zeno Vendler, "The Grammar of Goodness", *Philosophical Review* 72, 1963b, pp. 446 - 465. Zeno Vendler, *Adjectives and Nominalizations*, The Hague and Paris: Mouton, 1968。

②　文中所举的例句前面如果出现"?"说明句子结构是罕见和不标准的；例句前面如果出现" * "则表示句子是不符合语法规范，因此是错误的；前面无任何标记的为正确句子。

(ii) AN　　　　　　　　　　　　NRelCopA "for" N

(iii) AN　　　　　　　　　　　　NRelCopA "to" V

在（i）中形容词做表语的短语结构只比形容词做定语的名词结构多了一个关系代词和系动词（多出来的成分以下划线的方式标出）；（ii）是在（i）的基础上添加了一个介词结构，该介词结构中重复再现了核心名词（帽子）；在（i）和（ii）的形容词—名词向形容词表语结构的转换中除了语法词素外并没有新的词素的出现，其中的名词和形容词在转换前后保持一致；而在（iii）中出现了一个新的词素（V），它既和原结构中的形容词或名词毫无词素上的关联，也和原结构中修饰语作为定语的句法功能毫无关系。显然，从（i）到（iii）句法结构的复杂性是递增的，相应地，从（i）到（iii）形容词—名词短语向形容词表语结构的派生的复杂性也是递增的；这种派生过程的复杂性与名词前做修饰语的各种形容词的排序有关，这些形容词在上述短语结构派生过程中的派生复杂性越低，派生关系越单纯，在排序时它就越靠近其所修饰的核心名词，例如下列句子：

(i)　　　Annie is wearing a big red hat

　　　　? Annie is wearing a red big hat

(ii)　　　Annie is wearing a pleasant red hat

　　　　? Annie is wearing a red pleasant hat

(iii)　　　Annie is wearing a pleasant big hat

　　　　? Annie is wearing a big pleasant hat

还有一组例句：

(1) Peter is sitting in a heavy black chair.

　　　? Peter is sitting in a black heavy chair.

(2) Peter is sitting in a comfortable black chair.

　　　? Peter is sitting in a black comfortable chair.

(3) Peter is sitting in a comfortable heavy chair.

　　? Peter is sitting in a heavy comfortable chair.（出处同上）

　　进一步讨论上面短语的修饰结构或关系，得出以下分析：

（a）　a pleasantbigred hat

　　　　　　　　that is red

　　　　　　that is big for a hat

　　　that is pleasant to look at

（b）　a comfortable heavy black chair

　　　　　　　　that is black

　　　　　　that is heavy for a chair

　　that is comfortable to sit in（出处同上）

　　上面例子中的（a）和（b）所呈现的那样繁杂的名词性短语在母语是英语的人看来很别扭，不符合他们日常语言的表达习惯。罗兰·波斯纳（1986）认为与其说这种不自然、不规范的短语是由于名词前面修饰语的排列引起的，倒不如说是由英语语法对于名词前置修饰语的数量的限制所引起的。不同的语言对于名词的前置修饰语的数量有不同的限制，法语中名词前很少出现两个修饰语，英语对名词的前置修饰语比法语宽容，而德语中名词前即使出现 4 到 5 个修饰语也并不罕见。从对（a）和（b）的分析中得出的一个重要结论是：在维持修饰语顺序排列的前提下，我们可以通过简化修饰语的结构或序列来得到合乎语言惯例的名词短语结构。

　　从分析中可以看出修饰语在短语结构派生中的复杂性越低，派生关系越单纯，在排序时它就越靠近其所修饰的核心名词。因此，我们可以进一步得出下面一条规则：修饰语在短语结构派生环节中越早出现，那么，它在排序中就越靠近中心名词，修饰语在短语结构派生环节中越晚出现，那么，它在排序中就越远离中心名词，即修饰排序的顺序对应于其在短语结构派生过程中的顺序。

　　罗兰·波斯纳研究发现修饰语在名词前的排序除了和它们在短语结构的派生过程中出现的前后次序相关之外，它们本身所具有的名词性属性也会影响到它们在核心词前的排序。颜色词做修饰语时比其他修饰语更靠近所修饰的中心名词，例如：

(a) a round white table

(b)? a white round table

对比一下表示颜色的修饰词和表示形状的修饰词的名词性属性，我们会得出三个结论：

第一，在句子中颜色词更容易被用作宾语，如 "I like white"，但很少见到 "? I like round" 这样的表达；第二，颜色词还可以有自身的修饰语，如 "This is an interesting white"，但很少见到 "? This is an interesting round" 的说法；第三，颜色词在句子中常被用作名词从格或者间接格，如 "The homogeneity of this white is remarkable（这种白色的均质性很高）"，但是 "? The homogeneity of this round is remarkable" 这样的句子却很罕见。综上所述，颜色词被认为比表示形状的词更具名词性特征，因此颜色词作修饰语时出现在更加靠近核心词的位置并非偶然。

这条规则在对比形容词性修饰语和名词性修饰语时显得尤为明显和突出，如："a small golden box" 和 "? a golden small box"。如果我们再把句子中的形容词换成名词："a small gold box" 和 "* a gold small box" 那第二个短语（以 "*" 标出）在语法上就完全是错误的了。即使把 gold box[①] 看成是一个复合名词，第二个短语在语法上仍然是错误的，因为，修饰语 small 不能插入合成词的两个成分之间。

罗兰·波斯纳发现在德语中不仅关于事物的物质属性特征可以用形容词或者名词性合成词来表达，而且关于事物的时间状态也可以用形容词或者名词性合成词来描述，如下面两组句子[②]：

(a) eine barocke Standuhr（一个巴洛克式的大厅挂钟）

　　ein expressionistischer Kalender（一本印象派风格的挂历）

　　ein steinzeitlicher Knochenfund（一批石器时代的骨头）

(b) eine Barocke-Standuhr（一副巴洛克式的大厅挂钟）

---

① 形容词作定语的名词短语 gòld bóx 的意思是 "box made of gold"（用黄金做成的盒子）；而合成名词短语 góld bòx 的意思是 "box for storing gold"（用来装黄金的盒子）。

② Roland Posner, "Iconicity in Syntax: the Nnature Order of Attributes", *Iconicity: Essays on the Nature of Culture; Festschrift for Thomas A. Sebeok on his 65th birthday*, Tübingen: Stauffenburg-Verlag, 1986.

ein Júgendstil-Kalender（一本新的美术挂历）

ein Steinzeit-Knochenfund（一批石器时代的骨头）

如果修饰语是形容词，表示地点的修饰语在排序上比表示时间的修饰语更接近核心词，例如：

eine barocke französische Standuhr（一个巴洛克式的法国大厅挂钟）

? eine französische barocke Standuhr

ein expressionistischer deutscher Kalender（一本印象派风格的德国挂历）

? ein deutscher expressionistischer Kalender

ein steinzeitlicher europäischer Knochenfund（一批石器时代的骨头）

? ein europäischer steinzeitlicher Knochenfund

但是如果把修饰语看做名词性合成短语的构成成分，表示时间的修饰语在排序上比表示地点的修饰语更接近核心词，例如：

eine französische Barocke-Standuhr

∗ eine Barocke französische Standuhr

ein deutscherJúgendstil-Kalender

∗ ein Júgendstil deutscher Kalender

ein europäischer Steinzeit-Knochenfund

∗ ein Steinzeit europäischer Knochenfund

罗兰·波斯纳对德语短语中修饰词序列研究的结论是：1. 具有名词性属性的修饰语在形容词——名词结构短语中和复合名词结构中更加靠近短语中的核心词；2. 如果形容词修饰语和名词修饰语同时出现，名词性修饰语在排序上更加临近核心词，如：

ein schwerer englischer Mahagoni-Schreib-Tisch（一个很重的红木质

地的写字台）

　　ein elegantes ovales Empire-Eβ-Zimmer（一间雅致的椭圆形帝国餐厅）

　　ein langes scharfes Stahl-Jagd-Messer（一把又长又尖的钢制的猎刀）

　　ein kleines grünes Plastic-Fieber-Thermometer（一只绿色的塑料的诊所体温计）

　　和英语中一样这些前置修饰语也可以被后置于中心词，但是要加相应的介词，如：

　　ein schwerer englischer Mahagoni- Tisch zum Schreib（介词"zum"相当于英语中的"for"）

　　（一个用来写字的很重的红木质地的桌子）

　　ein schwerer englischer Tisch zum Schreib aus Mahagoni

　　（介词"zum"相当于英语中的"for"或"from"）

　　（一个很重的用来写字的桌子；用红木制成的）

　　ein schwerer Tisch zum Schreib aus Mahagoni aus englischer

　　（一个很重的用来写字的桌子；用红木制成的；来自英国）

　　ein Tisch zum Schreib aus Mahagoni aus englischer von groβem Gewicht

　　（一个用来写字的桌子；用红木制成的；来自英国；重量很大）

　　上述每一个后置的修饰语在语法上都是正确的，但是在实际的交际中没有人会说这样的短语。对比一下就会发现，后置的修饰语排序正好反映出前置修饰语的次序，两种情况下形容词性修饰语仍然比名词性修饰语远离核心词，也就是说修饰语相对于中心词而言它们在前置和后置中的次序是对称的。① 这样，我们就可以得出另一条规则：修饰语和中心词的间距

---

　　① 罗兰·波斯纳认为这种现象不仅仅出现在德语中，在其他很多语言中也是存在的；而且不仅名词性相对于形容词性修饰语排序是如此，而且指示性或数词性修饰语相对于形容词性修饰语的次序排列均是如此。

和修饰语本身的名词性属性成正比（修饰语名词性越强，它在短语结构中就越靠近中心词）。

这里的根据修饰语名词性属性状况确定其在短语中的排序和上面讨论的根据修饰语在短语结构中的派生复杂性排序不发生冲突和矛盾，把这两者综合起来得出的总的修饰语句法排序的法则是：修饰语和中心词的距离表明修饰语本身名词性特征的强弱程度。

第四节　从语义角度看修饰语次序的排列

在修饰语排序问题上的语义学标准是建立在语义构造的基础之上的。根据德国学者提出的语言学法则：在思维中接近或同属的事物在语言表达中仍然被联系在一起，语义单位是以特定的规则相互结合进而构造更大的语义结构的。修饰语在短语中中心词前的次序排列有时会导致短语意义具有十分微妙的差别，如下面两个短语：

（a）a small precious stone

（b）a precious small stone

我们可以把（a）所描述的石头理解为：相对于普通宝石而显得较小的宝石，而（b）所描述的石头则可以被理解为：在同类宝石中显得较小的宝石。如果我们假设所有的宝石一般都小，那两个短语之间修饰语的差异就会带来另外一个意义解读：短语（a）宝石在体积上要小于短语（b）中的宝石（即前者强调"小 < small >"后者强调"珍贵 < precious >"）。

下面两个句子反映了同样的现象：

（a）a sweet glazed①apple

（b）a glazed sweet apple

在短语（a）中我们认为在所有表层裹了一层糖浆的苹果中这一个算

---

① glazed 在这里意思是在苹果的表层裹了糖浆。

是甜的，强调苹果的"甜"，这甜味有可能是来自苹果本身也有可能是由于糖浆；而在短语（b）中我们强调的是甜苹果表层被裹了一层糖浆，这个苹果的甜是来自苹果本身的糖分。

如果说上述修饰语在短语结构中的次序差异带来的意义差异很微妙，那数词性修饰语在短语结构中的不同次序带来的意义差异就很明显了，如下面例子中的短语：

(a) the uncompleted fourth sýmphony

(b) the fourth uncompleted sýmphony

从短语（b）可以推断至少有四部未完成的交响乐，而短语（a）则暗示至少有一部未完成的交响乐，那就是第四部；之所以有这样的推论，是因为在短语（a）中数词修饰语"fourth"和中心词"symphony"形成了一个意义单位，而在短语（b）中它和名词词组"uncompleted symphony"形成一个意义单位，而和中心词形成意义单位的修饰语在短语结构的排序中更加临近于中心词。

修饰语如果与中心词在意义单位结构中更接近，那它在短语结构中也更加临近中心词，依据这个规则短语：ein schwerer englischer Mahagoni-Schreibtisch①（a heavy English mahogany writing table）为什么不能被短语 ein Tisch aus England aus Mahagoni zum Schreiben（a table from England made of mahogany for writing）或者短语 ein Tisch von großem Gewicht zum Schreiben aus England（a table of great weight for writing from England）来转释就很容易理解了。后两个短语中的介词结构"aus Englang"（from England）和"von großem Gewicht"（of great weight）分别使得两个短语中的修饰语联合成一个整体并且和核心词分离开来了，这样也就打破了短语结构的正常序列而成了不符合语言表达惯例的病句。

不管修饰语是被前置于还是后置于中心词，与核心词同属一个意义单位的修饰语在短语结构中也更临近核心词，这条句法规则可以被简化为：在短语结构中临近于中心词的修饰语与中心词在意义上也更接近。

修饰语可以根据其所出现的语境来表述各种不同的特征或状态，对形

---

① 意思是：一个沉重的英国红木书桌。

容词的理解涉及其所修饰的主体，如同一个词"large"在修饰"planet"和"stone"所表述的特征时是有区别的，在对"大行星"和"大石头"中的"大"作不同理解时要求对概念"大"有一个参照物，如宇宙中其他的行星或者自然界其他的石头；同样的道理快速飞机和快速轿车中的"快"也是两个概念。但是，也并不是所有的修饰语在概念上都会出现很大的差距，都受制于其所修饰的中心词，如，"red planet"和"red stone"两个短语中的颜色修饰语在概念上的差异性就不会像表示"尺寸"或"速度"的修饰语在概念上的差异性那么大，例如"红色的行星"就不一定比"红色的石头"更红，反之亦然。

心理语言学家詹姆斯·E. 马丁曾在其研究中把上述修饰语的差异和修饰语在短语中的排序联系起来。[①] 他在实验中选了两组受试，其中的一组受试被测试了 20 个形容词，让受试根据概念的强弱程度给这些形容词排序，这些形容词具体的概念强弱取决于其所修饰的名词（就像上面的形容词"large"）；另外一组受试被要求从这 20 个形容词中选出一对一对的词来修饰普通名词，受试根据自己的语感来确定修饰语在中心词前的次序。试验发现，修饰语在短语结构中的次序排列和修饰语的语境依赖性之间高度相关：修饰语对语境的依赖性越弱它在短语结构中就越临近中心词。从意义类型的角度对修饰语进行排序，从表示"尺寸"到表示"形状"再到表示"颜色"的修饰语，它们的语境独立性渐趋强烈，而它们在短语结构中的次序也逐渐临近中心词；这样总结出来的句法规则是：在短语结构中越临近中心词的修饰语其语境独立性也越强。

马丁还思考了这样一个问题：为了确定修饰语所描述的物体特征，需要多少其他物体作为参照物。比如，要在一系列物体中挑选出圆形体的，我们只需观察物体的形状即可；但是要从中挑出"质量重的"物体来，就要借助其他物体"重量"为参照量才可进行，否则所挑选出来的物体的重量就会参差不齐，也许重量最轻的那个物体对于重量最重的那个物体而言就算不得是"重物"了。因此，表示"形状"的修饰语对参照物的依赖要弱于表示"重量"的修饰语对参照物的依赖。马丁随后的试验也

---

① Jame E. Martin, "Semantic Determinants of Preferred Adjective Order", *Journal of Verbal Learning and Verbal Behavior* 8, 1969a, pp. 697 – 704; James E. Martin, "Some Competence-Process Relationships in Noun Phrases with Prenominal and Postnominal Adjectives", *Journal of Verbal Learning and Verbal Behavior* 8, 1969b, pp. 471 – 480.

证明这一结论，同时也发现对参照物依赖越弱的修饰语在短语结构的次序排列中越临近中心词，和修饰语对语境的依赖性如出一辙。这样，我们得出的又一条句法规则是：修饰语在短语结构中越临近中心词，修饰语对参照物的依赖性就越弱。

把修饰语和语境及参照物的关系综合起来得出一个总的结论：如果修饰语所表述的属性或特征越直观具体，越不需要参照物，修饰语在短语结构中就越临近于中心词，这个规则也可以通过表示"评价"的修饰语来证实，如：在短语"a good soup"中修饰语"good"（美味的）对语境和参照物的依赖性是很强的，首先，我们要把这种"汤"的美味放在其他"美味的汤"或其他"美味的食物"这样的语境中，并且以它们为参照物；其次，我们还要参照判断这种美汤为"美味的"评价者，他个人的口味也许并不能代表其他人的口味；所以，表示"评价"的修饰语所陈述的特征不仅受其所修饰的中心词的限制，而且也取决于评价者的态度或标准。如果表示物体"质地""颜色""形状"等直观特征的修饰语被分为一元（one-place）形容词，而把表示事物"重量"这样概念强弱取决于中心词的修饰语分为二元（two-place）形容词，那么，诸如"good"之类的表示对事物"评价"而且意义既取决于中心词也取决于评价者态度的修饰语就是三元（three-place）形容词了。

表示对事物"评价"的修饰语往往在短语结构中被置于其他修饰语的前面，如①：

$$\begin{cases} \text{a nice Italian girl} \\ ?\ \text{an Italian nice girl} \end{cases}$$

$$\begin{cases} \text{an excellent hot consomme （美味的清炖肉汤）} \\ ?\ \text{a hot excellent consomme} \end{cases}$$

$$\begin{cases} \text{an exciting technical building} \\ ?\ \text{an exciting technical buliding} \end{cases}$$

$$\begin{cases} \text{an amusing off-Broadway show （有趣的非百老汇表演）} \\ ?\ \text{an amusing off-Broadway show} \end{cases}$$

---

① 例句引自于 Roland Posner, "Iconicity in Syntax: the Nnature Order of Attributes", *Iconicity: Essays on the Nature of Culture*; *Festschrift for Thomas A. Sebeok on his 65th birthday*, Tübingen: Stauffenburg-Verlag, 1986, p. 321。

　　这些例子中的句法规则可以表述为：修饰语在短语结构中越临近中心词，修饰语所涉及的相关参照物就越少。

　　罗兰·波斯纳还提到了一个自古典时代就已经被运用的修饰语分类标准，那就是修饰语所陈述特征或属性的可变性（variability），他提出修饰语所表示的特征或属性可变性越小，则修饰语在短语结构中越临近中心词，例如：an adolescent male person（？a male adolescent person），以及She has long blond hair（she has blond long hair）。表示年龄的修饰语"adolescent 青春期的"比起表示性别的修饰语"male 男性的"可变性自然要大，同样，表示头发长度的修饰语"long"比起表示头发颜色的修饰语"blond"可变性也要更大。把上面的修饰语用在同一个短语中，其先后次序就很直观了[①]：

$$
\begin{cases} \text{a long-haired male person} \\ \text{? a male blond person} \end{cases}
\begin{cases} \text{a blond male person} \\ \text{? a male long-haired person} \end{cases}
$$

$$
\begin{cases} \text{a blond adolescent person} \\ \text{? a adolescent blond person} \end{cases}
\begin{cases} \text{a long-haired adolescent person} \\ \text{? a adolescent long-haired person} \end{cases}
$$

　　可变性原则不仅适用于形容词性修饰语，也同样适用于名词性修饰语；可变性原则甚至能确定哪些特征或属性更适合用形容词性修饰语表述，哪些更适合于用名词性修饰语表述。下面我们首先对一些基本的事物特征或属性进行大致的分类说明。

　　下面众多短语中均包含表示"用途"或"目的"的修饰语，这些修饰语有的是形容词性的，有的是名词性的：

　　　　cooking-flour, dining-room, eating-apples, drinking water, racing-car, writing-table;
　　　　battery hen（机械化饲养的鸡）, milk-cow, watch-dog;
　　　　card-table（打牌用的轻便小桌）, cigarette pack, flower pot, note-

　　①　例句引自于 Roland Posner, "Iconicity in Syntax: the Nnature Order of Attributes", *Iconicity: Essays on the Nature of Culture; Festschrift for Thomas A. Sebeok on his 65th birthday*, Tübingen: Stauffenburg-Verlag, 1986, p. 323。

book，pocket-knife，salad bowl

    上面的短语所指代的实物就是从其功能角度命名的，一旦它们的用途废弃，它们也就无从称呼了。指示物体"质地"的修饰语和描述事物"用途"或"目的"的修饰语如果出现在同一个短语中，表示"用途"或"目的"的修饰语比指示"质地"的修饰语更临近中心词。因为比起物体的"质地"它的"用途"在其身份界定中更加重要；亚里士多德认为事物的目的比其物质性更本质化，罗兰·波斯纳也说道，在所有的语言中包括希腊短语中表示"用途"的修饰语都被放置在比表示"质地"的修饰语更临近中心词的位置，如：

$$\begin{cases} \text{a plastic racing-car} \\ * \text{a racing plastic car} \end{cases} \quad \begin{cases} \text{a plaster house wall} \\ * \text{a house plaster wall} \end{cases}$$

$$\begin{cases} \text{peat garden-mold} \\ * \text{garden peat mold} \end{cases} \quad \begin{cases} \text{rye cooking-flour} \\ * \text{cooking rye flour} \end{cases}$$

$$\begin{cases} \text{a cardboard cigarette pack} \\ * \text{a cigarette cardboard pack} \end{cases} \quad \begin{cases} \text{a ceramic flower pot} \\ * \text{a flower ceramic pot} \end{cases}$$

    第三类修饰语表示事物产地、归属或占有关系，这些修饰语既可以是名词性或者形容词性的，也可以是名词所属格，如：a Porsche racing-car[1]，a German racing-car，John's racing-car，这类修饰语所陈述的属性（即事物产地、归属或占有关系）其可变性比表示事物"用途""质地"属性的可变性都强，因为赛车可以随意地更换物主或归属，所以在短语中其次序排在比后两者更远离中心词的位置，例如下列短语中相关修饰语的排列：

$$\begin{cases} \text{a Porsche plastic racing-car} \\ * \text{a plastic Porsche racing-car} \end{cases}$$

$$\begin{cases} \text{an Empire walnut writing-table[2]} \\ * \text{an walnut Empire writing-table} \end{cases}$$

---

①   保时捷赛车（产地在德国）。

②   一张大英帝国时代的胡桃木书桌。

$$\begin{cases} \text{an Art Nouveau ceramic flower pot}① \\ *\text{ an ceramic Art Nouveau flower pot} \end{cases}$$

对于名词性和形容词性的修饰语，根据它们各自所描述的属性特征的可变性，罗兰·波斯纳指出形容词被更多地用来充当表述事物"产地"或"所属"状况的修饰语，而较少被用来充当表示事物"时间"特征的修饰语，所以更加符合语言惯例的短语是"a Bavarian baroque clock②"而不是"a baroque Bavarian clock"。虽然我们也会见到后者，但是其意思已经和前者不同了，在后者中"baroque"被前置了，它的意义也由表示挂钟的生产"时代"变成了表示挂钟的生产"工艺"；由此可见，修饰语在短语结构中的次序不同还会导致整个短语意义的变化。从上述例子我们得出的最后一个关于修饰语的句法规则是：修饰语在短语结构中越远离于中心词，其所表述的事物属性或特征也就越具有可变性，正如表 8 - 1 的总结所陈述的各细则：③

表 8 - 1　　　　　中心词修饰语次序排列的可变性原则列表④

相对远离中心词的修饰语次序排列	相对临近中心词的修饰语次序排列	举例
表示所修饰事物的：	表示所修饰事物的：	
质地	用途、目的	a ceramic flower-vase
所属时间	质地	a baroque ceramic vase
所属地域	所属时间	a Spanish baroque vase

---

①　一只新艺术风格的瓷质花盆。

②　巴伐利亚巴洛克时代的挂钟。

③　例句引自于 Roland Posner, "Iconicity in Syntax: the Nnature Order of Attributes", *Iconicity: Essays on the Nature of Culture; Festschrift for Thomas A. Sebeok on his 65th birthday*, Tübingen: Stauffenburg-Verlag, 1986, p. 324。

④　Roland Posner, "Iconicity in Syntax: the Nnature Order of Attributes", *Iconicity: Essays on the Nature of Culture; Festschrift for Thomas A. Sebeok on his 65th birthday*, Tübingen: Stauffenburg-Verlag, 1986, p. 324.

续表

相对远离中心词的 修饰语次序排列	相对临近中心词的 修饰语次序排列	举例
颜色	所属地域	a black Spanish vase
形状	颜色	a pear-shaped black vase
尺寸	形状	a big pear-shaped vase
装饰	尺寸	a two-handled big vase
评价	装饰	a beautiful two-handled vase

可变性原则对于短语中的修饰语次序排列是最重要，也是最可靠的规则，比前面提到的语义接近原则更加具有应用价值，它规定的次序排列不仅适用于在语义上和中心词有远近关系的修饰语，也适用于对语境或参照物有不同依赖性的修饰语，同样还适用于其他各种不同的修饰语；此外，可变性原则在修饰语排序方面和其他上述原则（如语义规则、语境及参照物规则）并行不悖。

修饰语在句法结构中与中心词的临近性还可以从更加实体性的角度来讨论。罗兰·波斯纳指出在亚里士多德的认识论思想中，名词指代实体性事物，而作为修饰语的形容词则陈述与实体事物相关的附属或次要信息。亚里士多德在其《范畴》① 和《形而上学》② 中从下面三个方面探讨了实体事物本身和其自身附属或次要属性或特征之间的区别：

（1）客体事物可以以自身状态独立存在，而附属特征或属性只能依存于客体事物；

（2）客体事物作为存在个体有其客观主体性，而属性或特征作为概念只有抽象性；

（3）客体事物没有相应的对立物，但是，它有不同的规格和特性，从这个角度看，它是可变的；而属性或特征本身是不变的，它只能出现或消失；如果客体事物发生了变化，那是因为它的属性或特征被其他形式的属性或特征所取代，但是，客体事物并不会丧失其主体性。

---

① *Categories*, *Opera*, Berlin: Preubische Akademic der Wissenschaften, 1831 – 1870: Cat. 2a – 11a.

② *Metaphysic*, *Opera*, Berlin: Preubische Akademic der Wissenschaften, 1831 – 1870: Met. 2a –11a.

把语言学分析与这三条关于客体事物的形而上学属性或特征进行对比，罗兰·波斯纳得出了四条有关修饰语和中心词在短语中的句法特征：

（1）修饰语的所指不能独立存在，而中心词的所指则可以独立存在；

（2）中心词可以直接指代其所指，而修饰语的所指则根据中心词的变化而变化；

（3）中心词的所指有稳定的主体性，而修饰语的所指则具有多变性和随意性；

从中我们也可以得出短语或句法中修饰语次序排列上的一个普遍现象：修饰语的所指本身所蕴含的客观物质性越强，修饰语在短语或句法结构中就越临近于中心词；这样，除了前面提到的语义规则和可变性规则，此处得出的第三条修饰语次序的综合规则就是物质性规则，具体可表述为：修饰语越临近中心词其物质性越强。

第五节　从语用角度看修饰语次序的排列

以上对于修饰语的句法排序的讨论是有这样一个前提的：短语中的修饰语和中心词在会话交际中必须是按照标准的语调来发音的，主重音总是出现在中心词即名词上，而修饰语即使带有重音也只能是次重音。但是实际的日常交流中重音的分配并非如此整齐或规则。当名词短语在一个语境中首次出现时，短语中的名词就带有标准的主重音，例如下面一则发生在家具店中的会话：

Salesman：May I help you?
Customer：I would like to see a round white dining-table.

换一个场景，如果一位顾客想买一只圆形的白色桌子，而家具店里有各种形状的白色桌子：圆形的、方形的、椭圆形的，这种语境下顾客就会强调其中某一个修饰语，即圆形的。

Customer：I am interested in the round white table.

　　顾客可以根据变化句子中词的重音来表达其想要突出的信息，因此同样的句子或短语结构其不同的词重音可以把交际者的关注焦点引向不同的信息。那么，修饰语在句子或短语结构中的排序和词的对比性重音有什么样的关联呢？

　　关于这个问题，罗兰·波斯纳首先提出了一个语调区别性假设：在特定的语境中最能把所讨论的主体（即中心词）突出表述出来的修饰语排列在距离中心词最远的位置，并赋予该修饰词以主重音。顾客的表述除了"I am interested in the round white table"之外，还可能会是"I am interested in the round table"或者"I am interested in the round one"，其中第二种表述省掉了修饰语"white"，而第三种表述不仅省略了修饰语"white"还把中心词替换成了代词"one"，因为在这个语境中中心词"table"和修饰语"white"相对于顾客所关注的另一修饰语（信息焦点）在当下的语境中已经是次要的了。

　　丹克斯和史文珂曾经通过试验证明上述规则：受试被提供了三种语境，第一种语境下两个形容词中表述主题中心词的充要修饰语只有一个，第二中语境下两个形容词都是描述主题中心词的充要修饰语，第三种语境中，主题中心词本身就很突出，无须修饰语限定。[①] 试验结果如下：在第二和第三种语境中，84%的受试在短语结构中把表示"形状"的修饰语放在表示"颜色"的修饰语前面，而在第一种语境中，作为描述主题中心词的充要修饰语是表示"形状"的形容词，96%的受试在短语结构中把表示"形状"的修饰语放在表示"颜色"的修饰语前面，而同样在第一种语境下，当表示"颜色"的形容词做充要修饰语时，57%的受试在短语结构中把表示"颜色"的修饰语放在表示"形状"的修饰语前面。这里，后面的两个数据和前面的第一个数据是有相关性的，之所以出现"57%"这样低百分率的数据，是因为在这种语境下，语调区别性规则受到前面修饰语语义规则和实体性的制约和影响。

　　试验得出的整体结论是：在特定的语境下，修饰语在描述主题中心词时越具有区别性功能，修饰语在短语结构排序中就越远离中心词；而

---

　　① Joseph Danks and Mary A. Schwenk, "Prenominal Adjective Order and Communication Context", *Journal of Verbal Learning and Verbal Behavior* 11, 1972, pp. 183 – 187.

得出的句法规则是：修饰语在句法结构中与中心词的临近性和修饰语概念本身的区分性功能成反比例。

　　罗兰·波斯纳认为这个规则和我们在名词性短语中见到的修饰语传统排序相吻合，即表示人们对客体事物传统或固定观念的修饰语更加临近核心名词。例如：德语中更合乎语言惯例的是"den stolzen tapferen Soldaten"① 而不是"den tapferen stolzen Soldaten"；但是中心词由"士兵"换成"骑士"，修饰语的次序就成了"den tapferen stolzen Ritter"② 而不是"den stolzen tapferen Ritter"，在人们的习惯性思维和表达中，比起"自豪"，士兵"勇敢"的品质更加突出，而对于骑士的形象，"自豪"则更加贴切。同理，德语里人们表达收获时会说："einen schnellen sicheren Gewinn（迅速而稳定的收获）"③，而描述汽车时则会说："einen sicheren schnellen Auto（稳定而迅速的汽车）"④。德语中类似的名词短语还有很多，其中的修饰语都体现了人们的思维中对中心词所指代的主体的习惯性或陈规式的观念，例如（Roland Posner，1986：329）：

　　　　ein eifriger Student（a diligent student 一个勤奋的学生）

　　　　ein tüchtiger Handwerker（a skilled craftsman 一名技艺精湛的匠人）

　　　　ein zuverlässiger Mitarbeiter（a reliable collaborator 一位可靠的合作伙伴）

　　　　ein treuer Diener（a faithful servant 一个忠诚的仆人）

　　　　ein elegante Tänzerin（an elegant dancer 一名优雅的舞者）

　　　　ein höflicher Kellner（a polite waiter 一个礼貌的侍者）

　　这些短语中出现另外一个修饰语时，两个修饰语的次序排列更能体现出特定中心词与特定修饰语之间的陈规性关联，例如（出处同上，第330页）：

---

①　这句话翻译为英文是"the proud brave sóldier"（自豪而勇敢的士兵）。

②　这句话翻译为英文是"the brave proud knight"（勇敢而自豪的骑士）。

③　这句话翻译为英文是"a fast and secure gáin"（一份既快又有保障的收获）。

④　这句话翻译为英文是"a secure and fast gáin"（一辆既有保障又快的汽车）。

ein tüchtiger eifriger Student（a diligent stúdent 一个有技能的、勤奋的学生）

? ein eifriger tüchtiger Student

ein eifriger tüchtiger Handwerker（a skilled craftsman 一名勤奋的、技艺精湛的匠人）

? ein tüchtiger eifriger Handwerker

ein treuer zuverlässiger Mitarbeiter（a reliable collaborator 一位诚实的、可靠的合作伙伴）

? ein zuverlässiger treuer Mitarbeiter

ein zuverlässiger treuer Diener（a faithful servant 一个可靠的、忠诚的仆人）

? ein treuer zuverlässiger Diener

ein höflicher elegante Tänzerin（an elegant dancer 一名礼貌的、优雅的舞者）

? ein elegante höflicher Tänzerin

ein elegante höflicher Kellner（a polite waiter 一个优雅的、礼貌的侍者）

? ein höflicher elegante Kellner

　　有研究①表明：面对一个中心词，大脑中越容易、越迅速联想到的修饰语在短语结构中也越临近中心词；大脑中越容易、越迅速联想到的修饰语在短语中往往有更加高的出现频率，而高频率就是修饰语被陈规化或习惯化运用的基础；所以，据此可以得出又一条修饰语排序规则：修饰语越临近中心词，它和中心词的搭配频率也就越高。

　　但是，更加临近中心词的高频率修饰语并不意味着它对中心词所指代的主体有更强的区分力，比如，虽然"ein elegante höflicher Kellnerein"在常规的语言表达中比"höflicher elegante Kellner"更加常见。但是，更吸引起人们注意力的应该是后者"礼貌的、优雅的侍者"，因为

---

　　① 参见 Robert S. Lockhart and James E. Martin，"Ajective Order and the Recall of Adjective-Noun Triplets"，*Journal of Verbal Learning and Verbal Behavior* 8，1969，pp. 272 – 275. Steve J. Shapiro，"Response Latencies in Paired-Associate Learning as a Function of Free Association Strength，Hierarchy，Directionality，and Mediation"，*Research Bulletin No.* 66，Pensylvania State University，1966.

"礼貌的"作为侍者的修饰语用得如此频繁，以至于它丧失了新颖性，相对于低频词其对交际者的吸引力反而变弱了，这刚好和前文中的规则相吻合。在此，我们把它称为句法排序中修饰语的区分性原则：即修饰语在句法结构中与中心词的临近性和修饰语概念本身的区分性功能成反比例。

第六节　象似性在修饰语次序排列中的体现

上文中我们已经讨论了修饰语排序的句法学、语义学和语用学原则，并提出了语义规则（修饰语在短语结构中的排序取决于修饰语在短语派生过程中出现的环节和修饰语自身的名词性属性）、实体性规则（修饰语在短语结构中的排序取决于修饰语与中心词意义的近似度，修饰语所描述的事物特征的稳定性，修饰语的语境独立性及其对比性独立性）以及区分性规则（修饰语在短语结构中的排序取决于修饰语的区分性能和它与中心词的搭配频率）。

这些规则之间的关系又如何呢？它们是彼此互补呢，还是相互冲突呢？如果在应用中它们出现了矛盾，又该如何处理呢？罗兰·波斯纳已经确定区分性原则在应用中应该优先于实体性原则。当名词性或实体性/物质性修饰语起区分性作用时，它在短语结构中被排列在距中心词最远的位置。① 这似乎是修饰语排序中的特殊而非常规的现象。因为，名词性规则和实体性规则在修饰语排序中运用得更加广泛。然而，没有区分性规则，它们两者的合理性就无法成立。如果一系列修饰语在短语结构中被频繁地依据区分性规则以一种特定的顺序排列，那在不强调区分性的语境中它们的顺序也不会变动。因为，特定语境中频繁出现的修饰语其排列顺序被当作修饰语语序的惯例或常规；而在没有特殊语用动机的前提下，常常是这样的惯例性的语序被人们默认和使用。所以，短语结构中修饰语的排列规则中，名词性规则和实体性规则相对于语用性规则是第二位的。其实，名词性规则和实体性规则的象似性特征在人们的语言运用的惯例中是如此的

---

① 在这种情况下"a round white dining-table"就变为"a white round dining-table"，有时候可以通过语调变化而保持修饰语顺序不变。

根深蒂固，以至于在语用性规则占主导的语境中它们仍然具有竞争性。如在上面例子中，尽管语用性语境已经强调在众多白色桌子中要突出的是圆形的，也就是说恰当的词序应该是"a white round table"，但是只有57%的受试选择该语序，因为，惯例性语序是"a round white table"。因此，作为惯例的修饰语语序在句法结构中的象似性排列是修饰语排序语用性规则不可或缺的补充。

第九章

认知语言的象似性

语言的本质是任意的还是象似的，对于这个问题有两种不同的观点：柏拉图观点和亚里士多德观点。古希腊思想家柏拉图在《克拉底鲁篇》(*Cratylus*)[①] 中就语言的特性记录了两个相对立的观点：一方认为语言与现实之间存在着内在联系，即事物的名称总是在模仿事物的特征；而另一方则认为事物名称和事物之间的关系是一种纯粹的人为规定，也就是说，它们之间的关系完全是任意的。柏拉图观点认为，如果语言不是以实物而是以符号作为表达媒介，那么，在语言和现实之间就一定存在象似性。而亚里士多德观点（亚里士多德—索绪尔观点）则认为，语言和现实之间是彼此独立的，它们之间不存在任何的象似性。[②] 根据前一种观点，语言在某种程度上映射思维方式，展现被人的思维所内化了的现实世界，语言的这种特性很久以来就备受关注。

语言的本质特点自古以来就是人们探索和争论的焦点，亚里士多德把人类的语言定义为人类心灵的表征或符号，而文字则为语言的符号。以后的语言学家争论的一个焦点便是这些语言符号和它们所表述或代表的现实世界之间的关系。就这个主题主要有两大阵营，以索绪尔为代表的一方认为人类语言符号与它们所指代的物质世界对象之间不存在任何的理据性，两者之间只是一种纯粹的任意性关系；而以皮尔士为代表的另一派则认为人类语言符号和它们所描述的物质世界对象之间存在一种象似关系，即人类在创造语言符号的过程中模仿了现实世界中的现象或物质。王寅教授认为，这场争论是西方古代唯名论和唯理论的延续，这是一场直至现在还未

---

① ［古希腊］柏拉图：《柏拉图全集》，王晓朝译，人民出版社 2012 年版。

② Raffaele Simone, *ICONICITY IN LANGUAGE*, Amsterdam /Philadelphia: John Benjamins Publishing Company, 1994.

终结，还无定论的辩论。而正是这些探索和争论才使人们能够更加深刻地认识、理解和思考语言。①

自从 1916 年索绪尔的《语言学教程》问世以来，结构主义语言学成为占主导地位的理论，同时，任意性假说也成了语言学界普遍接受的准则，而皮尔士的相似性假说却被忽略了。象似性被认为是只出现在象声词中的语言边缘现象，直到 20 世纪 50 年代，人们才开始关注这位语言哲学家的理论，象似性也开始备受关注。② 到现在，关于语言象似性的研究已深入人类语言的各个层面，从语音、形态、句法、篇章，直到文学作品和诗歌中所涉及的语言的象似性都被加以研究。尤其在诗歌和文学作品中，象似性被诗人和作家们大量运用，以便拓宽诗歌和文学作品的表现力。2001 年出版的《理据符号》（The Motivated Sign：Iconicity in language and literature）便是文学和诗歌领域内语言象似性的总结。③ 海曼等语言学家认为，象似性不是语言中的边缘现象，而是语言基本特征的一部分，在语言中有自身的语法机制。④ 他们从人的身体出发分析语言中的象似性，并且认为语言行为源于早期人类的身体活动，即人类的身体行为经过某种仪式化之后，成为语言象似性形成的基础，并得到了进一步的语法化。海曼则根据人体的对称性研究了语言中的对称性，认为语言有一种内在的对称特征，因为人类的身体是对称的，人类的语言则总在试图模仿这种对称。安德森等语言学家从语言的发声和听觉角度研究了语言的象似性，指出了语义和发音的生理机制之间的关联以及音位和语言感情色彩之间的对应关系：例如他们分析得出辅音表达柔和的感情，表达愤怒和仇恨的语言多用短促和爆破的音，而鼻化音则表达一种乏味和无聊⑤。昂格雷尔分析了英语构词法中的象似性现象，他认为英语构词法中的象似性主要有同构象似

---

① 王寅：《再论语言符号象似性——象似性的理据》，《外语与外语教学》2000 年第 6 期。

② ［瑞士］费尔南多·德·索绪尔：《普通语言学教程》，商务印书馆 2005 年版。

③ Max Nänny and Olga Fischer（eds.），The Motivated Sign：Iconicity in language and literature 2，Amsterdam／Philadelphia：John Benjamins Publishing Company，2001.

④ John Haiman，ICONICITY IN SYSTEM：Proceedings of a Symposium on Iconicity in Syntax，Amsterdam／Philadelphia：John Benjamins Publishing Company，1985.

⑤ Earl R Anderson，A Grammar of Iconism，Madison·Teaneck：Fairleigh Dickinson University Press，London：Assocated University Presses，1998.

性和理据象似性两种；① 南尼指出了英语字母中的象似性；语法象似性也得到了关注。这些研究都把语言看成是有理据的、模仿的，而非任意的、边缘的。②

象似性不仅被普遍和深入地加以研究，而且还被广泛运用，并且已超越了语言学的领域。比如在广告、电影等领域，人们利用象似性表达更深刻、更形象和更抽象的意义。在此简要介绍一下皮尔士的主要理论观点，因为它是语言象似性的主要理论支持。首先解释一下象似性，语言学字典中这样解释象似性：

> Iconicity is a term coined by C. W. Morris that designates the measure of similarity between the icons and the subject to which it refers. Iconicity expresses the concept of text interpretations developed within the framework of semiotics that is based on a correspondence between the characteristics of that which it represents. Thus, under certain stylistic conditions, a report addressed to a hearer or reader is as complex as the event (s) being described in the report. Similarly, the linear structure of a report can be deduced from the natural sequence of the event (s). Iconic text interpretation is not restricted to verbal communication; its success depends primarily on the cooperative behavior of the speaker/hearer, as postulated in Grice's maxims of convention. Iconicity plays a major role in cognitive grammar. ③

这个解释中对符号 (sign) 所代表的实体（在索绪尔的理论中符号是 signified，在皮尔士的理论中是 object）要进一步说明。在索绪尔的符号两分法里，signified 是个实体概念，代表物质世界中的客观存在，而 signifier

① F. Ungerer & H. J. Schmid, *An Introduction to Cognitive Linguistics*, Beijing: Foreign Language and Research Press, 2001.

② Max Nänny & Olger Fischer (eds.), *Form Miming Meaning: Iconicity in Language and Literature*, Amsterdam /Philadelphia: John Benjamins Publishing Company, 1999.

③ Hadumod Bussmann, Gregory P. Trauth, and Kerstin Kazzazi (eds. & trans.), *Routledge Dictionary of Language and Linguistics*, Beijing: Foreign Language Teaching and Research Press, 2000, p. 215.

是一个心理层面上的存在，不具有实体特性。① 皮尔士则不同，它的三分法体系里除了指示项（representamen 即 signifier），实体（object 即 signified）之外，还有解释项（interpretant）。② 而且皮尔士的指示项和实体都是心理实体，因为在皮尔士看来，语言中的象似性并非语言符号对真正物质世界的模仿。物质世界在人们的认知过程中已被人类的意识内化，这个人类意识中的世界已不是原来的那个纯粹的物质世界，它已经被着上了一层人类意识的色彩，并蕴含了来自人类的精神和认知模式的特征，而且，这些精神和特征在不同的民族中有不同的表现。皮尔士认为，人类语言描述和表达的对象都是已被人类意识内化了的世界中的存在物，因而，语言符号不是对纯粹外在物质世界的模仿，人类语言的象似性应该指人类语言符号与人类自身内心感知到的世界的关系，这种关系表现出语言符号对这个内化世界的模仿。

　　皮尔士首先把被人类意识内化的物质世界中的存在分为三类，并分别称之为第一性（firstness）、第二性（secondness）和第三性（thirdness）。皮尔士的世界始终是一个已被人类意识所主观化了的世界，而不是一个纯粹的物质世界，从而，他对这个世界的分类也体现出其个人的特点，这和唯物主义的观点是相抵触的。皮尔士理论中的第一性指的是自在之物、直观感知和不具依赖性的存在，例如，花香、盐的咸味（一种直观感觉——味觉）、疼痛感、欢乐感。第一性只是一种和人的感官直接相连的可能存在和直观存在（*what is merely possible*，*what is a suchness*，*and what is associated primarily with feeling*）。第二性指的是限制人的感官或与人的感官相抗衡的外在之物。皮尔士这样举例来说明第二性：用手或肩膀去推一扇半开着的门，门会给人一种阻力，这种阻力就是一种第二性存在。而第三性则是指把第一性和第二性相联系起来的东西（也就是一个 sign）。皮尔士认为，这部分是最重要的，它代表了经验的最高层次。属于第三性的有普遍性存在、持续性存在、人类的智力，等等。对皮尔士这一组三分法的了解是理解他另外两个三分法的基础，也是理解其符号学的基础。

　　皮尔士认为，语言符号在不同程度上模仿人类的内心世界，他据此把

---

① ［瑞士］费尔南多·德·索绪尔：《普通语言学教程》，商务印书馆 2005 年版。

② C. Hartshorne & P. Weiss, *Collected Papers of Charles Sanders Peirce*, Vols. 1—6, Cambridge Mass：Harvard University Press, 1931—1958.

语言符号分为三类，即象似符、指示符和象征符。象似符代表那些以符号本身特征直接模仿内心世界实体的符号，也就是说只要语言符号和实体之间有一种直接的对应关系，这类语言符号本身即映射出它们所表述的实体的某些或全部直观特征。比如，绘画中的头像就是模特的象似符，地图是地形的象似符，这类语言符号的象似性是最明显的；指示符的象似性比起象似符已经模糊了许多，但仍然比较直观，比如，雪地上的脚印是某种已走过雪地的动物的指示符，风中的风向标是风向的指示，这类语言符号本身和它们所描述的实体之间没有任何的直观象似点。指示符代表了语言中比较抽象的表义现象，这种语言符号已经反映了人们在认知过程中做出的直观努力，是人类主观能动性的初步表现；象征符是三类语言符号中相似性最微弱的一类，在表义方面也是最抽象的，这类语言符号所反映出的和所表述的实体之间的象似性是一种普遍的带有规律性的认知方式，人类的思维模式赋予了这类语言符号象似性，也就是说象征符的象似性是人为规定的，但这种人为的规定又和人们特殊的思维和认知方式息息相关，也和特定的社会文化规约相关，这些象似符又反过来进一步加强和传递了这些社会文化规约。皮尔士认为，普通的英语词汇都是实体的象似符。在这三类符号中，象似符最吸引语言学家的注意。皮尔士根据其所代表的实体特征的抽象程度的差异把象似符又进一步分为三类：肖像（image）、图表（diagram）和隐喻（metaphor）。这三类象似符所展现的关于实体的象似程度是递减的。

在语言各层面的象似性研究的基础上，看汉、英语言中词的形态和词的意义之间的象似性，并对两种语言中这两方面反映的象似性进行对比，将是一个很有意义的课题。选择词的层面主要是因为这个层面比较直观，且其他层面的象似性，如句法、音位等都已被细致入微地分析过，而且这些层面的象似性都比较抽象、难以把握。在两种语言象似性差异的基础上，分析这些差异产生的因素，会使我们从相关语言学家的理论中得到启发，从而更深刻地认识语言的实质。例如，根据瑞士语言学家、心理学家皮亚杰的认知假设，认知先于语言并决定语言，因此，他提出不同的民族有不同的认知模式，这最终导致了语言的民族差异；德国语言学家、哲学家洪堡特所著的《论人类结构的差异及其对人类精神发展的影响》，详细分析了人类精神对语言的决定作用，他认为，单个语言的特征和多个语言之间的差异都可以从人类或民族精神中找到根源。① 从语言象似性对比中，我们还可以反驳洪堡特的语言优劣论。洪堡特以语言是否有屈折变化的现象为根据，认为屈折变化越丰富，语言越接近理想状态，而缺少屈折变化或屈折变化不丰富的语言则是落后、原始的语言。他以屈折语言为模范，把世界上的语言分为三类，即屈折型、黏着型、孤立型，并认为屈折型语言以梵语为代表，是最先进的语言；而黏着型语言由于部分地具有屈折的倾向，但未完成屈折的发展而成为次于屈折型语言的语言；孤立型语言则因为完全缺少形态的屈折变化，而被认为是最落后的语言。因为洪堡特提出语言的特征源于民族的精神，所以读者会很容易地从语言的优劣论过渡到民族的优劣论，虽然洪堡特本人并没有这样的观点。本书认为只以屈折变化为依据就得出结论是不科学的、片面的。本书试图在第十章和第十一章根据英、汉两种语言在词形和词义中反映出来的象似性的不同及两者在表达意义功能的角度对洪堡特的语言优劣论进行反驳［这种象似性对比中也可以突出语言在诗学功能（poetic function）方面所体现出的各自的特点］。

---

① ［德］威廉·冯·洪堡特：《论人类语言结构的差异及其对人类精神发展的影响》，姚小平译，商务印书馆 1999 年版。

第十章

汉语字形象似性和英语词形象似性对比

第一节 皮尔士的符号象似性观

与索绪尔提出的语言任意性（arbitrariness）学说相反，皮尔士认为人类的语言和现实之间存在着一种象似性关系（iconicity）。[①] 他提出的语言象似性现象最突出的例证就是象形文字，但他描述的象似性突破了象形文字所体现的直观象似性。皮尔士的符号切分是三分法（trichotomy），即符号由代表项（representaman）、指称对象（object）和解释项（interpretant）构成。按照皮尔士的理论，符号或者说代表项，在某种程度上向人的思维投射形象或感受。符号是针对人的思维而言的。也就是说，符号在人的头脑里激起一个相应心理效应，或者一个更加发达的符号，这个后产生的符号称为第一个符号的解释项。符号指代某个对象时，它不是在所有方面都进行指代，而是通过与该对象有关联性的观念来代表那个对象。象似性这一概念的创立者是皮尔士，但象似性（iconicity）这个词却是 C. W. 莫瑞斯提出的，它指的是类象符号（icon）和类象符号所指代的事物之间的象似。[②] 象似性是符号学领域里对概念进行的图符解释，解释是基于概念和概念所指代事物的对应或相关（correspondence）。

皮尔士把人类语言符号根据符号和符号所指代的事物之间的联系分为三类：类象符号（icon）、指示符号（index）和抽象符号（symbol）。类象符号指代事物时只注重事物本身所拥有的特征，而事物本身的客观形式

---

① Floyd Merrell, *Peirce, Signs, and Meaning*, Toronto, Buffalo, London: University of Toronto Press, 1997.

② Charles Morris, *Writings on the General Theory of Signs*, The Hague and Paris: Mouton, 1971.

并不重要；类象符号可以指代事物，不管是抽象的还是具体的事物，只要它们两者之间存在象似性。比如肖像是模特的类象符号，地图是地貌的类象符号，建筑图是建筑物的类象符号，等等。它们之间的照应关系纯粹取决于两者之间的某种相像，通过两者之间的类比，可以清楚地揭示事物的特征。指示符号和所指称对象之间不存在纯粹的相像，但它们之间存在着一种关联性。皮尔士关于指示符号的典型例子是风向标和子弹孔，这其中的相关性是明显的：风向标是风向的指示符，而子弹孔是穿透物体的子弹的指示符。抽象符号通过某种法则指称其对象，这种法则往往涉及普遍观念和联想，这样的普遍观念和联想使抽象符号和其所指称的事物关联起来。抽象符号和其指称对象之间的关联性是约定俗成的，抽象的，因为两者之间没有内在联系。例如，皮尔士认为语言文字就是一种抽象符号，对它的解释完全依赖于规约或法则；抽象符号无限拓展了人们对现实事物的指称和抽象化理解，抽象符号自身的发展使人类的思想的发展和积累成为可能。

皮尔士的物质世界是一个符号的世界，在这个符号世界里各种符号和其所指称的对象之间具体或抽象的相关性就是所谓的象似性，从类象符号、指示符号到抽象符号，象似性由具体趋于抽象，由显著趋于模糊。语言中的象似性并不意味着语言对现实的描述是像镜子一样对现实的反射，它指的是语言的表达形式反映或类像于人们感知和内化外界的方式。换言之，从语言和人们的经验结构、概念结构和语义结构的关系来看，语言符号有其理据性，并非是任意的。简言之，象似性描述外界事物在人们大脑中唤起的心理效应，它总是和人的感官和思维相关，有时很具体、直观，有时模糊、抽象。

第二节　汉字字形象似性

汉字根据其结构和用法被归结为六类，即六书：指事（self-explanatory character）、会意（associative compound）、象形（pictographic character）、形声（echoic character）、转注（mutually explanatory character）和假借（phonetic loan character）。汉字六书中蕴含着不同程度的象似性，即使在象形字里也有不同的象似性体现：有些象形字就是自然界事物的图画，有些则是自然界事物形象的抽象和简化。

（1）汉字笔画（strokes）、偏旁部首（radicals）的象似性

构成汉字的基本笔画有：横 horizontal（'—'）、竖 vertical（'丨'）、提 rising（'╱'）、弯 turning（'ㄋ'）、勾 hook（'亅乚乀'）、撇 left falling（'丿'），捺 right falling（'乀'）。显而易见这些笔画都是自然界事物的基本状态或位置，其中所含的模拟性是很直观的。

汉字笔画、偏旁部首属于上文中皮尔士的符号类象 y，其象似性最清晰，它们是客观事物的意象或简笔画。例如：

在甲骨文和金文中〔(i)，(ii)〕，"彳" 是一个路口的图标，在篆书和楷书〔(iii)，(iv)〕中，这种直观的描画趋于模糊。"彳" 和另外一个偏旁 "亍"（chù）合成一个汉字 "彳亍（chìchù）" 意思是 "走走停停的步态"。含有 "彳" 的汉字大都含有 "行动"、"行为" 或 "移动" 的概念，如：行、御、徙等。

（2）独体字的象似性

独体字（mono-morphemic characters）的象似性和汉字偏旁部首的象似性一样生动鲜明。如：

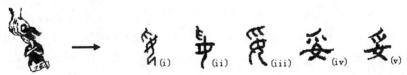

"臣" 属于六书中的象形字，在甲骨文中它代表一只向下看的眼睛（低垂着头的人），在古文中 "臣" 指的是奴隶。有趣的是在篆书中〔(iii)〕，眼睛里的眼球被省去了，也许是为了书写的方便，这个字后来也可以指俘虏。又如：

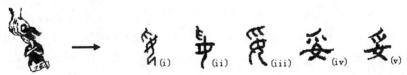

"妥" 是一个会意字，在甲骨文中〔(i)〕，描绘的是一个屈膝下跪的女子，左上方头顶是一只手。在篆书中，手挪到了头的正上方，表达顺服的意思。在后来进一步简化的字体中这种图像象似性趋于抽象。

（3）合体字的象似性

合体字由两个或多个偏旁部首组成，结构更复杂，表达的意思更丰

富，其象似性依然生动直观。

"祝"在甲骨文中［(i)］描述的是一个人跪在供桌前，张着嘴在祷祝；在金文中［(ii)］跪着的人还伸出手象是在接受赐福。

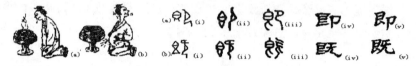

"即"(a)在甲骨文中［(i)］描述的是：一个人跪坐在一个盛食物的器皿前，前倾着身体向器皿里看，而"即"在古汉语里的意思就是"坐在食器前就餐"。这个画面在篆书及以后的字体里丧失了，"即"后来的意思也发生了变化，指"靠近""接近"。另外一个和"即"形态很接近的字是"既"(b)，在甲骨文中［(i)］描述的是：一个人跪坐在一个盛食物的器皿前，回头向食器相反的方向看，而"既"在古汉语里的意思就是"吃饱""食毕"，后来又衍生出"完备""结束"等意思。而"卿"子的甲骨文图像便可想而知了，两个人分坐在食器左右向食器内张望，而"卿"字的意思也就很直观了，指"亲近的人"。

下面三幅图片分别代表："降""陟""涉"，这三个形近字的字形象似性和字义可以从图片中明了、直白地解读，此处不再赘述。

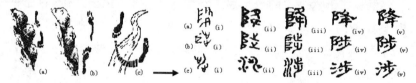

根据以上的分析，对汉字字形的象似性可以作以下的总结：

（1）汉字和汉字所指代的事物之间形态上的整体象似性。这主要体现在象形字中，所表现的象似性是最直观、最逼真的，是字体形态直接描摹实物形态，字形是实物的类象符（icon）。

（2）汉字和汉字所指代的事物之间形态上的部分象似性。这仍然主要体现在象形字中，所表现的象似性有所模糊和抽象，字体形态只是实物部分形态的描摹，所呈现的仍然是类象符象似性。

（3）汉字通过字形某处的突出特征来指代实物的形态象似性。字形和实物之间的形态象似性进一步抽象化。如"瓜"字中象征藤蔓的"厶"，就是瓜字形态模拟事物的象征符，所体现的也是类象符象似性。

（4）汉字通过字形某处的指示符来指代实物的指示象似性。指示分为位置指示，如"本""末"中的"一"；以及形态指示，如"身"中左上部代表腹部。指示符（index）是附加符号，在抽象的指代形态的基础上形象地表达意思，所呈现的是指示符象似性。

（5）字形结合联想表达事物的指示象似性。这类汉字把象似符组合起来表达更加复杂和抽象的象似性，而理解其象似性则需要把字形和联想结合起来。如，"武"基本由两个象似符组成："止""戈"。在甲骨文中它们分别代表脚和武器，只要稍加联想武字的象似性和意思就呈现出来了。

（6）纯粹的象征象似性。汉字中有些字从形态上看和其所表达的概念没有任何的形态上的相像，它们所表的象似性纯粹是象征性的，汉字只是实物的象征符（symbol）。如，汉字中的数字一、二、三、四，等等。

第三节　英语词形象似性

如果说汉字有其特殊的形态和象行文字的特殊性，其字形象似性是视觉化的，英语单词词形的象似性则是通过多种渠道分析、探究出来的，与汉字字形象似性截然不同，不仅抽象而且模糊。

（1）英语字母形态象似性

南尼指出了两种比较直观的象似性英语字母：直观字母象似符（transparent letter icons）、半直观字母象似符（translucent letter-icons）。[①]

直观字母象似符：这类象似性属于类象符象似性，其模拟性很直观，如字母 A 像屋顶（roof）、C 像月牙（moon crescent）、L 像腿和靴子（leg and boot）、S 像蛇（snake）。莎士比亚把地球（circular Globe）比作木制字母 O（this wooden O）。字母 M 因为它看上去像两扇门，被认为代表秘密或私密的处所，进而被西方人认为是两性的结合象征符号。

---

① Max Nänny and Olga Fischer（eds），*Form Miming Meaning*：*Iconicity in Language and Literature*，Amsterdam／Philadelphia：John Benjamins Publishing Company，1999.

半直观字母象似符的象似性更加隐晦，这种象似性要在理解意义的基础上去体会。南尼用赫伯特的诗 *Easter Wings* 来解释半直观字母象似符象似性。

"Till he became / Most poore：/ With thee / O let me rise."

"That I became /Most Thinne. / With thee / Let me combine."①

南尼认为赫伯特在这两行诗中运用 M 和 W 的字母形态在诗中蕴藏了象似性：M 象征着逆境、苦难和沉沦，而 W 象征着上帝带来的逆转，象征着向上、解放，即救赎。这样的字母象似性是诗人对意义的抽象化和象征化的表达，隐晦而含蓄，在没有对诗歌充分理解的前提下，这样的字母象似性很难体会。

（2）语音象似性

英语是表音文字，语音是分析其象似性的主要的角度。英语单词形态象似性从根本上来自英语语音听觉的心里感受或心里印象，而不像汉字形态象似性一样来自直观观察。

爱德华·萨皮尔首先进行了语言学心理实验来验证语音象征或语音象似性现象，他的实验证实了叶斯柏森的观点：舌位高的前元音总表达"小"的概念，而舌位低的后元音则表达"大"的概念。② 叶斯柏森认为某些元音、辅音和超音段的发音从直觉方面给人某种特殊的视觉和触觉感，这些视觉和触觉与事物的特征相关，如大小、形状、明暗、质地、温度、运动、质量，等等，这种现象被称为"联觉"（synaesthesia）。联觉语音所蕴含的象似性比象声词的象似性模糊和抽象。③

雅克布森认为整个语音体系和色彩体系一样有其特殊品质，不同的是语音特征的变化和过度是由发音过程中的生理和心理因素促成的。④ 例如，舌位高的单元音被认为给人"清晰""坚硬""冷""轻""快"和"窄"的感受；舌位低的单元音则给人"暗""钝""软""重""慢"和

---

① Max Nänny and Olga Fischer（eds），*Form Miming Meaning：Iconicity in Language and Literature*，Amsterdam /Philadelphia：John Benjamins Publishing Company，1999.

② Edward Sapir， "A Study in Phonetic Symbolism"，*Journal of Experimental Psychology* 12，1929，p. 225 – 239.

③ Otto Jesperson，*Language：Its Nature，Development and Origin*，LondonL George Allen & Unwin，1922.

④ Eli Fischer-Jørgensen， "Perceptual Dimensions of Vowels"，*To Honor Roman Jakobson：Essay on the Occasion of His Seventieth Birthday*，The Hague：Mouton，Vol. I，1967.

"宽"等感觉。英语辅音也有其意象性，如塞音（stops）传达"坚硬"感、咝音（sibilants）传达"柔软"感、流音［r］传达"粗糙""结实"等感觉，而边音［l］则传达"顺服""平静""平滑""微弱"等感觉。同理，锐元音对比钝元音，如（/e/ versus /o/），或松弛元音对比紧凑元音（/i/ or /u/ versus /a/），联觉感受是明对暗、小对大、近对远、角度对曲线，等等。可以看出语音的联觉来源于现实生活的经验和感受。①

塔特等人通过/a，u，i/的语音实验得出以下结论：（1）低频率的/a，u/比高频率的/i/从联觉上来说更加有力但不如/i/活跃；（2）短促音比长音更活跃但不如长音有力；他们认为低频率长音的联觉是"大""重""硬""低""阳刚""沉闷"，而高频率短促音的联觉则是"小""亮""软""高""快""尖锐""阴柔"。②

从语音的角度看，/i/ 的发音舌位高，高舌位使得舌面和上腭之间的间距变窄，这种发音特点使得 /i/ 有"小"和"接近"的语音象似性。同样的道理，低舌位（舌面和上腭之间的间距变宽）/a/ 的语音象似性则为"宽大"和"距离"。这类象似性接近皮尔士理论中的指示符象似性，英语语音的象似性不是一种指示或隐含，而是一种潜在的意义价值，这样的价值在语篇中有可能被发掘也有可能被忽略。

语音象似性是在结合语音研究的两级化或两分法的方式中探究的，如前对后、高对低、圆对扁、锐对钝、松弛对紧张。这些又对应于现实生活中的经验感受，如小对大、近对远、弱对强、明对暗，等等，这种对应为语音象似性在感官和心理上提供了基础和理据。

（3）字母组合象似性

"gl-"是一个由软腭浊音和边音组成的辅音丛，安德森对辅音丛"gl-"象似性的分析如下：首先在发音器官状态上"gl-"中有一个爆破浊音，其发音部位是在口腔后部的舌根部，辅音丛中的另一个音是响亮的边音，发音时舌尖抵上齿龈，发音部位在口腔前部。该辅音丛的发音开

---

① Norman Jakobson，"Why 'mama' and 'Papa'？"，*Selected Writings*，Vol. 1，*Phonological Studies*，2nd，expanded ed.，The Hague：Mouton，1971.

② Robert D. Tarte and Loren S. Barritt，"Phonetic Symbolism in Adult Native Speakers of English：Three Studies"，*Language and Speech* 14，1971，pp：158 - 168.

始于短促的爆破音，进而过渡到平滑、持续的边音。① 根据安德森的结论，流音［1］经常出现在表示"轻快运动"的词汇中：flow、flake、flutter、flicker、fling、flurry、slide、slip、slither、glide，等等。安德森认为"gl -"所蕴含的联觉是：光从发光体表面轻快射出。安德森还列举了以下表 10 - 1 中含有"gl -"的单词来印证其看法：

表 10 - 1   英语中包含辅音丛"gl -"的单词②

1. Light, brightness:	glad glade, glaik, glance, glare, glass, glean, glee, gleed, gleg, glent, glimmer, glisten, glitter, glow, glower, glum
2. Looking, seeing:	glance, glare, glent, glint, gloat, gloom,
3. Moving light:	glance, glaive, glace, glent, glide, glint, glissade
4. Dark light:	gloaming, gloom, glower, glum
5. Smoothness:	glaborous, gleg, glib, glossy
6. Slimy substance:	glair, gleet, glut
7. Joy:	glad, glee
8. Splendor:	glamour, glory

在这一组词中"gl -"联觉的共同因素是"光"和"轻快的运动"，也就是说以上单词词义中包含了"光"和"轻快的运动"的语义成分。如，*glance*、*glare* 和 *glent* 是把"视觉"和"轻快的目光投射"结合起来；*glad*、*glee* 中把"光"和"光的轻快"引申为快乐、轻松。

同样地，安德森认为辅音丛"fl -"的联觉是"光的闪现"，如在 flame、flare、flicker、flicker、flimmer 中所体现的；辅音丛"- ash"的联觉是"暴力/速度"，如 bash、brash、clash、crash、crab、thrash、tras；辅音丛"sn -"的联觉是"受阻的运动或声响"，如 sniff、snort、snore、quickly in snip、snap、snatch、slowly in snail、snake、sneak、snoop；"st -"联觉是"静止状态"：still、stiff、stand、state、statue、stock、stone、stuck；"wr -"联觉是"扭曲状或扭曲的运动"：wrist、wrestle、

---

① D. R. Anderson, *STRANDS OF SYSYTEM*: *The Philosophy of Charles Peirce*, West Lafayette, Indiana: Purdue University Press, 1995.

② Ibid. , p. 104.

wring、write、writhe、extend metaphorically to wrong、wrench、wreak，而
"gr－"在以下一组词中——grab、graft、grain、grope、grass、grate、
grave、great、green、grim、grind、grit、groan、groove、ground、grow、
gruel 等——形成的语义场所围绕的语义核心是："死亡—悲伤—新生"。

英语词形象似性的理据有内在的也有外在的，其外在理据是基于声
响、发音时的唇形、舌位的变化等与现实生活经验及心理感受的对应或结
合；其内在理据是基于动觉（即发音的生理机制）、听觉和词的形素
联想。

第四节　对比讨论

汉字字形所蕴含的象似性有直观的也有抽象的，汉字字形直观象似性
就是客观实物的简笔画，而汉字字形抽象象似性则把客观实物的形态和形
象思维结合起来。皮尔士理论中的类象符象似性、指示符象似性、象征符
象似性在汉字字形上都有所体现。

英语字形象似性在构成单词的字母本身上很难直观地体现出来，直观
字母象似符、半直观字母象似符这样的字母形态象似性大多都是诗人个人
的观察和想象，不具有普遍认可的客观性和直观性。而某些字母组合：辅
音丛中蕴含的象似性则是从辅音发音的动觉、语音直觉和联觉等主观感受
中琢磨或这说觉察出来的。即英语单词词形象似性是语言学家从字母或字
母组合的发音特征、发音器官状态、发音机制等方面感知、探究出来的。
这样的象似性是很模糊和抽象的，和汉字象似性的直观和生动形成鲜明
对照。

英语语音象似性的理据在于语音产生的生理机制。也就是说某些语音
本身带有一些意义或情感色彩，而这些意义或情感色彩是在其发出的过程
中基于发音器官的生理机制而产生的。所以英语语音象似性主要从音义联
觉（phonaesthesia）、发音器官联觉（kinaesthesia）以及心理联觉（syn-
aesthesia）三方面去考察。英语词形象似性主要体现在其语音的象似性，
探究英语语音象似性不像研究汉字字形象似性那样单一地从形态演变的角
度观察，而是多角度、多因素的探究。可以说相对于汉字象似性英语语音
象似性拓宽了象似性研究的领域，因为英语语音象似性不仅来源于语音产

生的生理机制，同时也来源于心理机制。纳什甚至认为语音的象征意义既不是基于自然也不是基于规约，而是基于幻想，这样的幻想可以由听觉、视觉、触觉或味觉引发，或者是以上感觉的结合引发，这种现象被称为"联觉理据"（synaesthetic motivation）。①

---

① 参见马静、张福元《语言的象似性探讨》，《外语教学》2000 年第 1 期。

第十一章

英语词义和汉字字义象似性对比分析

西比奥克在其模型理论（Modeling Theory）中认为不管是具体的实物、事件、行为、场景所包含的意义还是抽象的情感、思想、概念所包含的意义都可以用一种模型（model）来衍生、指代或象征，这样的模型或象征意义的生成蕴含着象似性或理据性。① 他认为一个形式要有意义必须和其他所有形式组成符号系统。简言之，人类的认知建立在符号系统的基础之上。可以看出，不管是英语词义还是汉字字义相对它们最初输入感官的声音形象或视觉形象，有一定的象似性或理据性。

第一节　英语词义象似性

根据西比奥克的语义模型理论，语义衍生过程由三部分组成：感官所接受的抽象或具体信息输入，所输入的信息结合人的现实经验生成具体指代，具体指代进一步拓展形成内涵指代。这三个步骤层层递进，前一个步骤为下一步骤提供理据或象似基础，而前一个步骤中的语义比下一个步骤中的语义更加抽象。人类在意义认知中表现出的模型化现象反映出人类的抽象思维其实就是人类现实经验隐喻或抽象思维领域和现实世界的相互映射。也就是说人类对抽象意义的认知是基于人类的具体感官的知觉之上的，例如，"She's my sweetheart" 就是把抽象的情感体验投射为具体的味觉感受，即 "love = a sweet taste"。而这样的投射显然是有其理据性的，这种意义投射现象被西比奥克称为"感觉—推断假说（sense-inference hy-

---

① Thomas A. Sebeok and Marcel Danesi, *The Form of Meaning：Modeling Systems Theory and Semiotic Analysis*, Berlin, New York：Mouton de Gruyter, 2000.

pothesis)"。西比奥克认为 boom 一词作为"能指"首先出现在英语中时是一个象声词，代表一种突发的、深沉而清晰的声音"sudden deep resonant sound"，如，"That explosion went boom"，"heard a booming sound just behind the bushes"，"Did you hear the boom in my car engine?"。这个声音所指在感官信息的具体指代意义为"突然、突发"，再经过感官投射过程，所生成的内涵所指意义为"突然的出现或增长（sudden spurt of growth)"。例如，Their business is booming；They are part of the baby-boom generation；It's boom or bust for the economy this year；The boom in housing starts this year is due to increased affluence。①

　　这个过程被西比奥克称为模型过程（modeling history)，如图 11 – 1 所示。

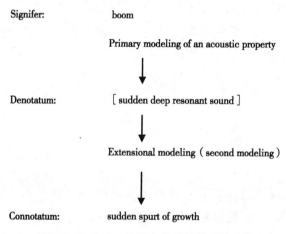

图 11 – 1　boom 的语义象似性衍生过程②

　　这说明当感官捕捉到某个声音信息后，人们根据现实经验对这个信息进行编码形成一个能指，这个能指承载着具体指代意义；而这个能指再进一步被感官投射，最终形成其内涵所指意义。这个过程中声音信息和具体所指意义及内涵所指意义之间联系的纽带是它们三者在感官中的象似性或理据性。在诗歌中诗人经常利用象似性，有时候甚至是词形上的象似性，如下面的诗中所表达出的象似性：

――――――――――

① Thomas A. Sebeok and Marcel Danesi, *The Form of Meaning*：*Modeling Systems Theory and Semiotic Analysis*, Berlin, New York：Mouton de Gruyter, 2000, p. 46.

② Ibid. .

（1）Slimily, sluggishly, slitherly,

Slowly, slyly, slippery,

Slothfully, sliggishly, slumberously,

A snake passes by. ①

西比奥克认为"/sl-/"这个音响和蛇发出的声音很相似（/sl-/＝［serpentine sound]），所以这首诗的象似性是很鲜明的。这个音响首先唤起蛇的形象，而蛇的形象再进一步被感官投射后产生了新的意义，即"邪恶（vileness）"、"无法令人信任（untrustfulness）"，如图11-2所示。② 这样就形成了一个完整的语义模型过程。

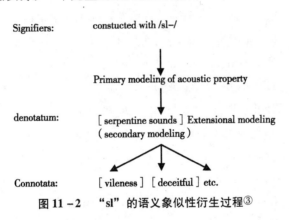

Signifiers:　　　constucted with /sl-/

Primary modeling of acoustic property

denotatum:　　　［serpentine sounds] Extensional modeling
（secondary modeling）

Connotata:　　　［vileness］［deceitful] etc.

图11-2　"sl"的语义象似性衍生过程③

西比奥克的语义元形对于抽象的语义关联很有解释力，语义元形把一些抽象的意义具体化，其实就是为抽象语义找到一个能指，但这个能指和抽象语义之间有象似性，这种象似性是人们根据经验领悟到的。如以下句子中的"up"和"down"：I'm feeling up today. She's feeling down. Inflation is down. My income has gone up. University standards are going up. 这样 up 和 down 的表示位置高低的具体意义得以扩大化、抽象化，但这样的语义扩

---

① A. Sebeok and Marcel Danesi, *The Form of Meaning: Modeling Systems Theory and Semiotic Analysis*, Berlin, New York: Mouton de Gruyter, 2000, p. 58.

② Ibid. .

③ Ibid. , p. 58.

大和抽象是有理据基础的。例如西比奥克关于"mind"的语义元形例句：①

(2)〔mind = container〕：I'm full of memories.

My mind is empty.

What's inside your mind?

Get that idea out of your mind.

〔mind = machine〕：My mind is not working.

My memories are be coming rusty.

My mind is coming apart.

There are several cogs missing from my mind.

〔idea = buildings〕：That is a well-constructed theory.

His views are on solid ground.

That theory needs support.

Their viewpoint collapsed under criticism.

She put together the framework of theory.

〔idea = plant〕：Her ideas have come to fruition.

That is a budding theory.

His views have contemporary offshoots.

That is a branch of mathematics.

例（2）中，"mind"分别被映射为容器、机器设备、建筑物和植物。四组句子中把抽象的人类思维进行了不同的具体化，赋予其不同的所指形式，这些所指形式和人的思维之间在人们的经验领域是有相关性的，所以其象似性也是有理据的。再如：He is a cobra. She is a viper. The professor is a snake. Your friend is a boa constrictor. 这些句子把人的某些抽象性格特征模型化为动物具体生理特征，"human personality = perceived physical features of animals"，这其中的象似性就更为显著了：蛇的指代意义为："可弯曲""爬行动物""毒液""光滑"。而蛇的生理特征促生的联想意义则

---

① A. Sebeok and Marcel Danesi, *The Form of Meaning: Modeling Systems Theory and Semiotic Analysis*, Berlin, New York: Mouton de Gruyter, 2000, p. 73.

是"狡黠""危险""不可靠近"。通过这样的意义关联就实现了两种不同符号所指之间的转注，即用蛇的具体生理特征指代人的抽象性格特征。南尼转引拉科夫和约翰逊的观点认为意义元形有其心理根源。抽象意义之所以能向具体的能指形式投射，是因为人们的思维本身有图式化的潜能。所以任何的抽象意义都可被赋予具体的能指形式。① 西比奥克则认为意义元形现象其实是人类思维中的对生图式（binary iconic features）特征，也就是说人类的感性印象和现实事物一样也有位置和位移，这样抽象事物和具体事物本身就处于固有的联系之中，这也就是意义象似性的基础。具体事物会被人的大脑内化为各种图式，从而具体形象就可以被抽象化，这个过程是可逆转的，即抽象的意义也可以被具象化。但内化和具象化不具有普遍性，它是和特定的文化和经验相关的，所以不同的文化有不同的意义象似性途径和特征。

第二节　汉字字义象似性

　　汉字字义象似性和汉字字形象似性一样比英语词义象似性直观、具体和生动。汉字字义象似性也是基于人的感官经验的，但更多地体现了华夏民族丰富的观察力、想象力和领悟力。汉字字义生动地体现了中国人思维的客观性，汉字字义总是和人的感官、心理感受相关。汉字字义有来自人们的生理体验的，有来自思维想象的，有来自生活实践的，也有来自人身体构造和行为的。例如，寸、尺、咫、寻、跬、步等的字义与人的肢体相关：寸，是汉语中的丈量单位，相当于1.31232英寸，《说文解字》中解释说"寸，十分也。人手却一寸动脉为寸口，从又一。"（"却"是"退"的意思，一尺相当于1.0936英尺。）《说文解字》中说："尺，十寸也。人手却十分动脉为寸口，十寸为尺。尺，所以指尺规矩事也。"咫，0.87488英尺，《说文解字》中说："中妇人手长八寸为咫"；寻，8.7488英尺，《说文解字》中解释说："……人之两臂为寻，八尺也"；跬，古代人规定一只脚迈出去的距离为"跬"，而古代的一步为两跬，也就是六

---

① Max Nänny and Olga Fischer（eds.），*The Motivated Sign*：*Iconicity in language and literature* 2，Amsterdam / Philadelphia：John Benjamins Publishing Company，2001.

尺，13.1232 英尺。这表明中国古人以人体为标准来量度事物的观念，从而使这些长度单位在字的意义角度有直观的理据性。以"寸"为部首的汉字，其意义大都表示"规定"、"法度"、"秩序"、"身份"，而这些意义都是"寸"的本意的衍生，即寸是距离的规定，其他含有"规定"意义的字，用"寸"为重要部首，其中的语义理据性或象似性是很显然的。如，在《说文解字》中"寺，庭也，有法度者"；"将，帅也。……必有法度而后可以主之先之"；"导，引之必以法度"。① 从西比奥克语义模型的角度来看，在语义生成的最初阶段，汉字字义就比英语词义有更显著的理据性：汉字字义信息基础是实物的客观化的形态，而英语词义的信息基础是语音的主观直觉。汉字习惯用具体事物名称来表达抽象意义，这些抽象意义来自人们对这些具体事物的感受和经验。人们赋予具体事物主观情感或想象，使这些具体事物和人类一样有某种秉性、习气，从而使这些具体事物衍生出了很多象征意义。例如"玉"在中国文化中有很丰富的意义。《荀子·法行篇》载孔子语曰："夫玉者，君子比德焉；温润而泽，仁也；缜栗而理，知也；坚刚而不屈，义也；廉而不刿，行也；折而不挠，勇也；瑕适并见，情也；扣之，其声清扬而远闻，其止辍然，辞也。……《诗》曰'言念君子，温其如玉'……。"② 用西比奥克的语义元形观点来看，这其中的"玉"和"君子之德"期间的象似性、理据性显而易见：玉的物理特征——"温润而泽""缜栗而理""坚刚而不屈""廉而不刿""折而不挠""瑕适并见"分别被用来指代君子之德中的"仁""知""义""行""勇""情"，即〔玉的物理特征＝君子的品德特征〕。这样对比的结论是："夫玉者，君子比德焉""言念君子，温其如玉"，即〔玉质＝君子品德〕、〔玉＝君子〕。有些汉字字义的象似性和理据性纯粹是象征化的，不如以上汉字的象似性直观、明了。例如，"三"，《说文解字》中讲道："三，数名，天地人之道也。于文，一偶二为三，成数也。"《史记·律书》中解释说："数始于一，终于十，成于三。""三"字中的三横分别被认为代表天、地、人。而"王"字中代表天、地、人的横线在中间被一竖贯穿起来，据此董仲舒认为王是天、地、人的联系者。这样的汉字字义虽然是象征化的，但其中的象似性依然很生动，体现出中国古

---

① （汉）许慎：《说文解字》，凤凰出版社 2012 年版，第 483 页。
② （清）王先谦集解：《荀子》，云南大学出版社 2009 年版，第 354 页。

人的抽象思维特点。中国人在认知客观世界时，体现出一种鲜明的主观性，认为自然界和人类世界是一体的，人所有的行为和人所经历的情感总是在自然界里能找到相对应的存在和表达。正如王国维所说的"以我观物，物皆着我颜色"。华夏民族把客观世界主观化，天人合一的自然观是汉字字义象似性、理据性的最重要源泉。雁，在中国南、北方均可见到的一种候鸟，这种鸟有自身特殊的行为方式，它的形象拥有的丰富意义均来自于它的特殊行为模式，如图 11 - 3 所示：

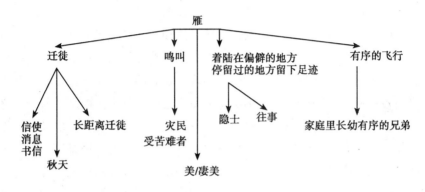

图 11 - 3　"雁"象征意义的象似性

图 11 - 3 中，雁的每一个行为都被赋予了象征意义。古人在诗词中把这些意义表达的惟妙惟肖，如，"鸿飞冥冥，弋人何篡焉"（杨雄：《法言》）；"未能追鸿冥，乃复分鹤俸"（陆游：《被命再领冲佑有感》）；"君亦不得意，高歌羡鸿冥"（李白：《留别两河刘少府》）；"谁见幽人独往返，缥缈孤鸿影"（苏轼：《卜算子》）；"人生到处知何似，应似飞鸿踏雪泥。泥上偶然留指爪，鸿飞那复计东西"（苏轼：《和子由渑池怀旧》）。汉字字义的象似性和理据性充分体现了西比奥克的语义模型：以"雁"的字义为例，雁的行为特征作用于人的感觉器官（perception），得出这种鸟的具体所指（denotatum），即"迁徙""鸣叫""着陆在偏僻的地方""停留过的地方留下足迹""有序的飞行"。这些来自自然界的实物所指再经人的大脑的符号演绎过程的分析、抽象、对比和联想，这些被大脑内化了的符号便产生了其内涵所指（connotatum）。而这些内涵所指也是抽象化、符号化的概念，相当于符号的能指项（signifier），这些抽象概念再次被大脑外化在另一个领域内（人类社会），就是西比奥克所说的表征（representation），也就是符号的所指（signified），即"信使、消息、书信"、"长距离迁徙"、"灾民、受苦难者"、"隐士"、"往事"、"家庭里长

幼有序的兄弟""秋天""美/凄美",等等。甚至在方言中,也有汉字象似性的生动例子:如广东话中的"冇"和"有"在形态上的差异就很生动地揭示了"冇"的意思,所表达的理据性一目了然。和汉字字义象似性对比,英语词义虽然有相同的衍生过程,但每个环节中意义衍生的基础却大相径庭:英语词义在知觉阶段是一些声音信号,这些声音信号本身不具有任何意义。但是语言学家,如海曼、安德森在分析英语元音、辅音和某些辅音丛时,认为语音是有其象似性的。他们从语音发音的生理过程研究语音的象似性,因此语音象似性是很模糊的。

　　人的感官首先对各种信息进行感知产生知觉,这些知觉其实就是一些信息符号,并没有什么特定的意义。人类大脑的意义衍生功能赋予这些信息符号基本意义,这些意义往往是具体的、直观的、简单的。这样的基本意义再经历语义模型过程的衍化便派生出了更多的意义,即意义表征。这些派生的意义往往是抽象的、复杂的、象征化的。在西比奥克语义模型里的知觉环节,意义衍生的起点仍然是声音信号。在知觉向信息衍义环节过渡时,这些声音的听觉特征(acoustic property)和人对这些听觉特征的主观感受和联想就是意义象似性衍生的基础信息,这样的意义象似性显然是很模糊的,甚至是难以捕捉的。而汉字意义在知觉环节的基础信息是视觉形象,是实物化的,这样使得汉字字义的理据性有很直观的实物基础。正如洪堡特所说的语言和民族精神之间是有关联的,从两种文字字义的象似性特点中反射出两个民族思维方式的差异:汉字字义象似性折射出的是形象思维、直觉思维、具体思维,而英语词义则折射出的是分析思维、理性思维、逻辑思维。在元形理论下,英汉语字义象似性体现出了更多的相似性:两个民族都很敏锐地观察到了不同符号所指之间的关联性和相似性。

第十二章

德雷斯勒论象似性和符号学变量
在语言中的交互性

象似性的内涵是多重的，在不同的领域往往有不同的意义。在绘画中它是最直观的、具体的，但在诗歌中它却往往是抽象的、模糊的；所以，象似性一词的界定并没有一个统一和精确的标准。象似性这一概念的使用有时看似合情合理，有时却看似牵强附会，但是象似性最基本的含义是指符号能指和所指之间的一种理据性或模拟性，这一点却是人们的共识。德雷斯勒在讨论象似性和符号学变量在语言中的交互性之前，首先从两个方面陈述了他的象似性概念。第一，从符号学的角度出发，德雷斯勒支持皮尔士符号三分法思想，即一个符号由能指、所指以及解释项构成,[①] 而非索绪尔提出的把符号构成仅限能指和所指的二分法思想；德雷斯勒特别指出皮尔士把象似符（icon）进一步分为肖像图符（image）、结构图符（diagram）和隐喻（metaphor）的合理性。肖像图符是最具象似性的符号形态，换句话说，肖像图符表征了最直观的所指的特征。象声词是语言中肖像图符的典型代表，这些象声词作为能指，本身就是作为所指某些动物叫声的语音呈现，而在日常交际中，人们也往往用动物的叫声来直接指代该种动物。结构图符则侧重能指和所指之间结构上的类比象似性；隐喻所体现的能指、所指之间的象似性最为模糊，往往是两者之间某种抽象的相似或对应。象似性不仅仅出现在语言本身，也体现在语言的功能和运用之中。第二，德雷斯勒从语言学的角度探讨象似性时，主要关注了语音、词形、句法和语篇等方面的理据性或象似性。他认为在语音、词形、句法和语篇中都存在一种蕴含着象似性的特殊成分或模块（module），而这些特

---

① Charles Sanders Peirce, *Collected Papers*, Vol. Ⅱ, Cambridge: Harvard University Press, 1965.

殊成分或模块折射出某些特定的语义学和语用学倾向，这些特殊成分或模块在语言中不受语法规则的限制。例如，感叹词就可以打破各种具体语言中音位学和形态学的制约而体现出语言的自然性，同样缩略词也体现出这一自然性。德雷斯勒①进一步提出语言的自然性不仅仅在语法规则之外运作，也同样在语法规则之内存在；他把语言的自然性或理据性分析方法的普遍特点总结为以下七个方面：

（1）在解释语言现象和语言理论方面，这种方法认为自然性或理据性不是规约性的而是功能性的；

（2）这种方法通过语言自然性或理据性排斥自成体系的语法模式，试图在认知和其他语言因素之外的基础上（包括语义学）解释语法规则和语法现象；

（3）支持语言自然性或理据性的论据包括两类，一类是传统的语言学内部的语料，一类是语言学外部的证据，例如，来自二语习得、语言习得障碍、语言历史研究以及异种语言接触过程中的论据支持；

（4）语言自然观探究语言象似性特征时，并没有按照传统语言学的方式把这些特征看作离散或二元对立的，众多象似性特征中被认为存在着一种连续趋势，或者说这种象似性特征有一种文学批评中原型批评的内在关联性（甚至连语法中标记特征和非标记特征在德雷斯勒看来也只是自然性相对多少的问题）；

（5）各个层面上的自然性，如音位、词素、句法和语篇等层面上的象似性之间存在着要么趋同要么冲突的互动性；从一个侧面看，这种时而趋同、时而冲突的状态也就被认为是上述语言层面之间非自然性或任意性的例证；

（6）当相应的语言自然性从各种语言参数或成分和语言规则中被演绎出来后，就可以得出关于语言自然性的推论；例如，德雷斯勒就曾经作过以下两个推论：①如果相对于同一个语言参数或成分，语言表达方式 x 比类似的语言表达方式 y 更加具有自然性或象似性，在其他条件不变的前提下，语言表达方式 x 在各个语言层面均比语言表达方式 y 出现的频率更加频繁和常见；②在特定的语言中，语言表达方式 y 的出现意味着在这种

---

① Wolfgang U. Dressler & Lavinia Merlini Barbaresi, *Morphopragmatics: Diminutives and Intensifiers in Italian, German, and Other Languages*, Berlin: Mouton de Gruyter, 1994.

语言中一定存在着语言表达方式 x；

（7）象似性所表征的能指和所指之间的相像和类似只能出现在语言使用主体的思维中，这也就是皮尔士符号学理论中的解释项（interpretant）；能指和所指并非总是处于一一对应的状态，因为有时候当一个音位作为能指时，这个音位的音位变体也就是相应的能指；同样也有这样的情况，一个语言符号可能是人类认知思想中的某个概念的能指，但同时也是这一概念的所指，因为抽象的概念并没有一个完全外在的所指，它只能以语言符号的方式存在；此外，还要指出所有的象似符总是内含着某些规约性或象征性的成分。有时，象似符甚至包含着某种索引性或指代性，因为，所有的语言符号，至少在表音文字语言中，都或多或少具有规约性。[①]

语言自然性（象似性）理论由三部分组成：普遍标记理论、类型恰当理论，以及特定语言系统恰当理论。尽管语言系统充分性中包含很多的任意性元素，这些任意性元素是受到总体规则制约的，这些规则被认为是语言结构的范例。[②]

德雷斯勒[③]认为普遍标记理论中最突出的部分是语言形式中的"普遍优先形式"，这些形式是参数化或参量化的，有些语言优先表达形式是体现在各种普遍的、符号化的参数中，而另一些则是基于或源自普遍的、符号化的参数的。而这些参数或参量中的每一个都有其在构造语言自然性表达形式中的适宜度的差异。即选择参量的具体形式是从最适宜选项到最不适宜选项的选择范围中过渡的，这个范围中的选项在适宜度上是持续递降的；语言自然性中的象似性（iconicity）就是由这些最佳的、最受语言表达形式青睐的参数或参量来表征的。参数和象似性之间的相关性在不同的语言中受到不同的限制，这些限制就是人们常说的规约性（conventionality），在皮尔士理论中是象征性（symbolicity），而在索绪尔的理论中则是任意性（arbitrariness）。此外，参数之间也相互作用并影响其在语言象似性表达形式中的适宜性。

---

① Wolfgang U. Dressler and Lavinia Merlini Barbaresi, *Morphopragmatics: Diminutives and Intensifiers in Italian, German, and Other Languages*, Berlin: Mouton de Gruyter, 1994, p. 23.

② Wolfgang U. Wurzel, *Flexionsmorphologie und Natürilichkeit*, Berlin: Akademie-Verlag, 1984.

③ Wolfgang U. Dressler and Lavinia Merlini Barbaresi, *Morphopragmatics: Diminutives and Intensifiers in Italian, German, and Other Languages*, Berlin: Mouton de Gruyter, 1994.

　　为了呈现在语言自然性理论中，学界是如何看待语言任意性对象似性的限制这一问题，德雷斯勒以规则语法形态和不规则语法形态的对比为例进行说明，这样的对比几乎不涉及系统的恰当性。通过对比他发现语法中的叠加在各种不同的语言中有不同的形式和语义，而不规则语法叠加在拟声词中的应用在各种语言中却在形式和语义上表现出众多的统一性，甚至在一些语法上并不存在相应不规则叠加的语言中，拟声词仍然表现出和其他存在不规则语法叠加的语言中拟声词相一致的特征。

　　从形态上讲，拟声词中的形态叠加之所以是不合乎语法规则的，究其原因，德雷斯勒分析如下：符合语法规则的语素形态被运用于某些特定的词的最基本形式（bases）当中，词的屈折和派生规则便是在一个词最基本形式上运作的，词的合成规则却是在两个（有时是更多，比较少见）词的最基本形式上执行的。词的最基本形式有时就是词汇或词素中的整体单位，有时直接就是某个词本身，有时是词干，有时则是词根，有时甚至是词汇化了的短语。然而，拟声词，例如"zigzag"（"之"字形），除做了一个元音的变化之外，几乎是完全的词素叠加变形；这种形态叠加的变化和上述合乎语法规则的形态变化（屈折、派生、合成）是完全不同的，因为英语词汇中既不存在/zig/，也不存在/zag/的词素单位。[①] 德语中和zigzag 相对应的"zickzack"一词则可被认为是和"Zack-e"（意思是"尖端""顶点"）的词根相关联，而"ticktack"（意思是"滴答声"）可以和动词"ticken"（意思是"做标记"）联系起来。这样在和合乎语法规则的词素叠加进行的对比分析中，可以看出拟声词的构成不能被限制在某一个规则上，不管这个规则是基于第一个词素成分上还是基于第二个词素成分上，两个部分都有可能是词素叠加的基础（取决于词中的元音）。[②]

　　下面再详细讨论一下不符合语法规则的词素中的象似性现象。首先，德雷斯勒对比了象声词中指代动物的拟声感叹词和表达动物叫声的动词，对比发现，这些动词因为体现出语言具体的系统恰当性而远比拟声感叹词更具任意性，象声词在模拟声音时可以不受音位结构的限制，也可以超越某一语言中具体音位项目的限制。例如，在意大利语、法语以及德语中熊

---

　　① Willi Mayerthaler, *Studien zur theoretischen und französischen Morphologie*, Tübingen: Niemeyer, 1977.

　　② Wolfgang U. Dressler and Lavinia Merlini Barbaresi, *Morphopragmatics: Diminutives and Intensifiers in Italian, German, and Other Languages*, Berlin: Mouton de Gruyter, 1994, p. 24.

的叫声使用"grrr"一词来表达，其发音中有卷舌长音，而卷舌长音在这些语言的音位中是不存在的①；而用动词来表达的熊的叫声在意大利语、法语以及德语中则分别是"bront-ol-are"、"grogn-er"、"brumm-en"，这些单词在其各自的语言中不管是在词素上，还是在音位上都是合乎语法规则的，即其形态和读音均是规则的。② 同样，意大利语中松鸡的叫声用象声词表达是"craak-craak"，其中的长元音在意大利的音位中是不合规则的，合乎词素和音位规则的动词是"gracchi-are"③；在德语中，云雀的叫声用象声词表达是"trr-lit"、在法语中则是"tjirrp"，而它们在各自语言中对应的动词是"tiril-ier-en"和"grisoll-er"。④ 具备词素和音位规则恰当性的动词，在描述动物的叫声时表现出完全的语言任意性，这不仅仅可以通过不同语言中这些动词的拼写和读音完全不同而印证，而且也体现在这些动词都在各自的语言中从形态学和音位学上完全遵守其各自的语言系统的恰当性。

使得语言自然性或象似性学说受到限制的不仅仅是语言总体上的任意性特征，以及具体语言的系统恰当性，符号学中有众多参数，这些参数在语言象似性学说中使用时经常产生一些矛盾和冲突。

德雷斯勒在研究语言自然性时所采用的参数突破了最普遍的象似性参数，即肖像（image）、图解（diagrammaticity），尤其是结构图解（constructional diagrammaticity）以及隐喻（metaphoricity）；他特别提出了以下五种参数⑤：

（1）索引或指示参数，这类参数被用来解释为什么在语言表达形式中指示性表达比非指示性表达更加突出和常见（例如，在音位表述中语境限定型形式要比语境独立型形式更有优势）；在某个语言表达的各种成分中，索引性能指和所指之间的关联更加容易被认定，因为它们之间的相关性是最明显的（例如，在音位学中音位的同化更容易发生在毗邻的两个音位之间，而不是在两个隔离的音位之间）。

---

①　Eva-Maria Ernst, *Die Onomatopoetik der Tierlaute und der entsprechenden Verben im Deutschen, Französischen und Italienischen*, MA thesis, University of Vienna, 1990, p. 56.

②　Ibid, p. 66.

③　Ibid, p. 56.

④　Ibid, p. 58.

⑤　Wolfgang U. Dressler and Lavinia Merlini Barbaresi, *Morphopragmatics: Diminutives and Intensifiers in Italian, German, and Other Languages*, Berlin: Mouton de Gruyter, 1994, pp. 24–25.

　　（2）在表义功能上符号的透明度（transparency）参数：在一定的条件下，一个符号的语义透明度越高，在整个符号能指—所指的认知过程中所需要的推演就越少（包括符号意义的感知、生成和测定）；因此，在音位学中，在语言主体意识中一个相对更容易检索的音位，在其形成某个语音时的音位过程也就相应地简单和快捷。词结构上的次级（或二级）参数透明度或直观性是指辨认或者解构复杂词素形态的词或构造词所蕴含的具体词素的难易程度。意义参数的透明度（例如，词素学中词素结构中的意义透明度）是指确定和辨析整体意义中各个局部意义的难易程度。例如，从词素构造上比较"redwood"（红木，红杉）和"redtape"（繁文缛节）两个词，前者的词义透明度是大于后者的词义透明度的。语用透明度指在使用某一种语言表达时，评估这种语言表达的基本语用效果的难易程度。

　　（3）图形和背景参数：该参数原理认为，图形比背景突出，图形比背景有更大的被认知的优势。所以，对比差异相对大的的图形和背景所蕴含的自然性大于对比差异相对小的图形和背景所蕴含的自然性；这在语言学中的具体表现之一就是语境和特定语言表达形式之间所呈现的背景和图像的关系。

　　（4）语言表达形式使用优先参数：这种参数的一个突出例子就是，语言中的差异和对比形式的呈现方式倾向于"二元对立"或者"对生性变量"，这种倾向或趋势表现在音素、词素、句法结构以及语篇等各级语言表达形式当中。

　　（5）语言表达形式的经济参数：这种参数取决于主体认知的负荷量。

　　在很多情况下，语言的自然性或象似性和其他一些符号学参数是相吻合的，是可以共存并互相印证的。比如说语篇中的词、短语和句子的重叠现象就是象似性和索引性或指代性共同运用的范例。我们用 A 和 A'来代表一个语言表述形式的重叠，"A'"以索引的方式指向"A"，即"A"是"A'"在索引上的所指，"A'"是"A"在索引上的能指；当然，索引性发挥作用的前提是"A"和"A'"之间的距离不能太远，索引的能指和索引的所指之间处于象似性的关系之中。德雷斯勒对索引性和象似性之间的关系作了如下总结：能指和所指之间的距离越短，则索引性原则的运用就越突出，能指和所指之间的象似性也就越宽泛。① 换句话说，如果

---

① Wolffang Dressler, *Semiotische Parameter einer textlinguistischen Natürlichkeitstheorie*, Vienna: Verlag der Österreichischen Akademie der Wissenschaften, 1989a, 27ff, 32ff.

能指和所指之间的距离变得越远（例如比较长的语段的重叠），就要选择更多的象似性来确保索引的确定性。如果，能指、所指之间的距离较短，那么重叠的语段也可以相应较短。

此外，在语义、语用透明度和结构图解或结构象似性之间也存在着互动性。德雷斯勒举了一个著名的例子来展示这种互动性，这个例子是古希腊名将安东尼在恺撒的葬礼上的一句演讲词：*For/And Brutus（/sure he）is an honorable man.* [1]［句中的 Brutus（布鲁特斯）是刺杀恺撒的凶手］。在理解杰出的作品时，读者或观/听众对语篇中的语言重复表达是有所期望的，一般不会把这样的重复理解为作者写作中的懒散，他们更倾向于认为这样的重复一定有其特殊的表达意图，即通过重复来表达某些额外的信息。更重要的是，由于结构图解或结构象似性原则，读者或听众关注的重复的部分所表达的字面意思基本是一致的，即索引性所指所包含的形式—意义之间的关系重现在索引性能指当中。当马克·安东尼第一次说出这个句子时，其言外语力是比较微弱的，也就是说，其言外语义还没有足够的语用透明度去表达说话者（安东尼）所期许的意思；而随着句子以叠加的方式被重复，在新的语境中讲话人试图表达的真正意义就会逐渐清晰，每一次的重复都会减弱语义表达的模糊性而逐渐地推进话语确切语义的恰当解读。在这样的方式中，叠加或重复的索引象似性通过添加结构象似性，加强了语义和语用的透明度。

上述讨论中的象似性，确切地说是结构象似性起到了另外一种参数的调控功能。德雷斯勒提出象似性还可以同样地起到图像—背景参数的规约功能。[2] 德雷斯勒以波兰语中的一些词汇为例解释了结构图解在规约语言透明度中的作用：波兰语中的古典外来词如"muzeum"（英语中的 museum）、"opera""logika"（英语中的 logics）在标准波兰语中有倒数第三音节重音（而在波兰语中更为普遍、同时更加符合语言系统恰当性的是倒数第二音节重音）。这三个词的屈折变化形式，如它们的复数主格形式："muzea""opery""logiki"，三个词具有同样的倒数第三音节重音模式。但是，由派生规则构成的词往往有倒数第二音节重音模式，例如，上面三

---

① William Shakespeare, *Julius Caesar*, Ⅲ 2, Hoboken：Willey Publishing, Inc., 2006, p. 114.

② Wolfgang Dressler, *Semiotische Parameter einer textlinguistischen Natürlichkeitstheorie*, Vienna：Verlag der Österreichischen Akademie der Wissenschaften, 1989a.

个词的形容词"muzealny""operowy""logiczny",以及诸如"logik"(英语中的 logician)这样的派生词都有倒数第二音节重音模式。由于这种韵律上的差异,波兰语中词相应形素的基本构造在屈折构词法中比在派生构词法中有更高的透明度。这些现象被德雷斯勒总结为两个假设:第一,词的屈折变化存在着一种倾向,即在形素构造上它比词的派生变化有更多的透明度(文中所谓的"透明度",其实就是"理据性");第二,所指内部的各种关系会自发地折射出能指内部的各种对比性的关系,这种自发性倾向带来了另外一种趋势,即词素构造中的图表关系折射出词素意义透明或模糊程度;换句话说,相对较高的词素构造透明度对应于相对较高的词素意义透明度。而这里从形素构造角度总结出来的倾向也适用于词的重音模式,屈折变量导致的重音模式变化总体上比派生变量导致的重音模式变化更具透明度。①

此处所探讨的象似性其实就是一种规约因素,这些规约因素和语言表达形式的透明度或模糊度(也就是理据性或非理据性)相关;它们也更深一步地从某些方面反映出词素构造和词素意义在理据性方面的状态,即透明度或模糊度。这和夏皮罗同构(isomorphism)理论中的标记性(markedness)概念很相似;标记性概念也是象似性的一种表现,其理据性在于符号所指中包含的一个标记性的(即相对而言较不规则的、非常规的)语义(值),它对应于符号能指包含的一个标记性的语言表达形式(值)。在此理论中,象似性仍是一种规约因素。②

此外,还存在其他一些语言表述形式的参数或因素,它们也可以被认为具有语言象似性功能。德雷斯勒同样以象声词为例来呈现和分析这些象似性现象;他提出很多表达动物叫声的象声词在两个方面同时表现出语言的象似性特征。③ 例如,一种叫"罗乐"(roller)的金丝鸟其鸣叫声在法语中的象声词是"rack-rack-rack",在意大利语中的象声词是

---

① Wolfgang U. Dressler and Lavinia Merlini Barbaresi, *Morphopragmatics: Diminutives and Intensifiers in Italian, German, and Other Languages*, Berlin: Mouton de Gruyter, 1994, p. 27.

② Michael Shapiro, "On a universal criterion of rule coherence", In: W. Dressler et al. (eds.), *Contemporary Morphology*, 25 – 34. Berlin: Mouton de Gruyter, 1990; Michael Shapiro, *The Sense of Change.* Bloomington: Indiana University Press, 1991.

③ Wolfgang U. Dressler and Lavinia Merlini Barbaresi, *Morphopragmatics: Diminutives and Intensifiers in Italian, German, and Other Languages*, Berlin: Mouton de Gruyter, 1994, p. 27.

"crack-crack"，在德语中的象声词则是"kr-r-r-ak"或者"rä-rä-rä"或者"krak-ak"。首先，鉴于这些象声词总是试图模仿鸟的鸣叫声，所以它们也是鸟鸣叫声的声音意象或肖像（image）；其次，德雷斯勒认为这些象声词同时也是鸟鸣叫声的结构图符（diagram），因为这些象声词以叠词或者叠音（duplication）的方式表现出鸟儿在鸣声中反复和重叠的特征，叠词和叠音往往不仅仅限于一重，还有二重甚至三重的叠加。① 例如，在法语中鹌鹑叫声的象声词是"pic pic pic"；在不同的语言中，象声词中的叠词和叠音的例子是屡见不鲜的。如果观察一下一些被视为不规则语法的叠词、叠音构成的动词和名词，就会发现其中的叠词或叠音大都限于一重重叠，这在下面几组象声词和指代鸟鸣叫声的普通名词或动词中的叠词、叠音的对比中表现得很突出：法语中麻雀鸣叫声的象声词是"tetetetet"，其对应的动词是"pépi-er"②；指代树鹨叫声的象声词是"sib sib sib，ouis ouis ouis ouis"，其相对应的名词是"le pipit des arbres"（英语中是"pipit"，德语中是"Baum-piep-er"）③；意大利语中一种生活在沼泽地的水鸟鸣叫的象声词是"cif-if-cif"，而其叫声在句子中的动词形式是"il piro-piro boschereccio"④；瑞士人讲的法语中表达小鸡的叫声用象声词"bi-bi-bi"来表达，而其对应的名词却是"le bibi"，相对应的动词则是"pipier"⑤；我们从具有叠音这一跨语言普遍特征的象声词转向回声词或响应词"echo words"⑥，这类词不像象声词那样在词汇中属于边缘化。德雷斯勒认为回声词不具有象声词那样跨语言的普遍特征，表现出更多的任意性，但是，这类词的任意性中又呈现出另外一种普遍性的范例，即这些词的任意性范式体现出对生性特征。

---

　　① Eva-Maria Ernst，*Die Onomatopoetik der Tierlaute und der entsprechenden Verben im Deutschen*，*Französischen und Italienischen*，MA thesis，University of Vienna，1990.

　　② 法语中"é"和"i"发音很接近，此外法语中"–er"是表示动词的词尾。

　　③ Eva-Maria Ernst，*Die Onomatopoetik der Tierlaute und der entsprechenden Verben im Deutschen*，*Französischen und Italienischen*，MA thesis，University of Vienna，1990，p. 70.

　　④ Ibid，p. 55.

　　⑤ Ibid，p. 70.

　　⑥ 回声词或响应词是一种特殊的叠词现象，这种词在南亚地区各种语言中很普遍，叠词往往是整个词或短语的重复，尤其是词首的音段或音节（节首）往往是必须完全重复的。（c. f. 维基百科全书）

　　语言表达形式中由于对生性二元对立特征这一普遍倾向，使得本来可以选择单重、二重、三重叠词或叠音的象声词受到限制，不能再进行循环式或递归式叠词和叠音（所以上文例子中表示"声音"的普通动词和名词中的叠词或叠音大都限于一重），这种限制也体现了语言在其表达形式中的经济原则。那我们还能不能认为在人类认知的表征系统中，鸟类鸣叫的原声从听觉角度讲存在重复或者多重叠声特征？答案显然是肯定的。那么，我们就可以认为与象声词相比较，回声词或响应词在形态上象似性（模拟性）的弱化和任意性的增强可以被看作形态或结构象似性（模拟性）的进一步简化或抽象。这种简化或抽象是拟声词鲜明的"结构象似性"和回声词"构造上的对生性"发生冲突并且妥协的结果，正是回声词中这种对生性的普遍倾向，使得它们在结构上的叠词或者叠音被一致化、规则化，二重、三重的叠词、叠音被规约化为单重性的了。

　　德雷斯勒还谈到了另外一种词汇形态构造上呈现出的各种成分（变量或范式）的复杂关系，具体说就是在普遍和特殊情况下，各种词缀所处的相应位置。众所周知，语言学中关于词素研究得出的一条定论是：在词的构造上，屈折后缀（包括所有词缀）出现的位置比派生后缀所在的位置更加边缘化（更加接近词尾）。德雷斯勒认为这种词素形态中至少包含了两种理据性现象，即图像象似性（iconic）理据和索引象似性（indexical）理据。例如，词根（roots）的含义是最具体的，派生词缀[1]的含义要比词根的含义更加模糊、抽象，而屈折词缀[2]的含义是这三者中最模糊、最抽象的；而随着这三种词义"具体性"程度减弱的词素在一个词的内部构造上，位置也相应地逐渐边缘化。沃泽尔[3]和拜比[4]也提出派生后缀和词根之间的相关性要比屈折词缀和词根之间的相关性更加紧密和强烈；这种相关性的差异也相应地体现在词内部结构中词素的不同位置和顺序上；而这样由相关性差异所导致的词素在词内部构造上的特殊顺序也符

---

[1]　Affixes of derivational morphology.

[2]　Ibid. .

[3]　Wolfgang U. Wurzel, *Flexionsmorphologie und Natürilichkeit*, Berlin: Akademie-Verlag, 1984.

[4]　Joan L. Bybee, *Morphology: a Study of the Relation between Meaning and Form*, Amsterdam: John Benjamins, 1985. （关于词根和词缀位置关系全面、深入的讨论参见 Auer & Kuhn, 1977）

合吉冯①1994 年提出的短语中作为中心词定语的修饰词在排序和位置上的临近原则：功能，或定义，或认知方面更加接近的实体或概念，在语言符号的呈现中（或在语篇中），其位置不管从时间还是从空间上也相应地更加接近。而一般情况下，屈折词缀（鲜有派生词缀）往往是某些句法功能的索引，例如句法规则中的一致（agreement）和管约（government）。也就是说，在某些句法功能上，屈折词缀成了一种索引式所指（indexical signantia），而在句法中起同样功能的那些自由词素就成了这些屈折词缀的索引式能指（indexical signata）；而在这样表达句法功能的索引中也体现出一种理据性或者说象似性，即，索引线索越明确，表述这种索引关系的能指和所指之间的位置关系越临近。由于这种索引性，边缘化词缀比非边缘化词缀在人认知语言时更易于存取（可参考《心理语言学》中关于词缀剥离的概念）；相应地，处于边缘位置的屈折词缀比非边缘位置的屈折词缀更加易于人类大脑认知。

　　上述两种词素形态或者构造中孕育的理据性集中体现在典型的派生和屈折词素（主要是各种词缀）的位置序列上，但是，对于非典型的词素规则而言，这些理据性就显得弱化了，这一点可以从名词的复数这一非典型词素上得以反映。

　　下面我们以名词的复数形式为例来佐证上面的判断，在此，表示名词复数形式的非典型屈折词缀和另外一种非典型派生词缀的代表［有时也被称为"小词"（diminutive）］在词素构造中的位置关系就有违于上述拜比所提出的判断。非典型词素作为一种词的后缀形式，既代表不了典型的屈折词素，也代表不了典型的派生词素。名词复数形式作为后缀，属于非典型的屈折词素的代表，和非典型的派生词素一样，两者在词素结构中出现的位置是不固定的，无规律可循，尤其是把两类相对比来观察时。下面例子中屈折词缀均出现在派生词缀的后面，这和拜比的结论刚好是相反的②：德语中名词"Kind"（德语中"孩子"一词的单数形式，对应于英语中的"child"）的复数形式为"Kinder"，而这个词名词的派生形式，

---

① T. Givón, Isomorphism in the Grammatical Code: Cognitive and bilological considerations, In: *Iconicity in Language.* (ed.) Raffaele Simome. Third University of Rome, Amsterdam / Philadelphia: John Benjamins Publishing Company, 1994.

② Wolfgang U. Dressler & Lavinia Merlini Barbaresi, *Morphopragmatics*: *Diminutives and Intensifiers in Italian*, *German*, *and Other Languages*, Berlin: Mouton de Gruyter, 1994, p. 29.

即小词，其单数形式却是"Kind-chen/lein"，复数形式为"Kind-er-chen/lein"；依地语中这同一个派生名词或小词的复数形式为"Kind-er-lex"；而荷兰语中这一小词为"Kindje"，而且它还有双重复数形式"Kindje-s"和"kind-er-tje-s"（其中两个复数形式被一个小词后缀隔离开了）；布列塔尼语中名词"paotr"（布列塔尼语中"少年"一词的单数形式，对应于英语中的"lad"）的复数形式为"paotr-ed"，而这个名词的派生形式即小词的单数形式为"paotr-ig"，其复数形式为"paotr-où"或者"paotr-ed-ig-où"；葡萄牙语中名词"animal"（德语中"动物"一词的单数形式）的复数形式为"animais"，而这个词名词添加了中缀的派生形式，即小词，其单数形式是"animal-z-inho"，其复数形式为"animaiz-inho-s"。

　　为什么上文中提出的三条词素规则小词复数（即包含非典型词缀的派生词）比起普通的名词复数形式，在词素排列规则上更加不适用呢？第一，作为屈折词素的非典型代表，表示名词复数的词素的意义比其他种类的典型的屈折词素的意义更加具体和直观；而代表非典型派生词素的小词的意义往往比较抽象和模糊，小词往往可以让某种言语行为的语义"减值"，或者是某种言语行为语义的严谨性有所弱化，但是在表达这一语义"减值"功能时，小词的词素意义比起具体符号的所指意义显得抽象和模糊。① 这样，要通过词结构内词素的位置排序来折射词素意义的具体性就没有可靠和一致的依据了。第二，小词或者表示"名词复数"的词素相对于词根是否具有更大的相关性，还是无法确定的。第三，不仅是表示"名词复数"的词素有超越名词本身意义的索引性表意功能，而且小词往往也有类似的索引性表意功能，这种类型的小词也叫作句子小词，它们的主要功能是使得整个句子在言语行为的功能方面减值。上述探讨得出的一个结论就是：在证实词素索引象似性的合理性时，我们无法判断是名词复数词素还是小词后缀词素在整个词的构造中应该处于更加边缘化的位置。所以最终我们认为，在典型性派生和典型性屈折词素的序列中，小词词素总是倾向于出现在名词复数词素之前的现象，在非典型性派生和屈折词素这样的结构顺序中却并不能成立。

　　事实上，还有其他一些符号学变量之间在呈现语言象似性或理据性时

---

① Wolfgang Dressler & Lavinia Merlini, "Intensificazione e rielaborazione: effetti morfopragmatici", *Atti* 24. *congresso Società di Linguistica Italiana*, Roma: Bulzoni, 1992, pp. 51 – 60.

折射出更加明显的矛盾和冲突，这些变量或参数可以进行分类，前文中提到理据性或象似性的变量/参数之间的冲突可以分为：（1）象似性呈现过程中，不同变量之间的冲突所带来的障碍；（2）象似性呈现过程中，相同变量内部次级变量之间的冲突（较为罕见）所带来的障碍；此外，变量之间的矛盾还可能出现在：①同一范畴内部（例如音位、词素、句法、语篇或者其他更细小的分支领域）；②不同范畴中变量之间的矛盾冲突。

　　首先，我们来观察一下不同变量中在相同范畴内体现出冲突进而导致词素结构象似性或者理据性弱化的现象。这类冲突或矛盾可以解释为什么外向结构的合成词（即离心词）相对而言数量比较少。内向结构型的合成词①呈现出一种在词素意义和词素构造中核心词之间的结构理据性或象似性。② 例如，英语中的"corner stone"（墙角石、基础）和"stone corner"（石头砌成的角落）两个合成词中第二个词从词素意义上分析是核心词或者词头（head）。因为"a corner stone"始终都是石头，角落"corner"一词只是它的修饰语，而"a stone corner"始终都是角落，石头"stone"一词也只是"corner"的修饰语。从另一个角度来看，两个合成词中的第二个成分也是词素结构中的词头或核心词，词头是句法功能承担者和屈折变化的载体（例如其复数形式"corner stone-s""stone corner-s"）。作为相似结构的合成词，意大利语中的"capo-stazione"③ 一词结构中的第一个成分不仅是词素意义上的词头，而且还是词素结构上的核心词，这也在该词的句法功能和屈折变化中体现出来了。例如，该词变复数时词素附着在合成词中的第一个成分上："capi-stazione"（capo 的词尾发生了变化：o→i）。更确切地说，在合成词结构中的核心词和非核心词之间的类推中一种结构理据性或者象似性被呈现了出来。

---

　　① 美国语言学家布隆菲尔德在《语言论》一书中提出著名的"向心结构"、"离心结构"概念。把句法结构分为两类，至少有一个直接成分跟整体的语法功能相同的结构叫向心结构（endo-centric construction）。向心结构里跟整体功能相同的直接成分叫作这个向心结构的核心（head）。所有的直接成分都跟整体的语法功能不同的结构叫离心结构（exo-centric construction）。合成短语可能属于一个与任何成分的形类都不同的形类，这样的短语是离心结构；合成短语可能和一个（或多个）成分一样属于同一个形类，这样的短语是向心结构。

　　② Wolfgang Wildgen, "Zur Dynamik lokaler Kompositionsprozesse: am Beispiel nominaler an hoc-komposita im Deutschen", *Folia Linguistica* 16, 1982, pp. 297 – 344.

　　③ 在英语中与其对等的结构是"head-station"，但意思相当于英语中的"station-master"：火车站站长。

　　我们再来看看外向结构型合成词：德语中"die Rot-haut"① 相对于英语中的"the red-skin"、意大利语中的 il/la Pelle-rossa（三个词均源于法语中的 Peau-Rouge）。该词属于外向结构型合成词；德语中另外一个和皮肤相关的合成词"der Dick-häut-er"（thick-skinn-er）②，意思相当于英语中的"the pachyderm"。相比之下，第二个合成词中的后缀"–er"不仅是词素意义上的词头，而且还是词素结构上的核心词。但是离心结构的合成词会在词素意义核心词和句法结构核心词之间出现不符，从词素意义上讲，"the red-skin"的核心词是"拥有红色皮肤的人"，男人或女人；但从句法结构上讲核心词是"皮肤"一词本身。这也可以在词的各种变化中印证，例如该词在德语中变为阴性形式时词素变化是出现在"häut"（皮肤）这一成分上"häut-e"，英语中该词变复数形式的词素是添加在"皮肤"一词上的："red-skins"。从上面的例子中可以看出，结构外向型或离心合成词的词素意义和词素构造中的核心词之间不存在结构理据性或象似性。换句话说，向心合成词在其构造变量或参数上所呈现出的理据性或象似性是离心合成词所不具有的。向心合成词更具结构理据性或象似性，这也就解释了为什么世界上众多语言中向心合成词要比离心合成词有更高的出现频率。

　　在语篇层面，德雷斯勒认为某些词素成分的缺失导致了结构理据性的缩减。例如，一段语篇的连贯性（coherence）从符号学的角度来讲可以通过有理据特征的索引性来取得。如果在短语层面，连贯性是通过句法或词汇之间的相关性来取得的，那么，这种连贯就是一种图解式或结构式的关联性，但是这种图解式的关联性在无连词的句子结构中是不存在的。因此，无连词句要么在语体角度讲是标记性的，要么无连词现象是语篇经济原则所导致的，这两个方面的因素在恺撒的名言中同时得到了体现："Veni vidi vici"③：在弥补没有用具体词汇明确表达出而又暗含的意义时，语言的经济原则总是显得得天独厚。

　　在首语重复（anaphoric）省略或者回指省略现象④中体现出图表（结构）理据性和语篇经济原则之间的矛盾和冲突。首先，由于首语重复或

---

① "红面人"、红皮肤的人（对美洲印第安人的蔑称）。

② 字面意思是"厚皮肤类动物"，引申意义为"厚脸皮的人""迟钝的人"。

③ 我来、我看、我征服（相当于英语中的 I came，I saw，I conquered）。

④ Anaphoric ellipsis.

者回指索引更容易被确立，而且如果索引式能指所涉及的是人物或形象而非背景或陪衬，故事中的主人公比起非主人公也会更容易通过回指或首语重复得以指代。其次，就索引性参数而言，语篇前文已述人物和形象的回指式相互指代（即前照应）要比语篇前文未述而出现在后文中的人物和形象的后照应（cataphoric reference）更具指代效应，也更加自然。也就是说，前照应指代比后照应指代更容易被读者理解。因此，回指性或前照应式省略在语言中比后照应省略①更加常见和普遍。德雷斯勒总结出在图表或结构理据性和语篇经济原则之间形成矛盾冲突的因素主要有两种：第一，索引性；第二，人物/形象—背景/陪衬。

　　在音韵形式中，只要一个音位的所指缺乏其相应的能指，语音的象似性或理据性就会减弱，这种情况的一个例证就是当一个音素在音位表述中没有其具体的代表符号，具体例子如古希腊语中名词"皮肤"的音位 dermat→［derma］"skin"（相对于德语中的"dérmat-os"）；在这个例子中词素原来的象似性在常规的音位形态变化中丧失掉了。这种象似性现象的缺失可以用来解释为什么共时音位学中音位的省略现象相对罕见，同时也可用来解释历时音位学中音位形态的相对不稳定性。通常情况下，这样的音位形态省略或这种不稳定的现象在语言发展过程之中要么消失掉，要么通过主观制定的词素规则被固化为某种具体的词素形态。但是有一个很明显的例外，这个例外充分体现出了一种音位的理据性：从音位的角度来考查，快语速的或者非正式的言语中存在着大量的音位省略现象，而这里就涉及了社会语言学的规约性因素。语速缓慢的或者正式的言语中，说话者主要关注的是其语言所传达的信息在听话人那里被接受时的高效性和轻松性，而音位的象似性可以帮助听话人准确而便利地确定语言信息；而在快语速的或者非正式的言语中，语言信息被接受时的高效性和轻松性并不是说话者所关注的，所以音位的象似性对听话人接受信息时的促进作用也就相应地不再那么必要和重要了。这种情境下的言语行为中，更重要的是言语行为本身的高效性和轻松性，而语言信息在听话人那边的理解和接受则可以通过其他的方式得以确保。所以音位省略现象虽然是破坏象似性的因素，但是在语言交流中却并无大碍。在这一点上，还有一个类似的现象

---

① Cataphoric ellipsis.

那就是音位调换现象（metathesis）①，作为一种共时音位现象，音位调换打破了音位结构的理据性，因而是很罕见的。②

下面我们再把分析的视角转回到语篇层面，再回到前文中提到的形象（人物）和背景对比，最后再分析一个在语篇层面上"形象—背景"参数或变量和结构（图表）理据性产生冲突的例子。语篇的线性叙事原则是：根据重要性大的在先、重要性小的在后的排序策略和原则，语篇中会把形象或人物的呈现放在背景的描绘之前；这也和吉冯（1994 年）③ 的序列原则相吻合，即句子或者语篇结构中，越重要、越紧急的信息总是倾向于出现在句子或语篇结构中的越靠前的位置。这样，"形象—背景"参数理据性（象似性）和顺序排列规则理据性（象似性）相协调，即越重要的内容出现在越显要的位置。

但是，这种句子结构中的排序策略也会和句子结构理据性（象似性）产生矛盾和冲突，而后者被认为是内容和形式之间关系的自然、合理的呈现。例如，上文中提到的恺撒的名言"veni, vidi, vici"。三个词的排列完全是按照时间顺序排列的，也忠实地反映了事件在时间上先后发生的顺序，这被认为是最自然的句子顺序"ordo naturalis"。如果在句子结构排序中重要、紧急信息优先出现原则比事件自然顺序排列更加合理、更加能突出句子表达的效果，那就可以在排序中采纳倒装的修辞手法，即使是在时间顺靠后的事件，因为要突出信息的重要性，也可以在句子中优先出现。德雷斯勒举了特洛伊战争中的一个例子，在熊熊大火的特洛伊城中，埃涅阿斯向和他并肩作战的同伴说"Moriamur et in media arma ruamus!"这句话翻译为英语和法语分别是："Come, let us die, we'll make a rush into the thick of it!"④，"Mouron et jetons-nous au milieu des armes!"⑤。两种语言的翻译中都打破了事件在时间上的顺序，而把后发生的事件置于句

---

① 语言学中，音位调换是指词根、单词或音位，通过变换字母的位置，形成新的词根、单词或音位的现象。

② 更多相关分析可参看 Wolfgang Dressler, *Morphology*, Ann Arbor：Karoma, 1985a; Wolfgang Dressler and Ruth Wodak, "Sociophonological methods in the study of sociolinguistic variation in Viennese German", *Language in Society* 11, 1982。

③ T. Givón, *Isomorphism in the Grammatical Code*: *Cognitive and bilological considerations*, *Iconicity in Language*, Amsterdam / Philadelphia : John Benjamins Publishing Company, 1994.

④ 这句话的汉语表达是"冲啊，让我们去抛头颅，让我们冲进最激烈的战斗中去!"

⑤ 相当于汉语中的"让我们牺牲，让我们投身到枪林弹雨中去!"

首，突出更重要的信息，那就是战斗者的大无畏精神；而这样的句子表达效果生动逼真，人物形象跃然纸上。

讨论完了语篇层面和音位层面的结构象似性，我们再来观察词素形态上的结构象似性。词素形态上的结构象似性、理据性最突出的是词缀，例如在屈折和派生词缀和词根之间的结构理据性是最直观的；在元音交替（ablaut）和元音变音（umlaut）现象中，结构理据性/象似性相对于词缀和词根之间的结构理据性就较弱了，而结构理据性最弱的是在转类构词法（conversion）或加零词缀（zero affixation）形成的词素结构中。而且，从词素学角度讲，纯粹的词缀变化导致的词素形态变化要比其他形式的变换所导致的词素形态变化更加直观和清晰。多词素综合语言（polysynthetic language）和黏着语言（agglutinating language）中，纯粹的词缀变化大量存在；但这和韵律音位很容易形成冲突，因为韵律音位倾向于把词或词的形态限制在2—3个音节的范围之内。

黏着语更加青睐于词素形态上的结构象似性或理据性而并没有迁就韵律的最佳状态，而屈折语（fusional / inflecting language）和内屈折语（introflecting）①，如阿拉伯语，则恰好相反，这些语言更加倾向于双音节或者三音节词素结构而往往放弃词素结构上的理据性和直观性。同时，这两种词素构造上的不同选择反过来也成为分辨语言种类的依据。但是这样一来，词素构造上的象似性/理据性和音位韵律之间的冲突被语言类型划分的规定性因素掩盖了。

儿童在语言习得过程中仍然存在很多音位省略行为，这会严重地抑制早期语言习得中的结构或图解理据性。儿童这种音位省略的结果就是明显的零词缀现象（zero affixation），但是对于音位省略在儿童的语言中也有一些相应的补偿。例如，卡马拉塔在其研究中发现有些讲英语的儿童由于不会发词尾的摩擦音（fricatives），结果导致他们也不会发英语单词复数词尾的嘶音（sibilants），于是作为补偿，孩子们会把词尾的元音发得更加

---

　　①　印欧语系是外屈折，也就是说词形变化是通过词根添加或者改变前缀、后缀来实现的，比如 take 的第三人称单数是 takes，它是在词根 take 的外部添加一个部件 s；但是闪含语系很奇特，它们的词根全是辅音，比如 k、t、b 就构成和"写"有关的词根，在里面加一些元音就可以表示"他写"，"他曾经写"，"书"等和写有关的词，它是在词根内部添加部件，所以叫内屈折。

响亮，发得更加长，也就是说对词尾的元音发音进行了更改和变异。① 通过这种补偿策略，儿童把在语言习得中结构或图解理据性或者象似性最优呈现状态（也就是说通过添加词缀的方式呈现单词构造的图解理据性）的概率大大缩减了，他们选择了另外一个更加简化的方式，即通过省略加元音变异补偿的办法替代词缀，这就削弱了词素在构造上的理据性；但是，他们元音变异的补偿行为，比起纯粹的词缀省略（即添加零词缀）还是模糊地呈现出了词素构造上的理据性或象似性。

　　上面的讨论所涉及的儿童语言习得的例子仍然属于变量冲突的第一类，即不同变量在相同范畴内体现出冲突进而导致词素结构象似性或者理据性弱化的现象。德雷斯勒用一种特殊的异干互补（suppletion）即地名和族裔之间的异干互补，对第一类导致词素结构理据性或象似性弱化的因素进行了总结。② 这种地名和族裔之间的异干互补有的比较模糊，有的则比较明显。例如，意大利语中的 Padova-Patavino③，Napoli-Partenopeo④，Bologna-Petroniano⑤ 就是比较模糊的异干互补的例子，而相比较之下，族裔名称在词素形态上的异干互补则更加明显，如：Padovo-ano，Napol-eta-no，Bologen-ese。⑥ 异干互补现象中所呈现出的词素理据的直观度是最微弱的，因此，词的最基本形式（bases）和词的派生形态之间的象似性关系也是最模糊的。但是，上文所罗列的异干互补的例子部分地补偿了这种模糊性，换句话说，在语言习得中，学习者在习得族裔名称之后，就会很直观地观察到由这些族裔名称而衍生出的表示相应地域名称的派生词的意义，这可以说是一种在词汇习得过程中出现的词素形态之间的理据性或象似性。

　　至此，我们已经分析了（1）象似性呈现过程中，不同变量之间的冲突所带来的障碍；（2）象似性呈现过程中，相同变量内部次级变量之间

---

　　① Stephen Camarata, "Semantic iconicity in plural acquisition", *Clinical Linguistics & Phonetics* 4, 1990.

　　② 异干互补（suppletion，又称异干法）即用异干词充当某一词形变化表中的某一个词语；可以理解为不规则词形变化，替补作用。通俗地说是借用其他词的形式来补充原词的变化形式，它们两者在语音上没有渊源。

　　③ 帕多瓦市（意大利城市）。

　　④ 拿波里（意大利城市，建于公元前 7 世纪，希腊人称它为"新的城市"）。

　　⑤ 博洛尼亚（意大利城市）。

　　⑥ 这三个词意思分别是：帕多瓦人、拿波里人、博洛尼亚人。

的冲突（较为罕见）所带来的障碍；也已经分析了出现在①同一范畴内部（例如音位、词素、句法、语篇或者其他更细小的分支领域）变量之间的矛盾；最后我们再来举一个矛盾出现在不同范畴之间的例子，即前文分类中第二大类中的第②小类。从结构图式象似性或理据性参数的角度来观察，转类词（conversion）可以被视为包含词素形态象似性次级变量或参数的载体，转类词①所呈现的结构象似性或理据性是很弱的，例如英语中的"to cut"（切、割）→"a cut"（切口、割口），意大利语中的"re-voc-are"→"una revoc-a"（相当于英语中的"to revoke" <撤回，取消；废除 >→"revocation" <取消；撤回；废除 >）。但是克罗科—加雷厄斯曾经雄辩地提出转类词不仅在词素形态上突出了语言学中的经济原则，而且代表着一种词素隐喻，这种隐喻体现出转类词在能指上的不同是通过屈折和句法环境来体现的。② 在此，词素形态结构上的理据性或象似性的缺失和词素隐喻性上的理据性形成一种矛盾（可见，词素隐喻也是象似性的一个次级变量或参数）。对于这种矛盾所导致的结果，德雷斯勒所给出的分析是：由于词素形态参数或变量上的理据性很微弱，使得转类词作为一种跨词类现象在词汇中的频率偏低；但是，从词素隐喻的角度来分析，转类词在词汇中出现的频率就不一定低了。这个冲突体现出，在相同条件下，词素形态的构造性要比词素在语境中的隐喻性更加重要，因为词素的结构形态要比词素的隐喻性更具理据性或象似性。这也就可以解释为什么和其他更具结构操作性的构词法比起来，转类词作为一种跨词类现象在词汇中出现的频率偏低；同时也说明转类词只出现在用于众多词素构造方式的语言中。但是，有一个词素构造原则是制约性的，是不受语言类型制约而独立存在的，那就是词素构形上的经济原则。③ 在黏着语（agglutinating

---

① 转类法，又称"零位派生"，是指通过词类转化构成新词的方法。即一种词类加上零形式转化为另一种词类，词的原形不变，但转类后的词形体系和语法功能都改变了。

② Grazia Crocco-Gelèas，"Conversion as morphological metaphor"，*Naturalists at Krem*，Salamanca：Ediciones University de Salamanca，1990.

③ 语言的经济原则又常称作语言的经济性或语言的经济规律。法国语言学家马丁内对语言经济原则的解释是较有代表性的。他认为，经济原则必须以保证完成语言交际功能为前提，同时人们有意无意地对言语活动中力量的消耗作出合乎经济要求的安排，从这一原则出发能够对言语结构演变的特点和原因作出合理解释。语言学家把语言的经济性归结为"人类的懒惰"，正是这种"懒惰"在促进着语言的发展。利奇（1983）将语言的经济原则理解为"快捷"。经济原则作为一个普遍原则存在于所有语言中，本书主要以俄语为例分析经济原则。

language)① 中经济原则和转类构词法都不是十分重要, 鉴于黏着语自身的特点, 这是显而易见的。然而, 在孤立语 (isolating language)② 和其他兼具孤立语特征同时又结合了屈折特征的语言中, 经济原则在词素构造中举足轻重。从语言类型来看, 英语比起同源的其他日耳曼语、马格里布阿拉伯语比起其他的内屈折阿拉伯语, 其词汇中都包含大量的转类词。

在对上述探讨进行最终的总结时, 我们来引用皮尔士的言论: "象征符号是有生命的, 它们从其他符号, 尤其是从象似性符号的衍化发展中逐渐形成。"③ 符号的这些衍化发展的片段在语言的历史演进过程中一览无遗。在母语习得过程中也可以观察到符号衍化发展的实例。在母语习得的最初阶段, 儿童的注意力总是最先集中于重叠词, 例如回声词, 这些词素从结构上分析都是不符合严格意义上的语法规则的, 但是这些词素所蕴含的象似性或理据性却总是最直观的; 即使是对于符合语法的词素规则, 儿童更容易观察到和习得结构理据性和直观的词缀规则。④ 而更系统的各种

---

　　① 黏着语是指主要靠词缀表达词的语法意义的语言, 例如: 土耳其语。类型分类法中以词的结构为主要标准而划分出来的语言类型之一。它的特点是词内有专门表示语法意义的附加成分。一个附加成分表达一个语法意义, 一种语法意义也只用一个附加成分来表示。词根或词干同附加成分的结合不紧密。黏着语的主要特点是没有内部屈折, 每一个变词语素只表示一种语法意义, 而每种语法意义也总是由一个变词语素表示。因此, 一个词如果要表示三种语法意义就需要有三个变词语素。此外, 黏着语的词根和变词语素之间的结合并不紧密。两者都有相当大的独立性, 变词语素好像是黏附在词根上似的。土耳其语、日语、韩语、蒙古语都是比较典型的黏着语。

　　② 孤立语言, 一般是指与任何其他的语言不存在亲属关系的自然语言。由于该语言的孤立性, 它无法被分类到任何语系中, 不属于任何已知的语系。常见的孤立语言如苏美尔语、巴斯克语、阿伊努语等。与通常所说的"孤立语言"不同, 有些语言是相对孤立的。比如说, 阿尔巴尼亚语、希腊语等属于"印欧孤立语言", 因为它们虽然属于印欧语系, 但与印欧语系内其他语言不同的是, 它们并不属于印欧语系中的任何一个分支, 而是独立成为一个体系。不过, 通常情况下的孤立语言都是指绝对孤立语言。需要注意的是, "孤立语言"与"孤立语"(又称分析语或词根语)不同, 前者是从语言分类的角度上来描述一种语言, 而后者则是指没有时态和格变化的语言, 是语言本身的一种特性。两者不应混淆。有观点认为朝鲜语即韩语, 也跟日语一样, 也都是孤立语言, 他们跟目前世界上已知的语系都没有关联。持该观点的学者们以"同源词问题"支持着该观点。

　　③ Charles Sanders Peirce, Collected Papers, Vol. Ⅱ, Cambridge: Harvard University Press, 1965, p. 169.

　　④ 更多详细资料参阅塞弗特 1988 的心理语言学专题论文 (Katharina Seifert, *Ikonizität von Pluralformen*, Vienna: Verein der Wissenschaftlichen Gesellschaften Österreichs, 1988)。

具体的母语规则在儿童语言的习得过程中则出现得相对较晚。各种实证性母语和二语习得的研究普遍得出的结论是儿童的语言比成年人的语言包含更多的象似性或理据性。但是，截至目前，对于儿童语言象似性或理据性的研究都集中于历时研究的视角，根据德雷斯勒的结论，几乎没有对于儿童语言象似性或理据性共时研究的文献资料。因此，发掘出更多的象似性和其他形式的语言自然性参数或变量之间的相关性不仅仅对于语言象似性的深入研究十分有益，而且对于实证性语言习得也是大有裨益的。

附录 I

文学文本中的象似性现象：结构主义
视角下的文本分析

象似性存在于语言符号和客体事物之间，语言符号对现实世界中的事件或事物进行模拟；而后者作为二级象似性，则被认为是语言内部的象似性现象，建立在词汇或者句法对比基础之上，是认知主体在思维中对语义进行的象似性类比。文学结构主义批评理论认为位于作品深层的二项对立规定了作品的深层结构和叙事结构，甚至是主题结构，而深层结构又外化为作品的表层结构。这里的表层结构即可以当作语言符号对现实世界中的事件或事物的模拟，通过寻求文本中位于深层的二项对立，探求其深层结构外化为表层结构的过程，也是分析文本中的象似性的一种体现。另外，文学作品，尤其是诗歌中的意象常常被当作一种具有象征等意义的符号，是文学尤其是诗歌中的语言象似性的源泉。因此，该书的最后一部分，聚焦于文学中的象似性显现，分别运用文学结构主义批评理论，分析了莎翁名剧《李尔王》和我国古典名剧《长生殿》，并用意象分析法解读了华兹华斯名篇《咏水仙》，收录在附录 I 中。同时，为了读者便于理解查询，在该书的附录 II 中，还收入了一些常用的象似性研究的术语，并给予简单的解释。

第一节 《李尔王》中的自然意象和
服饰意象与其叙事结构

一 引言

莎翁名作《李尔王》是一部包含多层意象的悲剧。20 世纪 30 年代以来，"意象 — 象征 — 语义"派莎评开创了《李尔王》研究的新视角。意象派批评的先驱卡罗琳·F. E. 斯伯吉翁的《莎士比亚的意象》一书开了莎剧意象分析的先河，给后来的莎学论者给予了启发。她通过考察该剧的意象模式来解释其主体结构，并且认为，《李尔王》中的中心意象是"在痛苦中挣扎的人的身体"。她还分析了该剧总的动物意象，认为它们增强了"恐惧和肉体疼痛的感觉"。① 罗伯特·B. 赫尔曼发展了斯伯吉翁的意象分析法，他在自己的专著中一一审视了该剧的视觉、服饰、正义、价值、自然和疯狂的意象模式，认为这些意象相互作用，相互呼应，规定了该剧的结构，他认为疯狂是统一其他的主导意象，并且涉及人类对世界的理解。② 德国莎学研究者伍尔夫冈·克莱门认为《李尔王》中的"意象更加完全地融合到了该剧的结构中，因此其意义也要大于它在其他任何一部莎剧中的作用"。③ 因为该剧本身是一部反映人的心理本质的悲剧，大量的意象一方面为剧中人物（尤其是李尔）理解自我和外部世界的本质提供了想象空间，同时也使得剧中人物的经历更具有普遍意义。和前面提到的莎剧意象分析有着不同，克莱门以一种更为动态的眼光来观照《李尔王》中的意象。他通过分析各幕中不同程度出现的自然意象，认为意象与李尔内在的发展相呼应，并且指出，"李尔的精神失常并不仅仅是发疯，而且是认识的另一种途径"。④ 此外，莎评学者霍洛威则认为该剧反映了伊丽莎白时期人们认为世界末日即将来临，一切将陷于混乱的信念，但是他确信在该剧中存在着一种"生命力量"（forces of life），保证了自然秩序将得以恢复。⑤ 在我国，罗益民教授从动物意象探析该剧的虚无主义思想⑥；华泉坤教授认为该剧中的视觉意象、动物意象、正义意象和神明意象"不仅形象地描述了生活在那混乱社会中的

---

① Caroline F. E. Spurgeon, *Shakespeare's Imagery and What It Tells Us*, Cambridge：Cambridge University Press, 1935, p. 339；p. 342.

② 参见 Robert Bechtole Heilman, *This Great Stage：Image and Structure in "King Lear"*, Baton Rouge：Louisiana State University Press, 1984。

③ Wolfgang Clemen, "*King Lear*", *The Development of Shakespeare's Imagery*, London：Methuen and Co. Ltd. , 1977, p. 133.

④ Ibid, p. 152.

⑤ John Holloway, "*King Lear*"：*The Story of the Night*：*Studies in Shakespeare's Major Tragedies*, London：Rutledge & Kegan Paul, 1961, pp. 75–79.

⑥ 参见罗益民《从动物意象看〈李尔王〉中的虚无主义思想》，《北京大学学报》1999 年外国语言文学专刊，第128—136 页。

人的本性和伦理道德，而且生动地显示了莎士比亚对人性和伦理道德的深刻理解和感受"。①

　　以上学者对《李尔王》中的意象分析的角度和侧重点不同，但他们都有着相似的观点，即认为该剧的意象对作品意义的产生起着重要的作用。正如赫尔曼所指出的，它们"规定了该剧的结构"，"融合到了该剧的结构中"。那么，它们到底是怎样规定该剧的深层结构，又产生了怎样的深层含义呢？这一节将运用结构主义叙事学理论，从分析该剧的自然意象和服饰意象入手，探析该剧的深层结构和深层意义。对文学结构主义者来说，二项对立是"表意和叙事的起点"；是"文本结构分析中最为重要的关系"；格雷马斯指出这种"语意对立中的叙事的起点导致了以同样的对立为特征的情景和行动的对立"。② 文本中基本的二项对立支配其叙事结构。美国结构主义学者卡勒肯定了格雷马斯等人的方法，他认为"二项对立是结构分析中最重要，也最简单的关系"，并且指出在分析作品结构时，结构主义批评者通常先从探求文本的"功能对立"入手。③ 格雷马斯以此为基础，提出了叙事作品中三对呈现为二项对立的"行动元"：主体/客体，发送者/接受者，辅助者/反对者。④ 托多洛夫将叙事作品中的人物和他们的行动分别看作句子的主语和谓语，它们形成的叙事构成"命题"，一系列"命题"相继形成"系列"，这些"系列"组成作品的叙事结构。这样，托多洛夫使作品结构类同于句子结构。⑤ 格雷马斯关注的是叙事作品的内容，而后者的结构主义叙事句法理论侧重叙事作品的形式，将二者结合有助于更好地把握文本的叙事结构。

---

　　① 参见华泉坤《莎剧〈李尔王〉中的意象评析》，《外语研究》2001 年第 3 期，第 55—64 页。

　　② Caroline F. E. Spurgeon, *Shakespeare's Imagery and What It Tells Us*, Cambridge: Cambridge University Press, 1935, pp. 102 – 103.

　　③ Jonathan Culler, *Structuralist Poetics: Structuralism, Linguistic, and the Study of Literature*, Itchaca, N. Y.: Cornell University Press, 1975, p. 1.

　　④ 参见 A. C. 格雷马斯《结构语义学》，吴泓渺译，生活·读书·新知三联书店 1999 年版。

　　⑤ Jonathan Culler, Structuralist Poetics: Structuralism, Linguistic, and the Study of Literature, Itchaca, N. Y.: Cornell University Press, 1975.

二　自然意象与《李尔王》的深层结构

《李尔王》中出现了大量的自然意象。这些自然意象拓宽了文本的视阈，使得作品气势恢宏。

首先，让我们从天气变化谈起。在剧作开始，天气晴好，显示出自然界的安宁和有序。然而，在第一幕第一场之后，当李尔把国土、威力、特权和一切君主的尊容一起给了自己的两个长女，当爱德蒙用假信件欺骗了自己的父亲，并将爱德伽驱逐之后，明眼的葛罗斯特已经看到，最近的日食和月食所预言的一场天灾人祸："最近这一些日食和月食果然不是好兆；虽然人们凭着天赋的智慧，可以对他们作种种合理的解释，可是接踵而来的天灾人祸，却不能否认是上天对人们施的惩罚。"（Ⅰ，ii；36）①正如他所预言，当高纳里尔和里根把年迈的李尔逐出家门的时候，狂风大作，一场暴风雨来临了。"天色暗起来了，田野里都在刮着风……暴风雨来了，让我们进去吧。"（Ⅱ，iv；127）

从第三幕一开始，悲剧在狂风暴雨中发展。整个自然界仿佛失去了控制："瀑布一样的倾盆大雨；思想一样迅速的硫黄的闪电；辟碎橡树的巨雷；泛滥的波涛仿佛要吞没了陆地，万物都变了样子或归于毁灭"。（Ⅲ，ii；133）在这里，天气从晴好到狂风暴雨的变化是和剧情从开端到高潮的发展一致的。这不是一场普通的暴风雨，而是"伟大的神灵在我们头上掀起的这场可怕的骚动。"（Ⅲ，ii；133）这里咆哮的风，震撼一切的霹雳，以及倒泄下来可以"浸没塔尖，淹没了屋顶上的风标的"雨水，"要击平这生殖繁密的、饱满的地球，打碎造物的模型。"（Ⅲ，ii；133）至此，我们看到的已经不仅仅是天气的变化，而是通过天气变化反映整个自然界的变化。原有的自然中的平静、和谐和秩序被这场暴风雨所吹散，淹没；取而代之的是自然的狂暴和混乱。如李尔所言，仿佛这场暴风雨"打碎了造物的模型"，从而也就重造了自然的秩序，暴风雨过后，天气和自然归于平静，安宁。由此不难看出，秩序和混乱是自然意象中的基本的二项对立，这种对立在悲剧的叙事过程中形成了秩序被暴风雨打乱，从

①　括号中的标注表明该句话引自［英］威廉·莎士比亚：《李尔王》，朱生豪译，中国国际广播出版社 2001 年版，第一幕，第二场，第 36 页，以下各节中《李尔王》中引语出处标注方法同此，不再另作说明。

而陷于混乱，再到归于平静和有序的过程。

其次，与自然意象的变化相一致，《李尔王》中动物意象的变化也体现出了从有秩序到混乱再到回归有序的变化过程。该剧的第一幕中动物意象相对较少；在第二幕中开始增加；在第三幕和第四幕当戏剧发展到高潮时达到最多。让我们主要看看剧中马和狗的意象，因为两者都象征着主人和仆人的一种隶属关系。除此之外，《李尔王》中还出现了其他大量的动物意象。根据罗益民教授的统计，马的意象在该剧中出现过十八次：其中第一幕和第二幕各五次；第三幕中四次；第四幕中三次；第五幕中一次。狗的意象也共出现十八次：第一幕和第二幕中各三次；第三幕和第四幕各五次；第五幕两次。① 不难看出，马的意象和狗的意象在各幕中呈现出相反的趋势，马的意象在第一幕和第二幕中最多，然后呈递减趋势，而狗的意象的出现则呈现递增趋势，在第三幕和第四幕中，当悲剧发展到高潮时达到最多。

在《李尔王》中，那佩戴考究的马和装饰豪华的马车绝不仅仅是交通工具，它们和李尔的众多随从一起，是地位和王权的象征。在该剧开始的时候，国王和朝臣，家长与子女之间的等级关系森严，李尔在朝廷里一呼百应，里根和高纳里尔的花言巧语和阿谀奉承无不显示出王权和父权的威严，就连寡言倔强的考狄利娅也直述对他的尊敬和服从："我受到您这样的恩德，只有恪尽我的责任，服从您、爱您、敬重您。"（Ⅰ，ⅰ；13）爱德蒙虽然心怀鬼胎，但是还不敢公开作乱。这时马的意象较多出现，象征王权和父权的威严，下级和子女的追随和服从，表明长幼和等级秩序的稳定。然而，在李尔放弃了王权，失去了父亲的尊严，当葛罗斯特的权力被剥夺，爱德蒙伙同里根和高纳里尔对老臣进行残害时，原有的权力和父子/父女关系被彻底颠倒，正如弄人所言："马儿颠倒过来给车子拖着走。"（Ⅰ，ⅳ；60）这时，象征着权力和尊严的马的意象和李尔的随从一起，渐渐减少。

狗的意象的出现和马的意象相反。在《李尔王》中，狗是低人一等的动物，具有双重性格。它一方面低贱，卑微，好似奴隶。如李尔就当面把奥斯华德指责为狗、奴隶，"［李尔］好大胆的狗！你这奴才！你这狗

---

① 参见罗益民《从动物意象看〈李尔王〉中的虚无主义思想》，《北京大学学报》1999 年外国语言文学专刊。

东西"（Ⅰ，iv；51）。里根也把康华尔的仆人称为"狗东西！"奥斯华德以及其他里根和高纳里尔的仆人是"奴才"、"狗东西"，这是由他们的地位决定的。奥斯华德被随便呼来唤去，受尽凌辱。正如肯特在对他的一番淋漓尽致的批判中所说，他是一个"吃剩饭的家伙；一个下贱的、骄傲的、浅薄的、叫花子一样……奴才；……又是一条杂种老母狗的儿子"，是"摇尾乞怜的狗！"康华尔也只不过是"像狗一样什么都不知道，只知道跟随着主人跑"（Ⅱ，ii；91，93）。因此，在该剧的第一幕和第二幕，虽然这些"狗"存在潜在的危险，但是它们还没有得势，因为他们的主人的阴谋还未能得逞。另一方面，它狂妄自大，以势压人。它容易狗仗人势，欺软怕硬。在第三幕和第四幕，当里根和高纳里尔从李尔那里得到权力，并且把李尔驱逐出家门；当爱德蒙利用阴谋把哥哥赶出家门，获得父亲的权力和财产后，原有的秩序被彻底颠倒，小人得势，这时候，狗的意象大量出现。那些曾经摇尾乞怜的狗开始疯狂起来，显示出了恶毒（恶狗）的本性，"疯狗咬人磨毒牙"（Ⅲ，vi；163）。它们同猪猡同流合污，向落难的国王吠叫，围攻。正如"农夫的一条狗向一个乞丐乱吠"，"一条得势的狗，也可以使人家唯命是从"（Ⅳ，iv；214）。它们疯狂，没有理智。至此，马和狗的意象所暗指的原有的秩序被彻底打乱，象征着仪式和权威的马退缩了，而各种各样的狗则粉墨登场，"猛犬猎犬杂种犬，巴尔小狗团团转，青屁股，卷尾毛"，这些得势的狗与里根和高纳里尔暴露无遗的"犬狼之心"（dog-hearted daughters）相互交织，构成了一幅"群犬图"，表明原有等级秩序被颠覆。与这些狗同时登场的还有大量的其他动物，如青蛙、蛤蟆、蝌蚪、壁虎、水蜥、猪、狐狸、饿狼、狮子、麝猫、老鼠，等等。这些动物意象大量出现在衣不蔽体的李尔和爱德伽，以及被挖去双眼的葛罗斯特在荒郊相遇的时候，表明这些曾经高高在上的王者贵族的堕落，此刻仿佛回到了野蛮时代，与这些动物们为伍，难分伯仲，爱德伽自己的话也表明了自己的"兽"性："他（指自己）吃的是青蛙、蛤蟆、蝌蚪、壁虎、水蜥……会把牛粪当作一盆美味的生菜；他吞的是老鼠和死狗，喝的是一潭死水上面绿色的浮渣……"正如李尔所言，"人类在草昧的时代，不过是像你（指爱德伽）这样的一个寒碜的赤脚的两脚动物"（Ⅲ，iv；149）。由此我们不难看出，不仅原有动物意象中的秩序被打乱，而且它更深层次地表明了原有人与人之间，人与动物之间关系的颠倒，原有秩序陷于无序状态。

但是随后，动物意象又有了明显的变化，狗的意象在第五幕仅出现了两次，其他动物也在瞬间退场。表明了悲剧发展到第五幕时，正义力量重新上升，这些"犬儿"显然没了多大的作福作威的空间，其他动物也不敢趁乱作威。动物意象中原有的秩序得以恢复，人得到了他们应有的地位和尊严。

三　服饰意象与《李尔王》的深层结构

在该剧开始的疆土划分仪式上，国王李尔和里根、高纳里尔、考狄利娅以及肯特等众臣都身着和自己的地位相符的服饰。李尔头上的王冠标志着他至高无上的权力，不容任何人对他的话语有丝毫怀疑。结果，真诚的考狄利娅和力谏的肯特被他驱逐，里根、高纳里尔、爱德蒙和康华尔等人优雅高贵的着装也掩盖着他们邪恶的本质。这时，宫廷内人员的着装标志着等级和秩序。李尔把他的宝冠（coronet）赐给了里根和高纳里尔，然而很快就遭到了两人的蔑视，被驱逐的肯特辗转成了他的佣人保护老王的尊严。这时，弄人因为肯特"帮了一个失势的人"而让肯特戴他的鸡头帽，他甚至要李尔向他的女儿们讨一顶，"我这儿有一顶，再去向你的女儿们讨一顶戴戴吧"（Ⅰ，iv；52）。让本为公爵的肯特去戴一顶弄人的鸡头帽，让曾经头顶王冠的国王，一位威严的父亲向自己的女儿讨鸡头帽，在这里，帽子的颠倒象征着人物地位的颠倒和原有等级秩序的破坏。如弄人指出的，是"马儿倒过来给车子拖着走"，"（指李尔）把女儿当成了母亲"（Ⅰ，iv；61，57）。这种有序和无序的二项对立在随后出现的杂乱的头饰和反复出现的裸体意象中得以加强。李尔并没有戴鸡头帽，他把"好端端的一顶王冠……送给人家"，所以在弄人看来，他"光秃秃的头顶连里面也是光秃秃的没有一点脑子"（Ⅰ，iv；56）。事实上，李尔脱去了自己威严华丽的服饰，露出了自己迂腐的本性，在弄人看来，他的裸是自己从外到里的本性的裸露。正是在他脱去了华丽威严的外衣，在暴风雨的直接洗礼中，他人性的光芒开始复苏，分清了善恶，看到了劳苦人民的疾苦。但是，丢了这身装束也就象征着丢了尊严和权力，也同时给了每个人裸露自己善恶的舞台。在这个舞台上，恶者把谎言当成了"皇帝的新装"，却得到了李尔的宠信，招摇过市，在所有围观的人群中，只有弄人才敢向那位乳臭未干的小朋友一样，这样放肆地揭露李尔裸体的样子，并指出这个谎言开道的世道，"因为当你把棒儿给了她们，拉下你自己裤子的时候……教教你的傻瓜怎么说谎吧；我很想学学说谎"（Ⅰ，iv；57）。如果说从这里服饰意象的混乱和裸露刚刚开始，李尔下面的服饰则更为杂乱。当被在暴风雨的夜晚逐出家门时，李尔"头上插满了恶臭的地烟草、牛蒡、毒芹、荨麻、杜鹃和各种蔓生在田亩间的野草"（Ⅳ，iv；196）。他的衣服也同样脏乱不堪。与此同时，几近裸体的爱德伽也加强了此时服饰意象中的混乱。为了逃离爱德蒙等人的追杀，保全性命，他伪装为一个疯子、乞丐，"用污泥涂在脸上，一块毡布裹住我的腰，把满头的头发打了许多乱结，赤身裸体，抵抗着风雨的侵凌"（Ⅱ，iii；100）。当"赤身裸体"的爱德伽和衣不蔽体的李尔在荒野相遇时，舞台上充斥着裸体和衣衫褴褛的意象，李尔的话表明了这一点，"衣不蔽体的人们，无论你们在什么地方，都得忍受着这样的暴风雨的袭击，你们头上没有片瓦遮身，你们的腹中饥肠雷动，你们的衣服千疮百孔，怎么抵挡得了这样的气候呢？"在这里，可怜的爱德伽只是所有"衣不蔽体的不幸的人"的缩影（Ⅲ，iv；144）。在这里，三个不同社会等级的人，国王（李尔）、贵族（爱德伽）和化身为汤姆的普通百姓爱德伽衣着上没有了区别，他们同时出现，服饰原有的象征权力和地位的功能丧失殆尽，服饰意象体现了该剧从有序到无序的深层次结构的变化。

　　然而，当这些"衣不蔽体的可怜的人们""忍受着无情暴风雨的袭击"之时，正是里根、高纳里尔、爱德蒙和康华尔等大肆作乱的时候。尽管他们服饰依旧华丽，尽显富贵，但是这些"伪装"已经难以掩遮他们邪恶的本性，他们丑陋的灵魂裸露无疑。用李尔的话来说，乃是"撕下你们（他们）包藏祸心的伪装，显露你们（他们）罪恶的原形"（Ⅲ，ii；137）。里根和高纳里尔得到权力后背信弃父，为了得到爱德蒙和权力相互投毒；爱德蒙为了得到父亲的财产和权利残害哥哥，和两姐妹勾结加害于自己的父亲，和康华尔串通挖去了葛罗斯特的双眼。这一切都暴露了他们的兽心，他们和一丝不挂的"虫"、"禽兽"没有了任何区别。从而和李尔、爱德伽以及"衣不蔽体的不幸的人们"形成了鲜明的对照。至此，肉体和灵魂的裸露统一到一起，加深了悲剧的意义。

　　李尔接受了暴风雨中裸露的洗礼后看清了善恶，得到了灵魂的救赎，并最终被远道而来的法兰西王妃——自己的小女儿救获，给了他国王和父亲应有的尊严，并且有人"乘他熟睡的时候，已经替他把新衣服穿上去了"。（"李尔卧椅内，众仆舁上"）（Ⅳ，ⅶ；226）当然包括他又一次穿戴了国王应有的服饰，因为奥本尼"把最高的权力归还给他"（Ⅴ，ⅲ；269）。爱德伽在荒野遇到了给父亲导路的老农，老农把自己"最好的衣服拿来给他"（Ⅳ，ⅰ；180），在考狄利娅率领军队战胜了爱德蒙为首的军队后，爱德伽也最终得以脱去"一身疯人的褴褛衣服"重新"披上甲胄"（Ⅴ，ⅲ；252，258），恢复了自己的身份。在法军营帐中，考狄利娅要肯特脱去"悲惨时光中的纪念品"，"换一身好一点的衣服"（Ⅳ，ⅶ；224）。最终，肯特也以真实的身份出现在了李尔面前，并连同爱德伽一起，由奥本尼"恢复了原来的爵位"（Ⅴ，ⅲ；269）。葛罗斯特在被挖去了双眼，流放后得到了老农的救护，并且穿上了农民的衣服："葛罗斯特及爱德伽作农民装束上。"（Ⅳ；ⅵ；202）后来，在他得知原来陪伴自己的一直是自己曾经追讨的儿子爱德伽时，在喜悦和悲伤两种极端的情绪猛烈的冲突之下含笑而死。

至此，以李尔、爱德伽和肯特为代表的人物服饰意象中的混乱被重新恢复，回到了有序的状态，服饰恢复了它本来所标示人物的权力和地位的作用。这种服饰意象从秩序，到混乱，再到有序的变化，是和剧中人物的地位和命运的变化、家庭的分裂、国家的战乱、社会的动荡相一致的。与此同时，悲剧中自然意象的大量出现，将悲剧的意义更加推广到人类和宇宙更大的范围内，使得《李尔王》的悲剧意义更加普遍。它不单是剧中人物自己的悲剧，同时也是家庭的、国家的、社会的，甚至是人类和自然界的悲剧。这一点我们从该剧叙事中一些表层二项对立的因素中也可以看出来。比如莎翁在人物设置时地位高低的对立，男女的对立（如主情节中国王李尔和他的女儿以及次情节中葛罗斯特和他的儿子），真疯和假疯的对立，这些对立统一于该剧最基本的二项对立，即有序和混乱的对立，拓展了该剧的视野，加深了其悲剧意义。

结　　语

从以上对《李尔王》中自然意象和服饰意象的分析中可以看出，这两者中最基本的对立是有序和混乱的对立，它们伴随着自然意象和服饰意象变化的始终，这种变化是和该剧的深层结构的变化相一致的，根据结构主义叙事学的理论，这种二项对立是该剧叙事和表意的起点，同时也规定了该剧的深层结构，结合前文提到的格雷马斯和托多洛夫的结构主义叙事学理论和方法，这种变化可以归结为这一模式：秩序被打乱混乱恢复有序。这也是该剧的深层意义所在。

第二节　《李尔王》双重情节中的二项对立与其叙事结构

《李尔王》在面世之初并没有引起评论界的关注，倒是 1681 年纳胡姆·泰特对该剧的改编版本主宰了舞台近 150 年的时间。① 泰特对该剧的改编和尖刻批评引起了 18 世纪关于该剧"诗学正义"（poetic justice）的激烈争论。其时著名的评论家如塞缪尔·约翰逊认为，从"理性法则"（laws of reason）和诗学正义的角度来看，莎翁的版本是无法令人满意的。② 19 世纪是《李尔王》批评的转变时期，A. W. 斯莱格认为莎士比亚为该剧安排的灾难性的结尾"是正确且有效的"③，这一观点得到了如 S. T. 柯勒律治的支持。另有学者如爱德华·道登认为该剧仍然肯定了"人的美德、忠诚和自我牺牲的爱"（human virtue，fidelity，and self-sacrificial love）。④ 进入 20 世纪后，《李尔王》评论的视角更为丰富，其影响也更为深远。莎剧批评家 A. C. 布拉德利 认为李尔死于欢乐，而非绝望，因为他认为考狄利娅仍然活着。⑤ 这一观点使发端于 19 世纪末关于该剧乐观和悲观的解读争论更为激烈并贯穿 20 世纪始末。O. J. 坎贝尔等人从宗教的角度观照该剧，并认为它包含明显的希望和信仰的信息，因为"李尔最终意识到了神的爱，也反映了上帝拯救人类的意愿"。⑥ 同样以神学视角关照该剧的 S. A. 布鲁克等人则持相反的悲观解读，他们认为《李尔王》反映了一个没有希望的野蛮世界，在这里没有神，没有公正，人

① Laurie Lanzen Harris, et al. ed., *Shakespearean Criticism*, Detroit: Gale Research Company, 1984, p. 87.

② Ibid, pp. 101 – 102.

③ Ibid, p. 89.

④ Ibid, pp. 131 – 133.

⑤ Ibid, p. 291.

⑥ Ibid, pp. 188 – 191.

们在这里以最原始的行为方式行事。①

　　从以上的梳理可以看出，关于《李尔王》有持续了几个世纪的几个争论热点，即"诗学正义"和李尔与考狄利娅之死的确切意义与全剧的关系争论，后者以对该剧的乐观和悲观解读的论辩为代表。这些评论不乏深刻，颇具影响，然而，由于过分强调剧中的某些方面而走向极端，忽略了该剧作为有机整体的意义。正如迈克尔罗伊所言，"对《李尔王》的悲观和乐观解读都不能说明该剧结尾的确切含义"。② 因此，本节以结构主义叙事学的视角来观照该剧，因为结构主义叙事学的特点就在于以动态的眼光来观照文本，关注文本各部分之间的关系。当然，已有学者如米歇尔·奈安从结构主义的视角对该剧进行了简短的分析并认为该剧说明："如果不能区分（fail to differentiate）导致了权利丧失，那么区分又使权利恢复。"③ 安迪·穆斯利以结构主义的视角对该剧进行了分析并认为该剧符合结构主义的悲剧定义，即"（悲剧）是关于人的叙事（narrative of man），通常以男性精英为代表，他让自己与超越其控制与理解力的力量较量"。不过，作者接着指出，"这并不是以结构主义解读该剧的唯一方法"。④ 另外，以纳胡姆·泰特为代表的论者也对该剧的双重情节颇有诟病。泰特将该剧的双重情节斥为"一堆未打磨和串起的珠子"，⑤ 塞缪尔·约翰逊则直指"爱德蒙辅情节的多余"。⑥ 然而，若从结构主义叙事学的视野出发，以主次情节中的二项对立为起点，就会发现，这些二项对立不但使得两条线索紧密交织，形成完整的统一体，还使该剧的悲剧意义更为普遍和深刻；其中最基本的二项对立秩序与混乱还规定了其叙事结构。因为对文学结构主义者而言，二项对立是"表意和叙事的起点"；是"文本结构分析中最为重要的关系"；格雷马斯指出这种"语意对立中的

---

① Laurie Lanzen Harris, et al. ed., *Shakespearean Criticism*, Detroit: Gale Research Company, 1984, p. 149.

② Ibid, p. 91.

③ Ibid, pp. 29 – 32.

④ Andy Mousley, *Renaissance Drama and Contemporary Literary Theory*, Basingstoke/Hampshire: Macmillan Press Ltd.; New York: St. Martin's Press, 2000, p. 42; p. 73.

⑤ Ibid, p. 92.

⑥ Ibid, p. 102.

叙事的起点导致了以同样的对立为特征的情景和行动的对立"①，二项对立的重要意义还体现在格雷马斯的结构概念中："结构是意义的存在方式"②。而二项对立这种基本结构则是文本整体意义的最简单的呈现。③

一　双重情节表层结构中的二项对立

《李尔王》的情节是沿着李尔家庭为主的主线索和以葛罗斯特家庭为主的辅线索发展的。李尔作为一国之君，本来享有国家最高的权力；而葛罗斯特身为伯爵，听命于国王，地位相对也低。这是主次情节中看似命运相似的两位主人公基本的对立，及高地位与低地位的对立。这一点具有十分重要的意义，因为在莎翁的其他三大悲剧中，作为正义的悲剧主人公并未显示出明显的地位差异。《李尔王》通过辅情节的设置，拓宽了悲剧主人公的视野，也带给了我们更强的震撼力。其次，主次情节虽然分别讲述了部分子女的忘恩负义和其他子女的善良与正义的故事，但是在主情节中是国王和自己的三个女儿，而次要情节中是伯爵和自己的两个儿子，这其中孩子男女性别的对立暗示这种针对父亲的恶行的存在以及与之较量的正义的存在不分男女，从而使这种家庭悲剧变得更为完整，也更具普遍意义，也将两个情节紧密地联系在一起。除此之外，李尔的大女儿和二女儿对父亲愚弄和背叛始于她们当面的、口头的使得李尔心花怒放的表白，而爱德蒙对父亲的欺骗则开始于那份以哥哥的笔迹和口吻伪造的书信，在主次情节中口头语与书信均不可信，两者的对立与统一都说明了语言的不可靠性和欺骗性，从而也避免了二者的重复。

然而，该剧双重情节间表层叙事中最主要的二项对立是心理与生理的对立，或曰人的内心冲突与身体折磨的对立与统一。也就是说，主情节主要展现主人公的内心世界，即李尔的心路历程，以他的发疯为代表；而次情节则更突出葛罗斯特的身体折磨，尤其是被挖去双目的痛苦。关于《李尔王》主要是人的心灵创伤和折磨的悲剧这一点，学者们早有论述。

---

① Robert Scholes, *Structuralism in Literature: an introduction*, New Haven; London: Yale University Press, 1974, pp. 102 – 103.

② ［法］A. C. 格雷马斯：《结构语义学》，吴泓渺译，生活·读书·新知三联书店1999年版，第35页。

③ Jonathan Culler, *Structuralist Poetics: Structuralism, Linguistic, and the study of Literature*, Itchaca, N. Y.: Cornell University Press, 1975, p. 92.

莎剧评论家沃尔夫冈·克莱门特曾指出：在该剧的中间部分，即第二幕至第四幕，人的外部行动已经不太重要了，已经退居为剧作的背景……因为莎翁展现给我们的不是外部的，而是一部内部的剧作；重要的不是李尔的行为，而是他的"内在的眼睛"（inner eye）所遭受的、感受的和想象到的。[1] 事实上，从第一幕第四场开始，李尔和大女儿与二女儿之间的冲突主要是通过李尔的下属和随从等人间接地展现出来的，而大量的弄人与李尔的对话则直接揭示了李尔的内心变化和痛苦。他与两个女儿的冲突被简单地描写；当他被迫裁去所有的随从并在风雨交加的夜晚露宿荒郊时，他暴风雨一般爆发的情感被通过大段的对白等放大，其内心遭受的摧残远远胜过了他的肉体之苦；弄人对其原来愚蠢行为的揭露和其内心活动的解剖，以及失去的富丽堂皇的衣衫，无不说明其内心的完全的裸露。与李尔相比，葛罗斯特遭受的主要是肉体之痛。当他设法保护自己的君王时，他的双眼被惨绝人寰地挖去并被在脚下踩烂。即使最后他的大儿子让他得到了心灵的安慰，但是其遭受的肉体之痛已使他性命难保，并最终在黑暗中死去。总之，在主次情节的表层叙事中，心灵之"疯"和肉体的"盲"形成了明显的对照，个体心灵的折磨和肉体的苦痛分别在主次情节中两位父亲身上得到了最充分的展现，同时也说明了个体所遭受心灵和身体的双重巨大痛苦，从而使得主次情节形成完整的统一体。一言以蔽之，《李尔王》主次情节中人物之间地位高与低，男与女，口头语言的欺骗和书面语言的不可信，以及人物内心折磨和身体痛苦的对立，使该剧的双重情节紧密结合，同时也使该剧的悲剧主题更具普遍意义。

　　那么作为统一体的该剧的情节中有没有基本的二项对立？它们又是如何影响该剧的深层结构，规定由两条线索所主导的情节发展，从而决定该剧的叙事模式的呢？

二　情节中深层结构中的二项对立及该剧的叙事结构

　　在剧作开始之"爱的测试"中，李尔拥有至高无上的权力，那是秩序的象征和保证，因为所有的人对他唯命是从，他们的命运可以因他的意志而改变，一切都在他的掌控中。奉承者里根和高纳里尔立刻就得到了他

---

[1]　Michael Ryan，"A Structuralist Reading of King Lear"，*Literary Theory*: *A Practical Introduction*，Oxford（UK）and Massachusetts（USA）: Blackwell Publishers Inc.，1999，p. 200.

的重赏，从此操纵国家大权；而真诚善良、坚持原则的考狄利娅和肯特则遭到被驱逐的命运。尽管事实证明这种"测试"是荒唐的，但此刻李尔作为一个统治者和等级秩序维护者的身份是无可置疑的，他的命令决定着个人、家庭和国家的命运。李尔很快就为自己荒唐的行为付出了代价，他把考狄利娅从自己的身边撵走，误以阴险狡诈的里根和高纳里尔为信，他对肯特的驱逐也表明了它的专横。在这里，虽然李尔的行为是出于自己愚蠢的判断和易怒的傲慢，并非完全的道德堕落，然而他却为那些道德腐化者作恶提供了可能。里根和高纳里尔一旦掌握了权利，便与奸者康华尔和同样六亲不认、犯上作乱的爱德蒙勾结，他们的欲望仿佛一同决堤，开始了惨无人道的争夺权与色的斗争。这种正义力量的隐退和邪恶势力的当权给个人、家庭和国家都带来了毁灭性的灾难。

李尔"因为自己年纪老了，决心摆脱一切事务的牵萦，把责任交卸给年轻力壮之人"，和"为了预防他日的争执"把"政权，领土和国事的重任全部放弃"的决定（Ⅰ，i；9），不能不说是老国王的理智之策。哪怕是幼稚的"爱的表白的测试"也还说明他是在按照自己的计划逐步实现其夙愿。这时的国王是有计划的、理性的，内心也是有秩序的。然而，当里根要裁掉他所有的随从时，李尔认识到了长女和次女的忘恩负义，为此心碎，处于崩溃的边缘："我宁愿让这颗心碎成万片，也不愿流下一滴泪来。啊，傻瓜！我要发疯了"（Ⅱ，iv；125）。随后，他由一国之君沦落为荒郊野外在暴风雨中无家可归的人。这时荒郊的凄凉和猛烈的暴风雨无不象征着李尔凄惨的处境和他内心激烈的思想斗争与心理折磨："在他渺小的一身之内，正在进行着一场比暴风雨的冲突更剧烈的斗争。"这种斗争和折磨使他神经错乱直至最终发疯。然而，正是在暴风雨的洗礼中，李尔人性的光辉开始复苏。他不但看清了大女儿和二女儿的丑恶嘴脸，更看到了风雨中广大"衣不蔽体"的人们的疾苦。这为后来他与考狄利娅的和解打下了基础。体力耗尽、精神错乱的李尔得到了远从法兰西遣兵相助的考狄利娅的救助，其紧绷的神经在安静的睡眠中逐渐得到放松，"我相信他的神经已经安静下来了"（Ⅳ，vi；22），但是疯癫并没有被治愈："还是疯疯癫癫的"（Ⅳ，vi；228）。直到他准备接受考狄利娅为他"预备的毒药"时，却发现后者正在为他的遭遇痛心，在想办法营救自己，他的疯狂才"平静了下去"，直到"神经完全安定下来"（Ⅳ，vi；231，233）。他完全恢复了理智，和考狄利娅的父女关系重新确认并且并肩率军上阵。当他俩同时被俘获时，李尔愿意放弃世俗的拥有，只求与他心爱的三女儿永远待在一起。然而，此刻他单纯的生活希望却永远不能实现了，因为考狄利娅被人缢死了。李尔紧紧地怀抱着作为真情、博爱和正义化身的考狄利娅，永远地离开了我们。但是他的国王权威和作为父亲的地位又得到了恢复，他自己的内心又恢复了原有的理性与秩序。从上面的论述我们不难看出，李尔的内心世界经历了下面这样一个过程：秩序（理性）$\xrightarrow{\text{瓦解}}$混乱（疯狂）$\xrightarrow{\text{恢复}}$秩序（理性），与这一过称相对应，李尔作为父亲和一国之君的身份也发生了如下的变化：国王/父亲$\xrightarrow{\text{下降}}$落荒者$\xrightarrow{\text{恢复}}$国王的权威和父亲的地位。

由此我们清晰地看到，秩序和混乱是李尔这一主人公身上的基本的二项对立，这一对立规定以李尔为主人公的主情节的叙事结构。那么，其他人物的叙事模式是不是符合这一特征呢？

在剧作开始，葛罗斯特过着平静的生活，他的私生子爱德蒙已经在国外九年了，虽然葛罗斯特也曾"不好意思承认他，可是现在习惯了，也就不以为然了"。而且在肯特看来，"能够生下这么一个好儿子来，即使是一时错误，也是可以原谅的"（Ⅰ，ⅰ；7）。另外，他还有自己倍加疼爱的长子爱德伽。然而，在这个看似平静的家庭里，有着一股危险的暗流，即，爱德蒙不愿背负"庶出，贱种，私生子"的恶名，决心要把"合法的嫡子压在他的下面"，以"扬眉吐气"（Ⅰ，ⅰ；33）。于是他模仿哥哥的笔迹伪造了试图谋害父亲以夺取其财产和权利的书信。与李尔极其相信自己的耳朵一样，葛罗斯特坚信自己的眼睛，结果落入了爱德蒙精心设计的陷阱。他开始派遣人捉拿长子。为了逃生，爱德伽化作乞丐潜逃，使爱德蒙有了大肆作恶来实现自己野心的机会，葛罗斯特也便从此一步步迈向苦难的深渊。因为从此开始，葛罗斯特原本平静的个人生活开始走向混乱，家庭也走向分裂。当爱德蒙又一次给哥哥设了陷阱，趁后者不备假装与其搏斗，刺伤了自己的胳膊给父亲看时，葛罗斯特再一次相信了自己的眼睛，且对长子的恨更深，派人在全国范围内捉拿他。爱子的"背叛"让他心碎。然而，这只是他走向黑渊的第一步。他对国王的忠诚使他走到了以里根和高纳里尔为核心的权势圈的反面，后者甚至"剥夺了（我）他使用自己房屋的权利，不允许我（他）给他（指李尔）任何的救济"（Ⅲ，ⅲ；140）。此刻他受着爱子背叛和无力向国王效忠的双重折磨。而爱德蒙则与里根和高纳里尔勾结，兽性与日俱增。但是双目大睁的葛罗斯特看不穿次子的伪善面具，他在次子面前谈论李尔所受的不公并且表示了解救君主的决心，结果被爱德蒙为了得到里根和高纳里尔的信任和任用而出卖，从而"身陷虎穴"。在象征着自己地位和权力的城堡中，他被里根和康华尔当作"叛徒"拔掉了胡须，挖去双眼。他的"一切"都陷入了"黑暗和痛苦"。此刻他终于明白真正的虎穴便在自己的家里，那忘恩负义的残忍的虎便是爱德蒙和其同谋，也明白了自己"是个蠢材，爱德伽是冤枉的了"（III，vii；175）。他一直相信自己的眼睛，结果却双目失明，失去了两个儿子，失去了家，总之失去了自己的道路，所以他只能"一路摸索着到多佛去"，他的心灵和外部世界陷入了无尽的黑暗和混乱。随后他又想一死了之，直到再次遇到爱德伽为止。这个被父亲冤枉了的儿子在父亲最需要他的时候来到了其身边，他并没有透露自己的身份，只是"要把他从绝望的境界中解救出来"。他骗父亲把平坦的地面当成了多佛的悬崖，老父亲摔下去却毫发未伤，从而让父亲相信"这是无所不能的神明在暗中默佑你（他），否则绝不会有这样的奇事"。于是愿意"耐心忍受痛苦，直到等它有一天自己喊出来，那时候再撒手死去"（IV，iv；208），葛罗斯特得到了生的力量和勇气。

也就是在这个时候，葛罗斯特和爱德伽遇到了疯狂的、衣不蔽体的李尔。两位父亲在遭受了人生最大的灾难之后相遇，他们的遭遇象征着原有身份、地位的丧失以及家庭的长幼关系和国家的等级秩序被彻底地打乱。在忠心耿耿的葛罗斯特看来，生命被"毁灭了"，"这一个广大的世界有一天也会像这样零落得只剩一堆残疾"（IV，iv；213）。此时，两位老人的对话揭示了世界的面目："你的头上没有眼睛……可是你却看见了这世界的丑恶。"这无不是对葛罗斯特原来颠倒是非的讽喻和对混乱世界的真实写照。与此同时，我们也能看到老伯爵理性的回归。此刻，除了相信"神明在暗中默佑"之外，还找到了另一点精神依托：寄托于李尔的忠心。他像小孩一样听着李尔的充满哲理的疯话，不断地表示回应。爱德伽不但刺死了想捉拿葛罗斯特的奥斯华德，而且还让这个曾经被从自己的城堡扔出去的父亲有了可居之地："让我把您安顿在一个朋友的地方"（IV，iv；224）。至此，葛罗斯特又获得了"内在的眼睛"（inner eye）：虽然瞎了，却能用内心看清真相和居所。最后他作为父亲的身份也恢复了：他得知自己失明后陪伴和保护自己，"把他从绝望之中拯救出来"的，原来正是自己的长子，而且这个儿子一直爱他。然而，他的心"载不起这样重大的喜悦和悲伤，在这两种极端的情绪猛烈的冲突之下，他含着微笑死了"（V，iii；258）。通过以上的分析可以看出，在剧作中，以眼睛为代表，以秩序和混乱为对立点，葛罗斯特经历这样一个过程：秩序（视力正常）$\xrightarrow{\text{瓦解}}$混乱（瞎子）$\xrightarrow{\text{恢复}}$秩序（没有眼睛却看清真相）。这一结构及其所表征的浅层结构，也即他作为父亲和伯爵的身份也发生了如下的变化：伯爵/父亲$\xrightarrow{\text{下降}}$身份被剥夺$\xrightarrow{\text{恢复}}$伯爵身份和父亲的地位。

　　以上分析了剧作中主次情节中两位父亲的悲剧经历，以及他们身上体现的基本的二项对立所规定的叙事模式。如果说他们的悲剧从本质上来说是由于其自身性格缺陷所造成的，那么，在该剧作中还有另外两组人物，他们分别是正义力量与邪恶力量的代表，这两种力量的崛起和隐退与李尔和葛罗斯特的个人遭遇密不可分，也与两个家庭的悲欢离合，甚至与整个国家的命运紧密相连。

　　一方面，考狄利娅和爱德伽是善良、正义甚至博爱的化身。开始都被各自的父亲宠爱，但是由于两位父亲的愚蠢判断，他俩均失去了自己应有的财产、权力和名分，甚至被父亲斥为忘恩负义之徒而断绝了亲缘关系后逐出家门。但是，他们并没有记仇，而是在父亲最需要的时候站出来保护他们，替他们疗伤，甚至付出鲜血和生命的代价，直到以自己的痛苦和殉难来维护家庭和国家的秩序。与李尔和葛罗斯特的经历相适应，他们经历了这样的过程：（本家/国的）贵族$\xrightarrow{\text{驱逐}}$（本家/国的）被驱逐者$\xrightarrow{\text{回归}}$（本家/国的）贵族/牺牲。

　　另一方面，里根、高纳里尔和爱德蒙是邪恶的代表，他们的伪善从剧作开始就表现出来了，一旦他们撕去了伪善的面装，在权力、财产和色欲的诱惑下，他们的良心和道德日益败坏，动物般冷酷的本质暴露无遗。如奥本尼所说，那是"变化做女人的形状、掩盖（你的）蛇蝎般的真相的魔鬼"（IV，ii；189）。一旦撕去伪装，他们便狼狈为奸，涂炭生灵。这时剧作中出现了大量的动物意象，这些动物意象反衬了他们三人的兽性本质，正如李尔所说，他们是"老虎"，"得势的狗"，而不是儿女。然而，这些邪恶势力终究是要被毁灭的，他们的毁灭来自于相互之间的谋杀（里根和高纳里尔）以及正义力量的重新崛起（爱德蒙倒在了哥哥的剑下），这无不是他们应有的下场。稍有不同的是，爱德蒙对父亲的逆反似乎不无道理，因为在剧作开始父亲因为他是私生子对他有偏见；在临死之际，在哥哥高尚行为的感召之下，他也同意"相互宽恕"，还想"做一件违反（我的）本性的好事"（Ⅴ，ⅲ；263）。试图终止缢死考狄利娅的计划，但为时已晚。而里根，高纳里尔则自始至终体现出伪善和残忍的兽性。简而言之，这三人从撕去伪装的那一刻起，就从衣冠楚楚的"贵族"堕落为残忍的野兽，直到最后自我埋葬或者被正义力量消灭。这一过程可以表示为：贵族$\xrightarrow{\text{堕落}}$兽$\xrightarrow{\text{毁灭}}$死亡。

　　总之，无论是正义方还是邪恶力量，这种血缘关系的断裂和贵族地位的被颠覆，或其自身堕落为"野兽"，以及重建、回归或灭亡是与李尔和葛罗斯特经历的从秩序到混乱，再到秩序的过程一致的，也是他们本人所经历的一个过程（考狄利娅的第二个阶段体现为"缺席"，而邪恶方势力的死亡则为正义的恢复和秩序的回归提供条件），这一过程同样可表示为：秩序$\xrightarrow{\text{瓦解}}$混乱$\xrightarrow{\text{恢复}}$秩序。这也与两个家庭先后经历的从家庭平静、长幼有序，到血缘关系被切断，父女/子分离、不相认的混乱，再到重新相见与和解的过程一致，也即：（父子/女相认、长幼）秩序$\xrightarrow{\text{瓦解}}$混乱$\xrightarrow{\text{恢复}}$秩序（和解/血缘关系的重建）。

　　然而，《李尔王》不仅是一部有关个人、家庭的悲剧，同时也是一部国家的悲剧，其中涉及的大量的自然意象还把读者的视野引向自然界。悲剧发生在宫廷，不同职位人物的行动必然给国家带来重大的影响。除了前面论述的不同人物之外，还有享有公爵身份和作为李尔女婿的邪恶的康华尔之死以及奥本尼对正义的坚守；身为伯爵的肯特的遭遇也体现出了由贵族到被驱逐者，再到恢复本来身份的变化。这些均与国家由和平到战争，再到战争被平息的过程（也即由秩序到混乱再到恢复秩序的过程）一致。从自然界的宏观层面来看，以暴风雨和大量的自然意象为代表，自然界也经历了这一过程，具体表现为：在第一幕里葛罗斯特便预言："最近这一些日食月食果然不是好兆；……接踵而来的天灾人祸，却不能否认是上天对人们施的惩罚。"（Ⅰ，ⅱ；31）从第三幕开始，悲剧在暴风雨中发展，狂风具有颠覆世界一切的力量："（他）叫狂风把大地吹下海里，叫泛滥的波涛吞没了陆地，使万物都变了样子或归于毁灭"（Ⅲ，ⅰ；129）；而那"瀑布一样倾盆的大雨"足以"浸没我们的尖塔"；"思想一样迅速的硫黄的火"足以"烧焦（了我的）白发的头颅"；那"震撼一切的霹雳啊，把这生殖繁密的、饱满的地球击平（了吧），打破造物的模型"（Ⅲ，

ii；133）。与其说这是一场暴风雨，不如说是"打破造物的模型"的神奇自然力，它"使万物都变了样子或归于毁灭"。与此同时，大量的动物意象涌上舞台，与"衣不蔽体的"、"无异于一条虫"的人们一同登场，混淆了人与动物的界限，整个自然界因此而失去了原有的秩序，陷入混乱。直到暴风雨停止，一切归于平静，"天道的车轮（已经）循环过来"（V，iii；263），人、家庭、国家和自然都恢复他们应有的秩序。

结　　语

二项对立是《李尔王》的双重情节中的一个主要特征。其中地位高与低，男与女，言语和书信，以及内部或外部（或曰心理与生理的）对立不但避免了主次情节的简单重复，而且把两者紧密地维系成统一的整体，也使该剧的悲剧意义更为普遍和深刻。此外，从结构主义叙事学的视角出发，该剧情节中最基本的二项对立——秩序与混乱的对立规定了该剧的深层结构和表层结构，即由于维系个人、家庭、国家和自然界的自然关系的瓦解和重建所引起的从有序到混乱，再到恢复秩序的过程，可图示为：秩序$\xrightarrow{被打乱}$混乱$\xrightarrow{恢复}$秩序。然而，这绝不是一个简单的、圆周的轮回，而是从一种存在诸多危险的、盲目乐观的、低级的秩序上升到充满人性关爱、理性光芒，甚至是博爱的更为高级的秩序，是一种螺旋式的上升。这一叙事模式也是该剧的深层结构和主题意义所在。这个过程中存在着正义与邪恶力量的较量和交替上升，直至邪恶的毁灭和正义的复活，当然也包括正义者和高尚者所遭受的苦难，甚至是付出生命的代价，这也正是该悲剧的净化意义和震撼力量所在。

第三节　《李尔王》中的功能对立与该剧的主题结构

主题结构是结构主义者关注的一个重要命题，那么，何为主题和主题结构呢？"结构主义者并不把主题当作单独的研究对象，原因很简单，主题并非某一套特定要素的结果（not the result of a specific set of elements），而是我们用来指称我们能从文本中区分出来，或能使我们成功将各种语码连贯在一起的方式的统一形式（forms of unity）。动作语码的最终结构是主题，我们甚至可以说情节只是主题结构的暂时影射（plot is the temporal projection of thematic structure）。"① 在卡勒看来，主题结构强调的是逻辑发展（logic development）。② "主题结构是贯穿文本命题的主要概念，通常围绕着初始的话题展开。它策略性地以特定社会的知识、感知和信仰的形态为基础把一些更具体的概念维系在一起。它有助于文本连贯，指引着文本使贯穿于故事的相关主题围绕着中心主题展开。"③ 但是，要分析主题结构，得先从功能对立说起。在结构主义叙事学者看来，故事不是由人物，而是由功能决定的。结构主义的先驱普罗普就认为，俄国民间故事中最重要的因素不是"人物"，而是"功能"，即"根据人物在情节过程中的意义而规定的人物的行动"。④ 在普洛普看来，民间故事的特性就是把同样的行为赋予不同的人物，人物只是"承担""功能"，而"功能"则是有限的。后继的结构主义学者继承和发展了结构主义先驱的观点，且认为二项对立的功能规定了叙事的结构。如 A. J. 格雷马斯"认为意指关系开始于二项对立……无论如何，叙事起点中的语义对立导致了以同样的对立为特征的情景和行动的对立"。⑤ 乔纳森·卡勒肯定了格雷马斯等人的方法，认为"二项对立是结构分析中最重要，也是最简单的关系"，且指出，在分析作品情节时，结构主义批评者通常先从探求文本的"功能对立"入手。⑥ 卡勒还认为，"进行情节分析的目的是获得主题结构"。⑦ 于此，本书从分析该剧情节中人物的"功能"对立入手探求其主题结构。

一　《李尔王》中人物的功能对立

结构主义者注重的不是单个的人物，而是人物之间的相互关系。结构主义的"功能"概念便集中体现了这一点。因此，在分析该剧人物功能

---

① 参见 Jonathan Culler, *Structuralist poetics*：*structuralism*，*linguistics*，*and the study of literature*，Ithaca, N. Y. ：Cornell University Press，1975，p. 224。

② Ibid，p. 22.

③ 参见 David Deacon and Michael Pickering, etc. , *Researching Communications*：*A Practical Guide to Methods in Media and Cultural Analysis*，Hodder Arnold，2007，p. 174。

④ 参见［俄］弗拉基米尔·雅可夫列维奇·普洛普《民间故事形态研究》，转引自特伦斯·霍克斯《结构主义和符号学》，瞿铁鹏译，上海译文出版社 1997 年版，第 48 页。

⑤ Jonathan Culler, *Structuralist poetics*：*structuralism*，*linguistics*，*and the study of literature*，Ithaca, N. Y. ：Cornell University Press，1975，p. 92.

⑥ Ibid. .

⑦ Ibid，p. 221.

时，我们将着重于人物之间的相互关系。作为悲剧的主角，《李尔王》中一切人物的行动都直接或间接地与李尔有关。

李尔

在《李尔王》的开始，李尔集大权与荣耀于一身，那是秩序的象征和保证。但因自己年事已高和为了避免日后的纷争，他把"威力、特权和一切君主的尊荣一起给了"高纳里尔和里根及其丈夫，并断绝了和三女儿考狄利娅的父女情缘，等待她们"供养"，使自己沦落为寄人篱下之人。他的长女和次女很快就减少直到解散了他的所有扈从，这时的李尔用弄人的话来说已"简直不是个东西"了。接着，他在一个暴风雨之夜被拒之门外，一国之君沦落成一个衣不蔽体的无家可归者，完全一副乞丐的样子，经受着暴风雨的蹂躏。直到在考狄利娅的营救、呵护和亲情的感召下，李尔从疯狂中复苏过来，重新确认了她和三女儿的父女之情，并且一同率兵上阵和敌人作战。虽然李尔最终死了，但是在肯特和爱德伽及众人"我的主人""陛下、陛下"的呼唤中，他的国王的"威力、特权和尊荣"又得到恢复。从上面的论述可以看出，李尔作为父亲和一国之君的身份发生了变化：从国王和父亲沦落成流浪汉、疯子，最终又恢复了国王和父亲的地位与权威。

葛罗斯特

如李尔极其相信自己的耳朵一样，葛罗斯特仅凭自己的眼睛作判断——轻信了爱德蒙的伪造信和苦肉计而撵走长子爱德伽，后者化作乞丐潜逃，从而使家庭破碎。而他的苦难还远未开始：对李尔的忠诚使他成了里根和高纳里尔为核心的权势圈的眼中钉，受着爱子背叛和无法向国王效忠的双重折磨。而后爱德蒙的出卖使其"身陷虎穴"，被里根和康华尔当作"叛徒"拔掉胡须，挖去双眼。葛罗斯特的"一切"都陷入了"黑暗和痛苦"。长子的逃离和次子的背叛使他作为父亲的身份完全沦丧。与此同时，因为不能给李尔"任何的救济"而失去作为伯爵、忠臣的名分。他想一死了之，直到获得爱德伽的拯救而得到了生的勇气和力量。这里我们也看到老伯爵作为父亲和臣子身份及其理性的回归：他和长子的聚首与相认及对李尔尽忠（他像温顺的小孩一样听着李尔充满哲理的疯话，不断地表示回应）；此外他又获得了"内在的眼睛"（虽然瞎了，却能用内心看清真相）和居所。他虽因心载不起喜悦和悲伤两种极端情绪的冲突而含笑死了，但他的理性和作为父亲及伯爵的身份与地位恢复了。

弄人、肯特、考狄利娅、爱德伽

弄人、肯特、爱德伽和考狄利娅被放在一起分析，一方面是由于他们都忠诚于自己的主人：国王和父亲李尔；另一方面是他们的放逐、疯癫、在场与缺席又展露了李尔的一定本质状态。

在《李尔王》中，弄人是李尔的内在声音，其在场与缺席与李尔的内心的理智状态一致。弄人在"君主不顾尊严，干下了愚蠢的事情"时出场的（Ⅰ，i；17），这象征着李尔的智力逐渐退席。他质询真理，谴责是非颠倒的世界，痛斥李尔是个傻瓜，甚至"简直不是个东西"，完全一副真正的智者模样。而这时的李尔仅仅是自己的影子："李尔：谁能告诉我我是什么人？/弄人：李尔的影子。"（Ⅰ，i；61）

弄人的这一功能也是肯特具备的，只是弄人用言语等揭示和强化李尔内心的恐惧与混乱，教会他思维能力和分辨世界的是非，而肯特则用行动，用利剑效忠自己的主人。他把李尔当作自己的"伟大的恩主"，虽因"直言进谏"被驱逐出境，但是他隐藏了自己的真面目，贴身为李尔效劳，并且最终君臣相认直到最后帮助奥本尼主持大政；同样，被冤枉且断绝了父子/父女关系，被驱逐的爱德伽和考狄利娅对父亲的，同时也是对王权的效忠亦是无条件的，并分别救父亲于危难之际，重塑父女/父子情缘。与父亲的重新相认表明爱德伽和考狄利娅子女身份及原有职位和特权的回归。奥斯卡·詹姆斯·坎贝尔甚至认为考狄利娅没有死，因为李尔意识到生命的气息仍然在她嘴唇上颤动，而她上帝般的慈爱更使得李尔愿意与她一起穿越死亡，走向永恒法官的王座。[1] 据此，考狄利娅最终被赋予了某种神的召唤力。爱德伽还凭着"骑士的身份所给他（我）的特权"杀了爱德蒙，并和肯特一道帮奥本尼"主持大政"。

总之，肯特、爱德伽和考狄利娅的被驱逐和回归的叙事脉络与李尔的叙事模式是一致的，是由放逐和回归的对立功能规定的。而弄人的出场和退席则是对李尔理性退席和回归的讽喻。

高纳里尔、里根、爱德蒙

高纳里尔和里根的性情和行为是如此相似以至于很难作为单个的"人"把她们区分开来。她们和爱德蒙共同卷入追逐名、权、财、欲的漩

---

① 参见 laurie Lanzen Harris, et al. eds. *Shakespearean Criticism*，Detroit：Gale Research Company，1984，p. 191。

涡，呈现出非常相似的叙事模式。

《李尔王》开始，高纳里尔和里根用虚伪的"爱的表白"掩盖了她们奸诈的内心，赢得了国土和权力。但是，"深藏的奸诈会渐渐显出它的原形"（I，i；29）；她们真正地掌权和考狄利娅等被驱逐为"奸诈"开了闸，从食言削减父亲的随从，到风雨之夜将他拒之门外，她们的忘恩负义直接导致了李尔的疯癫。而李尔、爱德伽和肯特被逼到动物境地的时候，正是高纳里尔、里根、爱德蒙的兽性完全暴露之时。这一点不仅被看透她们本性的李尔和爱德伽多次重复——"枭獍般的女儿"（Ⅲ，iv；147），"你们是猛虎，不是女儿"，（Ⅳ，ii；187）而且也有她们自己的言行为佐证（爱德蒙告发自己的父亲后，里根和康华尔挖去了葛罗斯特的双眼）。接下来，姐妹俩在争夺爱德蒙的斗争中兽性更一露无遗：给彼此下毒药毒死了对方，最终自我毁灭。而爱德蒙则派手下杀死了考狄利娅。可见高纳里尔、里根和爱德蒙经历了从人堕落成"兽"，直到走上穷途末路，自我毁灭/被毁灭的过程。这一本性逐步展示的过程也是他们身份变化的过程，以她们权力的膨胀为代表。鉴于此，以三人地位和权力的变化为主要特征，其命运发生了共同的变化：地位较低者上升成为掌权者，最终被毁灭。

奥本尼、康华尔、勃艮地

按常理，身为国王的"贤婿"、"宝冠"的被授予者，奥本尼和康华尔应在李尔卸任后治理国家。然而，无论是前者对国王的忠诚还是后者的阴谋都难以超越其强势妻子的权柄。所以，奥本尼的胆怯和迟缓在国家危难之际就成了渎职和堕落。而当高纳里尔和里根大肆作孽的时候，奥本尼却隐藏了他自己（因为在此期间他一直缺场）。而康华尔则坠入兽性的残忍：用他的手挖去葛罗斯特的眼睛。他的兽行引起了仆人的愤慨并最终倒在仆人的剑下。奥本尼的软弱和无能既未能阻止战争的来临，也未能在战争结束时挽救李尔和考狄利娅的性命；当他准备"把最高的权力归还与他（李尔）"时，也为时已晚。直到国王死后，他才"不能不肩负""不幸的重担"，主持大政。他最后的叹息是不是对自己迟缓行为的反省呢？公爵勃艮地对考狄利娅求婚只是为了李尔"原来已经允许过的那一份嫁奁"，在考狄利娅被驱逐后他便彻底退场，而国家的一切纷争都与他彻底绝缘。简言之，奥本尼渎职，堕落成"隐退者"，而后才出面担当重任，主持大政，这是其身份的堕落与回归；而康华尔则由公爵堕落成叛徒，最终被毁灭；加之勃艮地，表现出公爵的集体堕落。

综上所述，《李尔王》中人物的行动、命运和地位变化体现为两组以二项对立为特征的人物行动，也即功能。可分别概括为：下降和上升，恢复和毁灭。

二　《李尔王》的主题结构

正如前文所言，结构主义叙事学最终关注的是"贯穿命题"的主题结构，是文本的深层叙事模式，而二项对立的功能规定着文本的叙事模式。换言之，文本中的功能对立贯穿于并最终影响着文本的主题结构。那么，《李尔王》中的上述两组二项对立功能是如何影响着该剧的主题结构的呢？这可以通过图1来说明：

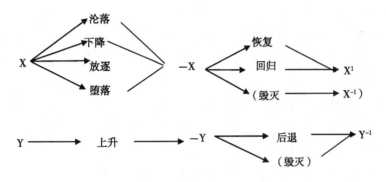

图1　《李尔王》中的二项对立与主题结构示意图

图1中X代表国王或王室贵族，他们下降至更低的，甚至相反或对立地位的 $-X$，然后又恢复到 X^1 或毁灭至 X^{-1}。X 与 $-X$ 对立；$-X$ 与 X^1 对立；X^1 意味着回归到 X 的地位，然而并不是简单的重复，而是升华。Y 是指地位本来较低者，他们上升为对立面，即高地位者 $-Y$，随后被毁灭或者退场，到 Y^{-1}。Y 与 $-Y$ 对立。X 与 Y 对立，Y^{-1} 与 Y 和 X^1 对立，与 X^{-1} 相同。

从以上可以看出，这两组二项对立功能规定了剧中人物的叙事模式和主题结构。但需要着重指出的是，该剧不仅是主人公命运的悲剧，同时也是人类、家庭、国家甚至整个宇宙所经历的浩劫与拯救。具体表现为，首先，当李尔、爱德伽和肯特在暴风雨中衣不蔽体地相聚时，李尔疾呼"人类在草昧的时代，不过是像你（指爱德伽）这样的一个寒碜的赤脚的两脚动物"。（Ⅲ，iv；149）此刻人类堕落/下降到原始的动物境地，与动物为伍，难分高低，这一点也被里根等暴露的"兽性"印证。直到"兽性"退场,李尔看清世间的善恶和人间疾苦,甚至连爱德蒙也想"做一件违反(我)本性的好事"(Ⅴ,iii;263),也即人性的光辉得以复苏,人回归/上升他本应有的状态。这不仅是人类的命运之劫,也是人的心灵苦旅。其次,该剧也是以父女/子关系和婚姻关系为代表的家庭悲剧。考狄利娅和爱德伽的被驱逐和里根、高纳里尔和爱德蒙的诬害,维系亲情和长幼关系被瓦解,使李尔被驱逐出家流落荒郊,葛罗斯特与自己的长子不得相认,两个家庭彻底崩裂(下降到混乱状态),直到父女/父子关系修复,爱德伽和考狄利娅各自重新与自己的父亲相认,家庭关系重新确立(上升为秩序状态)。再次,国家的稳定和秩序的维持依赖于以忠诚为前提的等级制度。在该剧中,主要的辅助者的堕落和反抗者的上升,使忠孝纽带断裂,国家陷入战乱(下降到混乱状态),新的辅助者的出现和反抗者的毁灭使国家又恢复了平静,新国王奥本尼要辅助者帮他"主持大政,培养这已经斫伤的国体"(Ⅴ,iii;271),国家恢复到应有的秩序(上升为秩序状态)。最后,该剧中的自然意象和动物意象,连同服饰意象,将其视野扩展到了宇宙层面,也扩大了该剧的悲剧意义,标示着人物的命运变化,与剧作的主题密切相连。如第三幕和第四幕的暴风雨"打碎造物的模型"、使"万物都变了样子或归于毁灭(下降到混乱状态)"(Ⅲ,iv;133),而剧作结尾时,暴风雨退去,世界又恢复了它的平静与秩序(上升为秩序状态)。总之,这种维系个人、家庭、国家和宇宙秩序纽带的断裂和弥合,使得该剧在更广泛意义上呈现出了从秩序状态毁灭/下降到混乱,然后又恢复/上升到秩序状态的主题结构。这一主题在剧中的字里行间也得到体现,如当弄人看到李尔的长女和次女有违诺言,对李尔不尊时,他意识到原有秩序的颠倒:"马儿颠倒过来给车子拖着走。"(Ⅰ,iv;60)而到了剧末,连逆反的爱德蒙也意识到"天道的车轮已经循环过来了"(Ⅴ,iii;257)。

结　　语

《李尔王》的叙事结构是由人物中二项对立的两对功能:上升和下降及恢复和毁灭所规定的。如果赋予故事中的人物不同的社会角色,就会有不同的表层结构,有不同的故事发生。同时,该剧四个层面,即个人、家庭、国家和宇宙展开的主题结构为:维护个人、家庭、国家和宇宙的原有的等级秩序被打乱,陷入混乱,这种关系纽带的修复使得原有秩序恢复。

然而，这绝非简单重复，而是螺旋式的上升，是去了浮华和不稳定因素升华到新的秩序状态。是人性的更高阶段，是去除了贪婪、保留了亲情和爱的家庭关系，是去了邪恶，保留正义的国家关系，是"打破了造物的模型"而新确立的宇宙关系。这也是这部悲剧的"净化"作用所在。

第四节　《长生殿》中的二项对立功能及其叙事结构

对于《长生殿》的解读长期以来存在两大争论的焦点，其一为"政治主题说"、"爱情主题说"与"双重主题说"之争，其二为作品后半部分，即"马嵬之变"后的部分与大团圆结局乃"多余"和"升华"之辩。这些解读不无道理，但往往由于强调该剧中的某些部分而忽略了该剧的整体艺术美而有显偏颇。因此，本文从结构主义功能的分析入手来寻求该剧整体的叙事结构，因为结构主义的特点之一乃重视文本各部分之间的联系并将其作为一个有机整体。

结构主义者认为"构成任何文化现象（从烹饪到戏剧）的元素都是相互关联着的，即，它们之所以有意义是因为其与同一系统中的其他元素相对照，表现为成对的二项对立"。① 结构主义先驱 R. 雅各布森和列维·施特劳斯均赋予二项对立极其重要的地位。前者认为"人类的行为受一种抽象且正式的原则二项对立的支配"②。后者承认这种结构"制约着人类习俗、人工现象及知识的形成方式"。③ 结构主义的另一先驱，俄国形式主义学者普罗普认为俄国民间故事中最重要的因素不是"人物"，而是"功能"，即"根据人物在情节过程中的意义而规定的人物的行动"。④ 在普洛普看来，民间故事的特性就是把同样的行为赋予不同的人物，人物只

---

① Chris Baldick, *Oxford Concise Dictionary of Literary Terms*, Shanghai Foreign Language Education Press, 2000, p. 214.

② Frank N. Magill, *Critical Survey of Literary Theory* (Vol. 2), Pasadena, California Englewood Cliffs, New Jersey: Salem Press, 1987, p. 627.

③ Raman Selden, *A Reader's Guide to Contemporary Literary Theory*, The University Press of Kentucky, 1986, p. 55.

④ ［俄］弗拉基米尔·雅可夫列维奇·普洛普：《民间故事形态研究》，转引自特伦斯·霍克斯《结构主义和符号学》，瞿铁鹏译，上海译文出版社 1997 年版，第 8 页。

是"承担""功能",而"功能"则是有限的。詹庆生在对《西厢记》的结构主义解读中亦总结了功能的原则主要为:人物功能是故事里固定不变的成分,构成了故事的基本要素;功能有数量上的限制;功能顺序永远不变。① A. J. 格雷马斯"认为意指关系开始于二项对立……无论如何,叙事起点中的语义对立导致了以同样的对立为特征的情景和行动的对立"②。他以此为基础提出了叙事作品中三对二项对立的"行动元",即,主体/客体、发送者/接收者、辅助者/反对者。乔纳森·卡勒肯定了格雷马斯等人的方法,认为"二项对立是结构分析中最重要,也是最简单的关系",且指出,在分析作品结构时,结构主义者常先从探求文本的"功能对立"入手。③ 于此,以下从分析该剧人物的"功能"入手来探求其叙事结构。

一   《长生殿》中人物的功能对立

唐明皇

在该剧开始,唐明皇独掌国家大权,且国家也"整个太平致治"(6)。④ 在这国泰民安之时册封美人杨玉环为贵妃,可谓"江山美人"。然而,唐明皇宽恕安禄山,让他任原职,进而任命他为安阳节度使也为自己留下了祸患。禄山造反,马嵬兵变之后唐明皇也只能仓皇逃命。这时不仅他自己的性命朝不保夕,那些忠诚于他的人也因此受牵连。受护驾军队威胁,唐明皇只能忍痛割爱,赐死爱妃,逃命西川,下降为流亡者,失去了原有的尊荣。流亡途中接受郭从瑾"献饭"时,认识到"寡人晏处深宫",焉知这"带麸连麦,这饭儿如何入嗓",由此认识到"今日之祸"起于"国忠挑衅,禄山谋反",开始念先忠臣之恩,将"春彩,分给将士,以为盘缠"。这说明唐明皇由最高执权者坠落到社会的最底层,了解了那里的人的疾苦。唐明皇对往日奢靡生活和疏于朝政的悔恨和自责,对贵妃的真切怀念也是在洗涤自己的罪孽并最终感动了上天,在安史之乱平定之后,他得以重返旧都,并且最终于仙人的帮助下在月宫与贵妃重圆,

---

① 詹庆生:《〈西厢记〉的结构主义解读》,《中国比较文学》2003 年第 2 期,第 93 页。

② Jonathan Culler, *Structuralist poetics: structuralism, linguistics, and the study of literature*, Ithaca, N. Y.: Cornell University Press, 1975, p. 92.

③ Ibid. .

④ 文中《长生殿》的引文均出自 [清] 洪昇《长生殿》,杨宪益、戴乃迭译,外文出版社2001 年版,以下引文只标页码,不另作说明。

不但其在尘世皇帝的身份得以恢复，且其在天国"孔升真人"的身份也得以复归：因为其"原是孔升真人，今夜八月十五数合飞身"（514）。简言之，唐明皇的身份变化可以概括为：由帝王坠落成为流亡者，随后又恢复帝王的名分；或曰由"孔升真人"下降至人间，然后又"飞升"月宫，恢复仙人的地位。

杨贵妃

作为李杨爱情的主角，杨贵妃的命运起伏完全维系在唐明皇身上。在该剧开始，杨玉环由于"德性温和，丰姿秀丽"，被皇上"册为贵妃"（6），随后两人共浴于华清池，并在花前月下互送金钗、钿盒把情定终身，玉环集万千宠爱于一身。此后虽有嫉妒三位夫人而被逐出宫之插曲，但杨通过"献发""制谱"和"舞盘"更加深了两人的情感，直到七夕密誓，两人"情重恩深，愿世世生生，共为夫妇，永不相离"（226）。怎料此时渔阳兵变，杨玉环"舍妾之身，以保宗社"（252），沦落为地下鬼。也正是在阴间的痛苦、懊悔和愤恨中，玉环开始"发心至诚"地"低头细省"，认识到了自己"重重罪孽"。尽管她并非直接地导致国家的灾难，但如在《进果》一出中所示，她们的奢靡生活的确殃及劳苦大众。所谓"这一悔能叫万孽清"，玉帝、织女和众仙人们被她的悔意和她与唐明皇对彼此的深切思念所感动，在道士杨通幽、土地神和众仙的帮助下，她的仙女的地位得以恢复，并且在月宫与唐明皇重聚，继续夫妻情缘。而不同阶层的人对她的评价也标志着她在尘世的贵妃身份的恢复：除了皇上反复指出这场国家的浩劫本不应该归罪于她之外；雷海青直接把矛头指向安禄山；郭从瑾则认为是杨国忠做的孽；李谟认为应该"休只埋怨贵妃娘娘，当日只为误任边将"（392）。另外，如若考虑贵妃原本蓬莱仙子的身份，可以看到也经历了下降至凡间，然后又恢复到蓬莱仙班的过程。

安禄山

安禄山在节度使张守珪帐下投军，本应因恃勇轻进，大败逃回而斩首，却贿赂权贵杨国忠，不但免于一死，而且被圣上"加封王爵"，由一名战犯攀升为"王爵"。后又因与杨国忠"互相讦奏"，被命为范阳节度使。因长期以来对杨国忠的嫉恨和蓄谋已久的野心，他庆幸自己终于飞出了牢笼并伺机反抗。他蓄谋已久，最终在马嵬捕获皇帝的军队，并很快占领了都城，宣布自己为皇帝，上升为国家的最高统治者。但安禄山地位上升的过程也是其奸诈的面目和残忍本性逐渐展示或被揭露的过程，他的军队"逢城攻打逢人剁，尸横遍野血流河，烧家劫舍抢娇娥"（231）。其实郭子仪早就看透了他的本性只不过是一只"野狼"，而引狼入室的则是"妖狐"。后来多人对他的评价也证明了这点。然而，具有讽刺意味的是，他刚刚爬到最高地位，还没来得及享受，就被他"视为儿子一般看待"的李猪儿杀害了。他不忠于自己的主人并把他赶下王位，自己最终又死在了儿子的手下。他的上升与毁灭代表了国家正义力量的缺失和回归。

杨国忠和陈元礼等

杨国忠身居要职，却玩忽职守，其在本质上"堕落"：他依仗权势，独揽朝权、贪赃枉法、卖官鬻爵，从一定意义上讲，正是"杨国忠弄权，激成变乱"，也为人民带来了莫大的疾苦。他由丞相堕落成了"贼臣"，并最终死于一个士卒的剑下。因此，在该剧中，杨国忠主要经历了从堕落到被毁灭的过程。

右龙武将军陈元礼本奉命"统领禁军扈驾"，其军杀死了与"吐蕃私通"的杨国忠，被皇上赦免了"擅杀之罪"，而且"兵威不向逆寇加，逼奴（贵妃）自杀"，"生逼散恩恩爱爱、疼疼热热帝王夫妇"（392）。陈元礼在危急关头未能尽到自己的职责甚至背叛皇上，把矛头指向自己本应效忠的对象唐明皇和他的家眷，是作为臣子堕落的表现。他的堕落与缺席（退场）也表现了此刻国家正义力量的削弱和缺席。这一功能通过范阳镇四路将官何千年、崔乾祐、高秀岩和史思明得到加强，他们从叛变到退场是与安禄山的人物叙事相一致的。

郭子仪

郭子仪还未得一官半职时，但见"杨国忠且弄权威，安禄山滥膺宠眷，把一个朝纲弄得不成模样了"（88），便决心替朝廷出力。后有幸被授为天德军使，地位上升，得到了用武之地："虽则官卑职小，但愿从此报效朝廷！"（98）安禄山造反之后，被"特拜朔方节度使，领兵讨贼"且大获全胜，得以尽忠报国。在安禄山遇刺，其儿子庆绪奔逃之后，又收复都城，"招致旧臣，共图更始"直到"上皇西返，大驾东回"。可谓"双手重扶唐社稷，一肩独荷李乾坤"（352）。郭子仪地位的上升标志着作为辅助者力量的回归，是对安禄山和史思明等反对者的抗衡。在反叛者退场或毁灭时，他虽也退场，但此时原有的国家秩序已随着唐明皇的回归和安禄山的毁灭而恢复。

除了这些主要人物外，《长生殿》中还有大量的次要人物，他们的行动也呈现出类似的特征。比如安史之乱后"七零八落，各自奔逃"的内苑伶工李龟年和李谟，"一个乐工，思量着做起忠臣"的雷海清，"献饭扶风野老郭从谨"等，还有牛郎织女、嫦娥，以及道士杨通幽和其他神仙，他们的逃亡和处境，出场和退场加深了李隆基悲剧主人公的意蕴，也与前面所分析的人物的功能有颇多相似之处。

综上所述，《长生殿》中的主要人物的功能可归纳为下降与（沦落/堕落）上升、恢复和毁灭（缺席/退场）。那么，他们又是怎么样规定该剧的叙事结构的呢？

二　《长生殿》的叙事结构

《长生殿》是一部将李杨爱情和国家的危亡紧密结合的戏剧，李杨的命运与国家的兴衰密不可分。因此，作为爱情和婚姻家庭主角的李杨二人，既互为"主体"与"客体"，又为"发送者"与"接受者"，同时，一国之君的唐明皇是治国的"主体"，而大唐江山又是"客体"。安禄山的叛变不但直接葬送了李杨二人的爱情，同时也是大唐危乱和衰亡的始作俑者，可被当作"反对者"。而杨国忠、陈元礼、何千年、崔乾祐、高秀岩和史思明等人本是大唐江山的"辅助者"，杨国忠"弄权""激成叛乱"，而后几位辅助大将也在危急关头"兵威不向逆寇加"而把矛头指向了明皇和皇妃，堕落成"逆贼"。这样，真正的辅助者的角色就全部落在了郭子仪的身上。

简言之，该剧中人物功能和叙事模式可以归纳为图2：

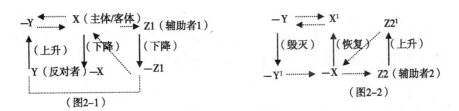

图2　《长生殿》中人物功能和叙事模式简图

图2-1和图2-2中实线箭头代表主/客体，反对者和辅助者自身的变化过程，虚线箭头表示主/客体，反对者和辅助者之间的相互作用。X代表主体和客体，-X表示主体下降（地位）或堕落（本质）至与其相反的较低的地位；X^1表示主体和客体的恢复或回归；Y代表以安禄山为代

表的反抗者，他上升到与其原有地位和本质相反的状态即 $-Y$，随之被毁灭到 $-Y^1$。Z1 代表杨国忠、陈元礼、何千年、崔乾祐、高秀岩和史思明等辅助者，他们实则"弄权""激成叛乱"或堕落为"逆贼"，也即与其原有地位、本质和作用相反的状态 $-Z1$，成为事实上的反对者，并作为发送者作用于主体和客体，是主体除了自身性格缺陷外，堕落的直接原因。主客体的恢复除了自身的"反省"外，还有赖于新的辅助者（以郭子仪为代表）Z2 的出现和地位的上升。

于此，该剧的叙事结构可以归纳为主体和客体的下降与恢复，即：主体从原有的较高地位下降到低的地位，然后又恢复到原有的地位。这一变化的原因除了主体自身的性格缺陷等外，主要是由于原有的辅助者（以杨国忠为代表）下降（堕落和渎职）和反抗者的上升所造成的。与此同时，主体地位的变化必然造成客体（李杨爱情和婚姻，以及整个国家）也发生相应的变化，即原有的秩序状态沦为混乱状态，然后又恢复到原有的秩序状态；而主体和客体的恢复除了主体自身的进步外，也要依靠新的辅助者（以郭子仪为代表）的出现和上升：在该剧中，李隆基恢复其王者地位的辅助者主要是郭子仪，而李杨得以恢复仙人地位并在月宫重新团圆的辅助者则为众神仙。

结构主义者卡勒认为，"情节只是主题结构暂时的影射"、"进行情节分析的目的是为了获得主题结构"。① 该剧不仅是以李杨为代表的个人的悲剧，也是以二者为代表的家庭悲剧，还是国家由兴旺到动乱、衰败和稳定的叙事。同时，该剧大量的自然意象和叙事场景从尘世到阴间再过渡到天堂的过程还将该剧的视野拓展到了宇宙的层面，而这三者在中国文化中分别代表了秩序、混乱、高度的秩序与和谐三个不同境况，说明该剧中涉及的宇宙也经历了和个人、家庭、国家同样的叙事过程。

结　语

《长生殿》中的两组二项对立，上升和下降以及恢复和毁灭规定了该剧的叙事结构：主体和客体的下降与恢复。下降是由主体自身和原有辅助者的堕落以及反抗者的上升造成的，而恢复的过程则始于主体的反省，以

---

① Jonathan Culler, *Structuralist poetics: structuralism, linguistics, and the study of literature*, Ithaca, N. Y. : Cornell University Press, 1975, p. 54.

及新的辅助者的上升和反抗者的毁灭。同时，该剧展开的四个层面，即个人、家庭、国家和宇宙始终处于和谐统一的状态，因此经历了共同的兴衰历程：由秩序堕落到混乱的窘境再恢复到更高的秩序与和谐的状态，这也是该剧的主题结构所在。需要指出的是，主体和客体的回归和恢复并不是简单的对原有状态的重复，而是剔除了邪恶、不稳定因素和杂质，达到善良、正义和和谐的"净化"过程，是螺旋式的上升过程。这也是该剧的主题意义和其作为悲剧的"净化"意义和审美意义所在。这一分析不但可以使我们窥见关于该剧"爱情主题说"、"政治主题说"和"双重主题说"等的局限性，以及对该剧"马嵬之变"后面部分和大团圆结局质疑的释怀，而且也让我们清晰地看到洪昇"天人合一"的更广泛意义，即个人、家庭、国家和宇宙的息息相关，以及其更广阔的人文关怀和叙事视野，而这些正是该剧恒久的艺术魅力所在。

第五节　水仙之舞的象似性：通向自我身份认同之路

"引领我们朝向我们自身和让我们全神贯注于内心的成长"及"发现自我"被看作浪漫主义时期"伟大诗篇的一个坚定不移的目标"[①]。而华兹华斯更是在诗歌中寻求"一个统一的、独特的、不朽的、能够进行创始活动的，总之，能把自身当作自我的自我"[②]。华兹华斯的代表诗篇《咏水仙》被视为代表其浪漫主义诗学观的经典之作，论者们也多把水仙这一意象视为自然的代表，探求华兹华斯投身自然，与自然融为一体并最终获得心灵静谧的历程。这些解读不但抓住了该诗的中心意象"水仙"，而且也契合了华兹华斯自己的诗歌理论，容易令人信服。不过笔者认为，该诗中与水仙同样重要，贯穿于全诗，且构架了全诗的结构和意义的还有另一意象"舞蹈"，两者紧密结合。而且寻着水仙的舞步，结合该诗创作时期的英国历史语境，我们发现的不只是诗歌中孤独的"我"所获得的心灵静谧，而是迷失了的自我最终走向自我身份认同。

---

① Stuart Curran, "Romantic poetry: why and wherefore". *British Romanticism*, Shanghai Foreign Language Education Press, 2001, p. 217.

② Anne K. Mellor, *Romanticism and Gender*, New York: Routledge, 1993, p. 145.

一　偶遇：迷失的自我和水仙无心之舞

在诗的开始，"我独自漫游，像山谷上空/悠悠飘过的一朵云霓"（I wondered lonely as a cloud/That floats on high o'er vales and hills）。① 事实上，我们很少见到"一片云"（a cloud）在天空独自飘荡，英语语言的使用习惯中也很少用冠词"a"直接修饰"cloud"，诗人这样的用词除了强调自己的孤独，更暗示自己的离群、找不到归宿、迷失。因为动词"漫游"（wondered）一词除了表示"漫无目的地游走"之外，也指人"离群"及思想的"居无定所"和"支离破碎"②。也即，诗歌中的"我"找不到归宿和精神栖息地，迷失了自我。这一境地通过第二行的"漂流"（floats）得以强化。该诗创作于 1804 年，这之前诗人经历了 8 岁丧母、13 岁丧父之痛，虽在 20 岁时奔赴法国体验了法国大革命的欣喜，但革命的失败使他的情绪一落千丈，同以前万丈革命激情形成了鲜明的对比，而且逐渐对一些激进的革命活动也不再那么热情。1792 年回国之后也一直处在贫困中，随后继承了一笔遗产，暂时缓解了他和妹妹的生活危机并搬回湖区居住，并于 1798 年至 1808 年的十年里在那里写下了他最好的诗篇，但此时的他并非不问世事，只是他思考的问题更具抽象性和普遍性，且常在诗歌中非常微妙地显露自己对时政的关注：他"避免明确地表达对政治和社会的评论，而是有意将其隐藏在浪漫主义的自我呈现中，事实上，他不明确地提及社会政治问题正好表明了他对这些问题的关心"。③ 而此时的英国已进入第一次工业革命后期，变成了"世界工厂"，这给英国带来物质繁荣的同时也带来了其被普遍认同的副产品：去人性化、人的异化和身份的丧失。人成了德·拉美特利眼中的机器，它们的行为只是去面对既定的规律和法则，人没有所谓的不朽或曰精神部分的存在。④ 所以，"浪漫主

---

① 文中《咏水仙》一诗的中文引文均出自威廉·华兹华斯著，《湖畔诗魂——华兹华斯诗选》，杨德豫选译，人民文学出版社 1990 年版，第 112—113 页；英文引文出自刁克利编著《英国文学经典选读》，外语教学与研究出版社 2008 年版，第 22 页；故在文中再不作说明。

② *Shorter Oxford English Dictionary*, Shanghai Foreign Language Education Press, 2002, pp. 3575 –3576.

③ Sharon Ruston, *Romanticism*, Shanhai Foreign Language Education Press, 2009, p. 118.

④ Julien Offroy de la Mettrie, *Machine Man and Other Writings*, Trans. Ann Thompson（ed.）, Cambridge：Cambridge University Press, 1996, pp. 4 – 5.

义对工业革命的态度可以被看成是对冒着浓烟的烟囱和嘈杂的工厂的审美厌恶"。① 从政治角度看，这时的"驯化和专制模式使人沦为人的破坏者"②。事实上，人的自我身份的丧失与探寻并不是一个新话题，早在18世纪初丹尼尔·笛福的小说《鲁滨逊漂流记》就展现了诸如"对创造世界和自我身份这些基本问题的思考"并且"提出了一个重要的身份问题：我们的根源何在?"③ 而盛行于18世纪末19世纪初的"浪漫主义表现了自我与社会的分裂，且通常是自我内部（身体与灵魂）的分裂……"④ 哈特曼亦要求论者去理解英国浪漫主义中"成问题的自我意识"和"分裂的自我"。⑤ 浪漫主义诗人济慈更是把自己看成"'变色龙诗人'，这是种没有自我，不能独自存在，没有归属的不完整的人，具有许多种不同颜色，但没有自己的身份"。⑥ 可见，对分裂、异化的自我和自我身份的关注是浪漫主义者的创作主题之一。而且应该指出的是，我们没理由完全把诗中的"我"当成诗人自己，相反，诗中的"我"是投射了诗人自己情感和身份的独立个体。因为"同情他人，并想象自己正身处他人的地位和境况是这一时期（浪漫主义时期——笔者注）的诗人最为人称赞的能力之一"。⑦ 而浪漫主义者推崇的想象的社会功能"能让我们彼此同情且把自己当作他人"⑧。华兹华斯自己也直言："……诗人希望使自己的情感靠近他所描写的那些人的情感。"⑨ 所以，该诗中的"我"正是那些离群的、找不到身心归属，被工业革命后期嘈杂的机器和纷扰的社会现实所异化的、迷失的个体。他们脱离了本应扎根的土壤，像一朵孤云独自在天际流浪。"我"高高地飘荡在山谷之上，既远离了赖以生存和生根发芽的大

---

①　P. M. S. Dawson，"Poetry in an age of revolution"，*British Romanticism*，Shanghai Foreign Language Education Press，2001，p. 67.

②　William Godwin，*Caleb Williams*，Oxford：Oxford University Press，1982，p. 1.

③　常耀信：《英国文学简史》，南开大学出版社2006年版，第146页。

④　David Simpson，"Romanticism，criticism and theory"，*British Romanticism*，Shanghai Foreign Language Education Press，2001，p. 9.

⑤　Geoffrey Hartman，"Romanticism and Anti-*self Consciousness*"，*Beyond Formalism*：*Literary Essays*，1958 – 1970，New Haven and London：Yale University Press，1970，p. 300，p. 303.

⑥　Sharon Ruston，*Romanticism*，Shanghai Foreign Language Education Press，2009，p. 66.

⑦　Ibid. .

⑧　Ibid，p. 107.

⑨　刁克利编著：《英国文学经典选读》（下），外语教学与研究出版社2008年版，第14页。

地，没了根基，又在广袤的天空离散了别的云朵独自游荡，没了维系自己
归属感和身份的一丝一线。这时广袤的天空对他来说是陌生的，下面的山
谷对他来说也是遥远的。这一比喻在点明了"我"在这陌生和疏离的环境
中的孤独和迷失的同时，也以鸟瞰的视角为下面的描写做了准备。

　　"蓦然举目，我望见一丛/金黄的水仙，缤纷茂密"（When all at once
I saw a crowd/a host of golden daffodils）；这时的"我望见"只是突然间的
无意之举。诗人对"一丛"（a crowd，a host）这一词的重复除了强调水
仙花之多外，有心的读者亦不难发现其重要的弦外之音："crowd"最常用
的意思是"人群"，作动词常用意为"聚集；充塞"，这无不让人想到嘈
杂纷扰的第一次工业革命后期的英国社会现实；那个仿佛只有"我"在
远离它，鸟瞰它才能看得更清楚的现实；那个机器的轰鸣对抗着湖畔的宁
静的社会；诗人在这一对抗中选择了后者。另外，"host"常用意为"主
人"，"golden"也不难让人想到黄金，所以，在这样的社会，仿佛"金光
闪闪"才是它的主色调，就像当"我"无意间鸟瞰这群山跌宕、绿树碧
波的大自然时，唯独这片金水仙最吸引我的眼睛。对此不难理解的另外一
个原因是"正随风摇曳，舞姿潇洒"　（Fluttering and dancing in the
breeze）。也即，在"我"那一刻目之所及中，只有他们在舞动。这是怎
样的舞蹈呢？是被动的、不由自主的无心之为，因为虽然"摇曳"（flut-
tering）和"舞动"（dancing）这种拟人化仿佛赋予了水仙花以生命，但
是"风"（in the breeze）紧接着就背叛了水仙花的这种灵性，因为我们不
得不相信是风吹花动而非花自起舞。所以，从该诗第一节里"水仙"与
"舞蹈"这两个意象的第一次联姻，我们看到的是一场无心之舞。"我"
是迷失于天地间的一朵孤云，一个孤独离群的游荡者，不知自己归属何
在。曾经赖以扎根的大地离"我"遥远而陌生，疏离而嘈杂；而那片喧
闹（crowd 的言外之意）而耀眼的水仙，也只是随风无心地摇曳。"我"
仍然是那个迷失自我身份的个人，它们也是随风飘动的它们，两者只是
"隔着三万英尺"的偶遇，只因"我"在迷失中那不经意的一瞥。

二　相惜：觉醒的自我与水仙自发之舞

　　水仙无意之舞引起了我的联想，因为它明亮的色彩和漫不经心之舞是
我在孤独、迷失之际初次吸引我的景象。第二节中对水仙的描写可以分为
三个层次，分别代表了我的三种心态。第一，"连绵密布，似繁星万点/

在银河上下闪烁明灭"，诗人把水仙比喻成银河的星星，除了两者所有的密集和晶莹共性之外，还有其更深层次的含义，即通过从空间上提升水仙的高度——从地上提升到自己所在的天上——来拉近在天空飘荡的我与水仙（星星）之间的距离，让其与自己属于同一空间。也许这只是离群的我在潜意识中的一种寻求归属的自觉反应。第二，我的这种幻想很快被现实戳穿，因为"这一片水仙，沿着湖湾"（Along the margin of a bay）。也即，它们毕竟还在离自己千里之下的大地之上。这种高低间的对照无疑凸显了我在寻根，在追寻自我根基过程中的窘境和迷失的挫败感。不过，我并没有沉迷于这种挫败感中，首先因为这片水仙"排成延续无尽的行列"（They stretched in never-ending line）。也即，在水仙无穷延伸至天地相交之处，可能便是我与水仙花会合之处，也便是我不再无目的地游荡，开始找到陪伴之际。其次还因为，也是第二节中我的第三种状态，我与水仙花之间的距离拉近了，具体表现在诗人对水仙花数量和其舞姿的描写当中："一眼便瞥见万朵千株，摇颤着花冠，轻盈飘舞。"（Ten thousand saw I at a glance/Tossing their heads in sprightly dance）这里"千朵万朵"（Ten thousand）虽仍表示大量和许多这一不定量概念，但与第一节里描写水仙花数量的词"一片"（a crowd, a host）相比仍是更为确切的数字概念。另外，这里还用了两个表示"看"的词（saw at a glance），与第一节的"saw"相比，这种语意的重复亦强调了我发出看这一动作的主动性，这一点也在对水仙花和其舞姿的描写中得到印证："摇颤着花冠"表明我对水仙花的观察更加具体（具体到其一部分"首"），而且还注意到了其舞姿所散发的神态——"sprightly dance"。"Sprightly"一词的词根为"spright"，意为"精神，勇气，喝彩"，其形容词"sprightly"尤用来指人"充满活力和生机"。[①] 与第一节我第一眼看到水仙不同，此处当我有意再看水仙时，虽然它们还是那些花，但已少了第一节里的那种拥挤与喧闹以及耀眼的金色（第一节用了"金色水仙"，以后各节只用"它们"或"水仙"来指代，意味着诗人有意弱化或不再强调水仙大片簇拥之态和其耀眼的颜色）。它们不再随风被动地摆动，而是随心自发地点头起舞，跳起充满活力和生机的舞蹈。之所以这样，除了拟人化的手法——摇首

①　*Shorter Oxford English Dictionary*, Shanghai Foreign Language Education Press, 2002, p. 2977.

（tossing their heads）赋予水仙以生命，而且还因为我和水仙花不再是两个世界里（天上和地上）互无往来的离散的族群，水仙花不但在无尽的延伸中和我靠近，而且彼此相惜：我看向水仙花时，她们（不再是它们）以点头和充满生机的舞蹈回应我。从全诗来看，这种交流是两者首次的自发行为，预示着我在迷失中发现充满活力的水仙花之舞后被唤醒的主体意识——我自发地和他者交流并且得到其回应。这种自我意识引导我进一步地发现自我，寻找迷失的自我身份。

三　相伴相知：找到归宿的自我与水仙之启蒙之舞

　　水仙对我的热情回应和我与她们的相惜不由使我对她们进行仔细观察，这种细察从水仙本身延展到其周围的环境：湖面。"湖面的涟漪也迎风起舞／水仙的欢悦却胜似涟漪"（The waves beside them danced；but they／out-did the sparkling waves in glee）；细心的读者已经注意到，作者对水仙之舞描写已从"sprightly"过渡到"sparkling …in glee"（虽然"spar-kling 一词直接用来修饰"waves"，但是水仙之舞胜于迎风起舞的涟漪，这一比较显然将"sparkling"这种特质赋予水仙，且有"青出于蓝而胜于蓝"之意）。"Sparkle"亦有"目光中闪现的光辉"和"活力和才智焕发之意",① 这不但与第二节中把湖畔的水仙比作银河中眨着眼睛的星星有异曲同工之妙，或者说是对其的呼应，更是一种递进：从水仙对我的点头回应到"目光的对视"（gaze）并从其中获得智慧的启迪，或者说第二节中描写的水仙的精神和活力（spright）开始了对我的启蒙（sparkle）。诗人在该节的最后两行对这一点进行了直接的描述。这种回应和交流最直接的作用就是使我摆脱孤独与迷失，找到了愉快的伴侣和归属："有了这样愉快的伴侣／诗人怎能不心旷神怡！"这是迷失了的我在寻找自我和自我身份认同中取得的阶段性成果，也即找到自我归宿，不再是被疏远和间离的孤独的异族。

　　但找到归宿的我并没有就此罢休，而是开始完全自我身份确认的内省过程："我凝望多时——却未曾想到／这美景给了我怎样的珍宝。"首先"凝望"（gazed and gazed）和第二节中的"一眼瞥见"（saw at a glance）

---

① *Shorter Oxford English Dictionary*，Shanghai Foreign Language Education Press，2002，p. 2940.

都通过对"看"这一语意的重复来表明我此刻较强的观看的主观意图，但"凝望"更是对前者的超越。其一，表明我观察、探寻和揣测水仙花的意图更强烈，试图进一步地深入其充满精神和活力的内在，也预示这时的我从观察外部世界走向自我观察；其二，暗示两者间距离更靠近。这在第三节的最后一句中得到印证："这美景给了我怎样的珍宝。"（What wealth the show to me had brought）水仙之舞已不再是"摇颤着花冠"的简单回应，更不是"随风摇曳"的无意识，而是一场精心安排的、为她们的观众——我——精心上演的，意图打动和启发我的一场"表演"（the show）。这种"自然世界中明显的设计的证据"在 19 世纪初的自然神学中不难发现。① 而我也似乎隐约地感受到了这"美景"，这表演（the show）中所含的某种神性的暗示带给我的享受和思索。我亦直到这里才明白这一点：诗人通过把水仙和水仙之舞比喻成"快乐的旅伴"和"表演"亦赋予其更多的主体意识，这正是我从水仙之舞中获得的，正如水仙为了陪伴和启迪我而激发了自己的主体意识那样。通过反问自己这表演带给我的财富是什么，找到归宿的我也开始了追寻自我身份认同的内省阶段。

四　归一：自我认同与合体舞

因为是内省，所以需要宁静，需要一双向内探寻的眼睛，而这一切，诗人都从追忆那场撩动心弦的水仙之舞中获得。"从此，每当我依榻而卧/或情怀抑郁，或心境茫然"（For oft, when on my couch I lie/ In vacant or in pensive mood），"依榻而卧"与第一节像孤云般独自游荡形成强烈对照，体现出找到归宿——家——后的安逸之态。表面看我又回到了一种孤独空漠的境地，但这绝非第一节中那种找不到归宿感的孤独与迷失，而正是我在静默时的一种回忆和深省。这种"空虚，空缺"（vacant）正需要通过"沉思"（pensive）中得到的积淀来取代和填补，正表明了我退去或腾空心中的浮躁，脱离社会的嘈杂和人世间的浮世绘，以便以新的思想和精神来填充自我的心境。而这一过程也是与我对水仙的观察相一致的：从第二节开始便褪去第一节中的拥挤嘈杂（crowd）和弱化（或不提）"金

---

① Sharon Ruston, *Romanticism*, Shanghai Foreign Language Education Press, 2009, p. 23. 参见 William Paley, *Natural Theology*. London: Faulder, 1802, p. 1。

色"（golden），转而强调其如前所述的饱含智慧的眼睛，这种智慧之眼在随后一节里直接照耀我的心灵："水仙呵，便在心目中闪烁"（They flash upon that inward eye）。"inward eye"指我的内心，而这里的指示代词"that"颇耐人寻味：我在指称自己的心灵时用了表示一定距离（间离）和他者感的代词"那个"（that 而非 this 或 my），表明自己曾经被间离的、疏远的和异化的内心事实，也暗示了曾经自我身份的迷失。而引导我找到自己的心灵，回归自我的那一束光（flash 一词所暗示的），正是曾经回应过我，和我相互凝视过的那双眼睛，那也正是一双"向内的眼睛"（inward eye）。所以与其说这里"inward eye"只指诗人的内心，不如说更是对水仙花的升华。从水仙之舞中我们看到了类似于柯勒律治《风瑟》（"The Eolian Harp"）中的"智慧之风"（intellectual breeze）的神性和达尔文"植物爱的激情"（vegetalble passion of love）中的爱与灵性。① 正是这富有神性和灵性的水仙之舞，这双向内的眼睛代替了我的只关注外部世界，被外部纷扰繁杂的现实所吸引的朝外看的眼睛（outward eye，这是我们大多数人利用眼睛的方式），引领我走向自己的内心真实。换言之，那双向内的眼睛——水仙花——也便成了作者的心灵，或者说，这是"人心与'外部世界'结合，'外部世界'与人心结合"。② 也即，两者在此归一，达到孤独中的极喜（bliss of solitude）。这亦是全诗中描写的两种矛盾的情感在此达到的平衡与统一：在诗歌的开始让我痛苦的孤独和至此的享受孤独，以及"孤独"与"极喜"这两种矛盾情感的统一。这无不让人想起时下一句经典流行语"孤独是一个人的狂欢，狂欢是一群人的孤单"。而作为诗人，一方面，离群和被异化的，失去自我的孤独使他感到痛苦；另一方面，"孤独"又是他所需的一种写作状态，并需要在这种状态中沉淀自己，回归自己的内心真实，找回失去的自我。"孤独中的极喜"体现出华兹华斯通过"矛盾修饰法的诗学对等"来表现人"最真实的生命境况"，而"这种矛盾修饰的修辞策略，……亦是英国浪漫主义的持久不变的修辞"。③ 所以，这一矛盾修辞既是浪漫主义惯用的以贴近人

---

① Darwin, E. *The Botanic Garden*, London：J. Johnson. 1791，p. 197.

② Weaver, Bennett. "Wordswoth：Forms and Images", *Studies in Philology*, No. 3, 1938, p. 441.

③ Stuart Curran, "Romantic poetry：why and wherefore", *British Romanticism*, Shanghai Foreign Language Education Press, p. 226, p. 223.

的真实境况的修辞策略，也体现了该诗中我试图找回真实自我的探索，这一探索最终在这一矛盾平衡中有了结果。在这里，出现在前三节中的背景和景物描写都被剔除，而幽静慎思的环境中我的心灵，那只向内的眼睛和那一束亮光（flash）则在这种环境中被无限放大和照亮，无不让人联想到在幽暗寂静的教堂或黑夜在家中独自祈祷的虔诚的教徒们渴望照临自己的那一束神秘的上帝之光。而一旦它闪现，祈祷者便难掩欣喜之情。这里"极喜"（bliss）与前面描写的水仙的特质（sprightly, shine, twinkle, sparkling ... in glee; jocund）不但一脉相承并有递进，也是我被水仙之舞所启蒙的情感的递进，即从"高兴"（gay）到"极喜"；"寂寞"（solitude）则与前文"孤独"（lonely）相辅相成。至此，诗歌中矛盾的情感达到平衡和统一，也预示着作为社会人的我和作为自我的我的统一。因为如前所述，纷扰喧闹的工业革命社会使我孤独且逃离，但逃离后又同样被孤独所折磨，而这场与水仙的偶遇及平静下来的回忆和沉思最终使"狂喜"和"孤独"两种情感达到平衡和统一。这也意味着内省中找到了属于自我的自我和属于社会的自我的统一，这正是一个人完整的自我身份的统一和确认。这一点在全诗的最后两行得到强化。也只有这样，"我的心（才能）便欢情洋溢，和水仙一道舞蹈不息"，这是两者归一后的起舞，是剔除了嘈杂和纷扰，在回忆与慎思中达到孤独与狂喜的平衡后的舞蹈，是我进入自己内心，对其进行剖析后自在的心灵之舞。最终，我从无目的的身体奔波（wondered）回归到自我的心灵解剖。而这种"心理分析模式是浪漫主义创作中显著存在的主体性和自我意识的戏剧性事件的征兆和解决方式"。①

结　语

《咏水仙》中映射了华兹华斯情感和境况的"我"代表了英国浪漫主义时期被嘈杂的工业革命社会所间离、异化、迷失了自我身份的个人。迷失的自我遭受这孤独的痛苦，也开始自我身份的探寻。而诗中水仙和舞蹈两个意象结合的产物"水仙之舞"扮演了开启和引领作用，它与我的相遇、相知、相伴和归一开启了我的自我意识、使我找到归宿并开始内省，

---

① Simpson, David. "Romanticism, criticism and theory", *British Romanticism*, Shanghai Foreign Language Education Press, 2001, p. 19.

并且最终在两者的合一中找到内心真实，平衡两种折磨着我的矛盾情感，并且达到了一种新的矛盾统一。这种平静中获得的孤独中的狂喜也是浪漫主义者一直关注的人的最真实的矛盾状态之一，是人在自然中探寻自我，发现自我，并最终回归社会现实，达到我的自我身份和社会身份归一的结果，并在这种回归和统一后获得心灵的长久而平静的心灵愉悦。"水仙"和"舞蹈"这两个意象在全诗开始时所体现的拥挤嘈杂正是诗人对当时喧闹的工业革命社会的暗示。到后面逐渐蜕去这种纷杂，取而代之以它所具有的勇气和精神，以及启蒙的火花直到最后升华为那双"向内的眼睛"和具有灵性的"闪光"（flash），铺就和照亮我的自我探寻和认同之路，并最终使我与水仙共舞归一，实现自我身份认同。

附录 I 参考书目

Andy Mousley, *Renaissance Drama and Contemporary Literary Theory*, Basingstoke, Hampshire：Macmillan Press Ltd.；New York：St. Martin's Press, 2000.

Bennett Weaver, "Wordswoth：Forms and Images", *Studies in Philology*, No. 3, 1938.

Anne K Mellor, *Romanticism and Gender*, New York：Routledge, 1993.

Caroline F. E. Spurgeon, *Shakespeare's Imagery and What It Tells Us*, Cambridge：Cambridge University Press, 1935.

Chris Baldick, *Oxford Concise Dictionary of Literary Terms*, Shanghai：Shanghai Foreign Language Education Press, 2000.

Clemen, Wolfgang. "King Lear", *The Development of Shakespeare's Imagery*, Methuen and Co. Ltd., 1977.

David Deacon and Michael Pickering, etc., *Researching Communications：A Practical Guide to Methods in Media and Cultural Analysis*, London：Hodder Arnold, 2007.

David Simpson, "Romanticism, criticism and theory", *British Romanticism*, Shanghai：Shanghai Foreign Language Education Press, 2001.

Erasmus Darwin, *The Botanic Garden*, London：J. Johnson, 1791.

Frank N. Magill, *Critical Survey of Literary Theory* (Vol. 2), Pasadena, California Englewood Cliffs, New Jersey: Salem Press, 1987.

Geoffrey Hartman, "Romanticism and Anti-*self Consc*iousness," *Beyond Formalism: Literary Essays*, 1958 – 1970, New Haven and London: Yale University Press, 1970.

John Holloway, "King Lear", *The Story of the Night: Studies in Shakespeare'sMajor Tragedies*, Rutledge & Kegan Paul, 1961.

Jonathan Culler, *Structuralist Poetics: Structuralism, Linguistic, and the study of Literature*, Itchaca, N. Y.: Cornell University Press, 1975.

Julien Offroy de la Mettrie, *Machine Man and Other Writings*, Trans. Ann Thompson (ed.), Cambridge: Cambridge University Press, 1996.

Laurie Lanzen Harris, et al. ed. *Shakespearean Criticism*, Detroit: Gale Research Company, 1984.

Michael Ryan, "A Structuralist Reading of King Lear", *Literary Theory: A Practical Introduction*, Oxford (UK) and Massachusetts (USA): Blackwell Publishers Inc. , 1999.

P. M. S. Dawson, "Poetry in an age of revolution", *British Romanticism*, 2001.

Raman Selden, *A Reader's Guide to Contemporary Literary Theory*, Lexington: The University Press of Kentucky, 1986.

Robert Bechtole Heilman, *This Great Stage: Image and Structure in "King Lear"*, Louisiana State University Press, 1984.

Robert Scholes, *Structuralism in Litereature: an Introduction*, Conn. : Yale University Press, 1974.

Sharon Ruston, *Romanticism*, Shanghai Foreign Language Education Press, 2009.

Shorter Oxford English Dictionary, Shanghai: Shanghai Foreign Language Education Press, 2002.

Stuart Curran, "Romantic poetry: why and wherefore", *British Romanticism*, Shanghai: Shanghai Foreign Language Education Press, 2001.

William Godwin, *Caleb Williams*, Oxford: Oxford University Press, 1982.

William Paley, *Natural Theology*, London: Faulder, 1802.

［法］A. C. 格雷马斯:《结构语义学》,吴泓渺译,生活·读书·新知三联书店 1999 年版。

常耀信:《英国文学简史》,南开大学出版 2006 年版。

刁克利:《英国文学经典选读》,外语教学与研究出版社 2008 年版。

华泉坤:《莎剧〈李尔王〉中的意象评析》,《外语研究》2001 年第 3 期。

［英］华兹华斯·威廉:《湖畔诗魂——华兹华斯诗选》,杨德豫选译,人民文学出版社 1990 年版。

(清)洪昇:《长生殿》,杨宪益等译,外文出版社 2001 年版。

罗益民:《从动物意象看〈李尔王〉中的虚无主义思想》,《北京大学学报》(外国语言文学专刊) 1999 年第 1 期。

［英］威廉·莎士比亚:《李尔王》,朱生豪译,中国国际广播出版社 2001 年版。

［俄］弗拉基米尔·雅可夫列维奇·普洛普:《民间故事形态研究》,转引自特伦斯·霍克斯《结构主义和符号学》,瞿铁鹏译,上海译文出版社 1987 年版。

詹庆生:《〈西厢记〉的结构主义解读》,《中国比较文学》2003 年第 2 期。

附录 II

术 语 表

abduction 试推法

analogy 类比

arbitrariness 任意性

auditory verbal imagery 语言听觉意象

calque 语义转借

Creole 克里奥尔

code-switching

communication 传播

connotation 内涵

connotatum 所指

denotation 外延

denotatum 指向

diagram 图表

dichotomy 二分法

dramaturgy 表演论

firstness 第一性

form 形式

free auditory images 自由听觉意象

homonyms 同形异义词/同音异义词/
同形同音异义词

hypertext 超文本

hypoicon 次肖似符，亚肖似符

hyponym 上义词

hypotext 承文本

indexicallegisign 指示通性符

icon 象似符；类象符号

iconicity 象似性

iconiclegisign 象似通性符

image 肖像

index 指示符号

individuation 个体化

induction 归纳

interpretant 解释项

isomorphism 同构假说

kinesthesia 动觉学说

legisign 通性记号

loan words 外来词

meaning 意义

metaform 元形式

metaphor 隐喻

ModelingThoery 模型理论

multimedia 多媒介

natural language fantasy 自然语

言幻想

    object 指称对象

    object of sign 符号所指

    ontogenesis 个体发生学

    parody 仿词

    phonaesthesia 音义连觉

    phonetic contour 语音轮廓

    phylogenesis 种系发生学，系
统发生

    phylogenetic tree 系统发生树

    Pidgin 皮钦语或混杂语言

    pure synonyms 完全同义词

    qualisign 品质记号

    quantifier 逻辑量词

    rheme 呈位　i

    referent 指称物

    representamen 代表项

    semiosis 符号衍义行为

semiotics 符号学

    super-sign 超符号

    superposition 叠合

    secondness 第二性

    sign 符号

    sign value 符号值

    signified（signtum）所指

    signifier（signan）能指

    sinsign 事实记号

    symbol 符号；规约符号代码符

    symboliclegisign 代码通性符

    symptom 征兆符

    synaesthesia 联觉

    target domain 目的域

    tense iconicity 时间象似性

    thirdness 第三性

    trichotomy 三分法

    under-decoding 不足解码

正文参考书目

Andrwas Fischer, "What, if Anything, is Phonological Iconicity", *Form Miming Meaning*: *iconicity in language and literature*, Amsterdam / Philadelphia: John Benjamins Publishing Company, 1999.

Anne C. Henry, "Iconic punctuation: Ellipsis marks in a historical perspective", *The Motivated Sign*: *Iconicity in language and literature* 2, Amsterdam / Philadelphia: John Benjamins Publishing Company, 2000.

Auster Paul, *City of Grass*, Harmondsworth: Penguin, 1987.

Benjamin S. Hawkins, *Peirce's and Frege's Systems of Notation*, *Proceedings of the C. S. Peirce Bicentennial International Congress* Lubbock: Texas Tech University Press, 1981.

Carolyn Eisele, *The New Elements of Mathematics by Charles S. Peirce*, The Hague: Mouton, 1976.

Carolyn Eisele, *Studies in the Scientific and Mathematical Philosophy of Charles S. Peirce*, The Hague: Mouton, 1979.

Charles Kay Ogden and Ivor Armstrong Richards, *The meaning of Meaning. A Study of the Influence of Language upon Thought and of the Science of Symbolism*, London: Kegan Paul, Trench, Trubner, 1946.

Charles Morris, *Writings on the General Theory of Signs*, The Hague and Paris: Mouton, 1971.

Charles Sanders Peirce, "On Existential Graphs, Euler's Diagrams, and Logical Algebra", *Collected Papers of Charles Sanders Peirce*, Vol. Ⅳ, Cambridge, Mass. : Harvard, 1933.

Charles Sanders Peirce, *Collected Papers of Charles Sanders Peirce*, Cambridge, Mass. : Harvard University Press, 1935.

Charles Sanders Peirce, *Collected Papers*, Vol. II, Cambridge: Harvard University Press, 1965.

C. Hartshorne & P. Weiss, *Collected Papers of Charles Sanders Peirce*, Vols. 1 – 6, Cambridge Mass : Harvard University Press, 1931 – 1958.

Clotilde Pentecorvo, "Iconicity in Children's First Written Texts", *Iconicity in Language*, Amsterdam: Benjamins, 1994,

Daniel A. Gillis, *The Existential Graphs Alpha Toolkit*, MA Thesis (Computer Science), Texas Tech. University, 1982.

David Crystal, "Sound Symbolism", *The Cambridge Encyclopedia of Language*, Cambridge: Cambridge University Press, 1987.

David Simpson, "Pound's Wordsworth; Or Growth of a Poet's Mind", *English Literary History*, 45, 1978.

David Stampe, A*Dissertation on Natural Phonology*, New York: Garland, 1979.

Douglas R. Anderson, *STRANDS OF SYSYTEM: The Philosophy of Charles Peirce*, West Lafayette, Indiana: Purdue University Press, 1995.

Don. D. Roberts, *The Existential Graphs of Charles S. Peirce*, The Hague: Mouton, 1973.

D. R. Anderson, *STRANDS OF SYSYTEM: The Philosophy of Charles Peirce*, West Lafayette, Indiana: Purdue University Press, 1995.

Dwight Bolinger, *Language-The Loaded Weapon*, London: Longman, 1980.

Dwight Bolinger & D. A. Sears, *Aspect of Language* (3rd ed.), New York: Harcourt, Brace, Jovanovich, 1981.

Earl R. Anderson, *A Grammar of Iconism*, Madison Teaneck: Fairleigh Dickinson University Press; London: Associated University Press, 1998.

Edmund L. Epstein, *Language and Style* (New Accents), London: Methuen, 1978.

Edward Sapir, "A Study in Phonetic Symbolism", *Journal of Experimental Psychology*, 12, 1929.

Eli Fischer-Jørgensen, "Perceptual Dimensions of Vowels", *To Honor Ro-*

manJakobson: *Essay on the Occasion of His Seventieth Birthday*, The Hague: Mouton, 1967.

Eva-Maria Ernst, *Die Onomatopoetik der Tierlaute und der entsprechenden Verben im Deutschen, Französischen und Italienischen*, MA thesis, University of Vienna, 1990.

Eve E. Sweetser, *From Etymology to Pragmatics. Metaphorical and Cultural Aspects of Semantic Structure*, Cambridge: Cambridge University Press, 1990.

Ezra Pound, " 1917 – 1920: Jean Cocteau", *Dial* 70, 1: 110, 1921.

Ezra Pound, *Ernest Fenollosa. The Chinese Written Character as Medium for Poetry*, San Francisco: City Lights Books, 1964.

F. Dotter, "Nonarbitrariness and iconicity: coding possible", *Syntactic Iconicity and Linguistic Freezes. The Human Dimension*, Berlin: Mounton de Gruyter, 1995.

Floyd Merrell, *Peirce, Signs, and Meaning*, Toronto, Buffalo, London: University of Toronto Press, 1997.

Friedrich Ungerer and H. J. Schmid, *An Introduction to Cognitive Linguistics*, Beijing: Foreign Language and Research Press, 2001.

Geoffrey N. Leech, "Stylistics and Functionalism" *The Linguistics of Writing. Arguments between Language and Literature*, Manchester: Manchester University Press, 1987

Geoffrey N. Leech, *A Linguistic Guide to English Poetry*, Lodon: Longman, 1969.

G. Lakoff & M. Johnson, Metarhors we Liue By, Chicago: the Univerdity of Chicago Prass, 1980.

G. Lakoff and M. Johnson, *Philosophy in the Flesh*, New York: Basic Books, 1999.

Grazia Crocco-Gelèas, *Gli etnici italiani*, PhD thesis, University of Vienna, 1991.

Hadumod Bussmann, Gregory P. Trauth, and Kerstin Kazzazi edstrans.), *Routledge Dictionary ofLanguage and Linguistic*, Beijing: Foreign Language Teaching and Research Press, 2000.

Hans Heintich Meier, "Imagination by Ideophones", *Form Miming Meaning: iconicity in language and literature*, Amsterdam / Philadelphia: John Benjamins Publishing Company, 1999.

Hans Herzberger, "Peirce's Remarkable Theorem", *Pragmatism and Purpose: Essays Presented to Thomas A. Goudge*, Toronto: University of Toronto Press, 1981.

Hilary Putman, "Peirce the Logician", *Historia Mathematica* 9, 1982.

I. E. Ray, "Sound Symbolism", *The Encyclopedia of Language and Linguistics*, Vol. 8, Oxford: Pergamon Press, 1994.

Irving M. Copi, *Introduction of Logic* (6th ed.), New York: Macmillan, 1982.

Ivan, *La en* , Ottawa: Didier, 1980.

Ivan, "Iconicity of Expressive Syntactic Formations", Syntactic Iconcinity and Linguistic Freezes. The Human Dimension, Berlin: Mouton de Gruyter, 1995.

Ivor Armstrong Richards, *Principles of Literary Criticism*, London: Routledge and Kegan Paul, 1955.

Izydora Dambska, "O konwencjach semiotycznych [On semiotic conventions]", *Studia Semiotyczne*, Vol. 4, Warszawa: Ossolineum, 1973.

J. A. Faris, "C. S. Peirce's Existential Graphs", *Bulletin of the Institute of Mathematics and its Applications*, 17, 1981.

J. Jay Zeman, *The Graphical of C. S. Peirce*, Diss: University of Chicago, 1964.

Jacqueline Brunning, *Peirce's Development of the Algebra of Relations*, Diss: University of Toronto, 1981.

Jacques Maritain, "The Conflict of Methods at the End of the Middle Ages", *Thomist* III (October): 1941.

Jacques Maritain, *The Degree of Knowledge*, trans. from the 4th French ed. under the supervision of Gerald B. Phelan (New York: Scribner's), esp. Appendix I, "The Concept", 1959.

Jacques Maritain, *La Philosophie de la Nature*, trans. Imelda C. Byrne, *The Philosophy of Nature* , New York: Philosophical Library, 1951.

James E. Martin, "Semantic Determinants of Preferred Adjective Order", *Journal of Verbal Learning and Verbal Behavior* 8, 1969a.

James E. Martin, "Some Competence-Process Relationships in Noun Phrases with Prenominal and Postnominal Adjectives", *Journal of Verbal Learning and Verbal Behavior* 8, 1969b.

Jean-Jacque Lecercle, *The Violence of Language*, London: Routledge, 1990.

Jercy Pelc, "Iconicity. Iconic Signs or Iconic Uses of Sifns?", *Iconicity: Essays on the Nature of Culture*; *Festschrift for Thomas A. Sebeok on his 65th birthday*, Tübingen: Stauffenburg-Verlag, 1986.

J. H. Greenberg, *Universals of Language*, Cambridge: The MIT Press, 1963.

Joan L. Bybee, *Morphology: a Study of the Relation between Meaning and Form* Amsterdan: John Benjamins, 1985.

John Locke, *An Essay Concerning Human Understanding*, New York: Dover Publications, 1959.

Joannes Pointsot, *Tractatus de Signis*, *Artist Logicae Secunda Pars*, Cursus Philosophicus Thomisticus, Volume I, Turin: Marietti, 1930.

John Haiman, "The Iconicity of Grammar: Isomorphism and Motivation", *Language*, Vol. 56, No. 3, 1980.

John Haiman, "Iconic and Economic motivation", *Language*, Vol. 59, No. 2, 1983.

John Haiman, *Iconicity in Syntax* Amsterdam: Benjamins, 1985a.

John Haiman, *ICONICITY IN SYSTEM*: *Proceedings of a Symposium on Iconicity in Syntax* Amsterdam / Philadelphia: John Benjamins Publishing Company, 1985.

John Haiman, *Natural Syntax*, Cambridge: Cambridge University Press, 1985b.

John Locke, *An Essay Concerning Human Understanding*, A. C. Fraser New York: Dover Publications, 1959.

John N. Deely, "Idolum. Archeology of the Iconic Sign", *Iconicity: Essays on the Nature of Culture*; *Festschrift for Thomas A. Sebeok on his 65th birth-*

day Tübingen: Stauffenburg-Verlag, 1986.

John N. Deely, "The No-Verbal Inlay in Linguicti Communmicatin", The Sigifying Animal, Beoomington: Indiana Univercity Press, 1980, pp. 201 – 217.

Joseph Danks and Mary A Schwenk, "Prenominal Adjective Order and Communication Context", *Journal of Verbal Learning and Verbal Behavior* 11, 1972.

Joseph M. Ransdell and Lubbock, "On Peirce's Conception of the Iconic Sign", *Iconicity: Essays on the Nature of Culture; Festschrift for Thomas A. Sebeok on his 65th birthday*, Tübingen: Stauffenburg-Verlag, 1986.

Joseph M. Ransdell, "The Epistemic Function of Iconicity in Perception", *Peirce Studies*, No. 1, Lubbock, Texas: Institute for Studies in Pragmaticism, 1979.

Joseph M. Ransdell, *Charles Peirce: The Idea of Representation*, Doctoral dissertation, Columbia University, 1966.

Katharina Seifert, *Ikonizität von Pluralformen*, Vienna: Verein der Wissenschaftlichen Gesellschaften Österreichs, 1988.

Kenneth Laine Ketner, *An Essay in the Nature of World Views*, Ann Arbor: University Microfilms, 1972.

Kenneth Laine Ketner, "The Best Example of Semiosis and Its Use in Teaching Semiotics", *American Journal of Semiotics* 1, 1981a.

Kenneth Laine Ketner, Carolyn Eisele's Place in Peirce Studies, Historia Mathematica 9, 1982a.

Kenneth Laine Ketner, Peirce's Existential Graphs as the Basis for an Introduction to Logic: Semiosis in the Logic Classroom, *Semiosis* 1980, comp. M. Herzfeld and M. D. Lenhart, New York: Plunum, 1982b.

Kenneth Laine Ketner, "A Brief Intellectual Autobiography by Charles Sanders Peirce", *American Journal of Semiotics*, Special issue on Peirce, 1983a.

Kenneth Laine Ketner, "Peirce on Diagrammatic Thought: Some Consequences for Contemporary Semiotics Science", *Proceedings of the Third Kolloquium of the Deutsche Gesellschaft für Semiotik*, Lubbock: Texas Tech University Press, 1983b.

Leonard Bloomfield, *Language*, Rev. [British] ed. (Ist [American] ed, New York: Holt, Rine hart and Winstion, 1933), London: George Allen & Unwin, 1935.

Louis Hjelmslev, *Die Sprache. Eine Einfuhrung*, Darmstadt: Wissenschaftliche Buchgesellschaft, 1968.

Martin Gardner, *Logic Machines and Diagrams*, New York: McGraw-Hill, 1958.

Max Nänny and Olga Fischer (eds), *Form Miming Meaning: iconicity in language and literature*, Amsterdam / Philadelphia: John Benjamins Publishing Company, 1999.

Max Nänny and Olga Fischer eds, *The Motivated Sign: Iconicity in language and literature* 2, Amsterdam / Philadelphia: John Benjamins Publishing Company, 2001.

Max Nänny, "Iconicity in Literature", *Word & Image*, 2, 1986.

Michael Shapiro, "On a universal criterion of rule coherence", *Contemporary Morphology*, Berlin: Mouton de Gruyter, 1990.

Michael Shapiro, *The Sense of Change*, Bloomington: Indiana University Press, 1991.

M. Johnson, *The Body in the Mind: The Bodily Basis of Meaning, Imagination, and Reason* Chicago: University of Chicago Press, 1987.

M. L. Samuel, *Linguistic Evolution with Special Reference to English, Cambridge Studies in Linguistics* 5, Cambridge: Cambridge University Press, 1972.

Noam Chomsky, *Aspect of the Theory of Syntax*, Cambridge Mass. : The M. I. T. Press, 1965.

Norman Jakobson, "Why 'mama' and 'Papa'? ", *Selected Writings.* Vol. 1: Phonological Studies (2nd, expanded ed.), The Hague: Mouton, 1971.

Northrop Frye, *Anatomy of Criticism. Four Essays*, Princeton N. J. : Princeton University Press, 1973.

Otto Jespersen, *Language. Its Nature, Development and Origin*, London:

Allen and Unwin, 1947.

Otto Jespersen, Peirce's Ethics of Terminology, *Transactions of the Charles S. Peirce Society*, 17, 1981b.

Otto Jespersen, "Peirce as an Interesting Failure?" *Proceedings of the C. S. Peirce Bicentennial International Congress*, Lubbock: Texas Tech University Press, 1981c.

Paul Kiparsky, "On the Theory and Interpretation", *The Linguisitics of Writing. Arguments between Language and Literature*, Manchester: Manchester University Press. 1987.

Phermann Paul, *Prinzipien Der Sprachgeschichte*, Halle: Niemeyer, 1920.

Pierre Thibaud, *La Logique de Charles Sanders Peirce: De l'algebre aux graphes*, Aix-en-Provence: de Provence, 1975.

Piotr Sadowski, "The sound as an echo to the sense: The iconicity of English gl- words", *The Motivated Sign: Iconicity in language and literature*, 2, Amsterdam / Philadelphia: John Benjamins Publishing Company, 2000.

R. Anderson, "Old English poetic texts and their Latin sources: Iconicity in Cædmon's Hym and The Phoenix", *The Motivated Sign: iconicity in language and literature*, 2, Amsterdam / Philadelphia: John Benjamins Publishing Company, 2000.

Raffaele Simone, *ICONICITY IN LANGUAGE*, Amsterdam /Philadelphia: John Benjamins Publishing Company, 1994.

Raimo Anttila, *Historical and Comparative Linguistics* (2nd ed), Amsterdam: Benjamins, 1989.

Raimo Nttila, "The indexical element in morphology", *Innsbrucker Beiträge zur Sprachwissenschaft*, 12 1975.

Wellek, "Closing Statement", *Style in Language* Cambridge, Mass. : M. I. T. Press, 1975.

R. Jackendoff, *Semantic Interpretation in Generative Grammar*, Mass. M. I. T. Press, 1972.

Richard Rhodes, "Aural Images", *Sound Symbolism*, Cambridge: Cambridge University Press, 1997.

Richard Tarnas, *The Passion of the Western Mind*, 1993.

Robert D. Tarte and Loren S. Barritt, "Phonetic Symbolism in Adult Native Speakers of English: Three Studies", *Language and Speech*, 14, 1971.

Robert S. Lockhart and James E. Martin, "Ajective Order and the Recall of Adjective-Noun Triplets", *Journal of Verbal Learning and Verbal Behavior*, 8, 1969.

Roland Posner, "Iconicity in Syntax: the Nnature Order of Attributes", *Iconicity: Essays on the Nature of Culture*; *Festschrift for Thomas A. Sebeok on his 65th birthday* Tübingen: Stauffenburg-Verlag, 1986.

Roland Posner, "Semantics and Pragmatics of Sentence Connectives in Natural Language", *Speech Act Theory and Pragmatics*, Dordrecht: Reidel, 1980.

Roland Posner, "Strukturalismus in der Gedichtinterpretation. Textdeskription und Rezeptionsanalyse and Beispiel von Baudelaires 'Les chats'", *Strukturalismus in der Literaturwissenschaft*, Köln: Kiepenheuer and Witsch, 1972b.

Roland Posner, *Theories des Kommentierens. Ein Grundlagenstudie zur Semantik und Pragmatik*, Frankfurt: Athenäum 2nd edition Wiebaden: Athenaion, 1980.

Roland Posner, *Rational Discourse and Poetic Communication. Method of Linguistic, Literary and Philosophical Analysis*, The Hague, Paris, and New York: Mouton, 1981.

Roman Jakobson, "Closing Statement: Linguistics and Poetics", *Style in Language*, Cambridge: Mass. : M. I. T. Press, 1960.

Roman Jakobson, *Semantic Interpretation in Generative Grammar*, Cambridge, MA: Cambridge University Press, 1972.

Ronald W. Langacker, "Syntactic Reanalysis", *Mechanisms of Syntactic Change*, Austin: University of Texas Press, 1977.

Stephen Camarata, "Semantic iconicity in plural acquisition", *Clinical Linguistics & Phonetics*, 4, 1990.

Steve J. Shapiro, "Response Latencies in Paired-Associate Learning as a function of Free Association Strength, Hierarchy, Directionality, and Meditation", *Research Bulletin No. 66*, Pennsylvania State University, 1966.

T. ，"Iconicity, Isomorphism and nonarbitrary coding in Syntax", *Universals of Language*, Cambridge: The MIT Press, 1963.

T. , *Isomorphism in the Grammatical Code: Cognitive and bilological considerations*, *Iconicity in Language*, Amsterdam / Philadelphia: John Benjamins Publishing Company, 1994.

T. Givón, *Syntax: A Functional—Typological Introduction*, Vol. I & II, Amsterdan: John Benjamins, Vol. 1, 1984.

Thomas A. Goudge, *The Thought of C. S. Peirce.* Toronto: University of Toronto Press, 1950.

Thomas A. Robert, Ecumenicalism in Semiotics, *A Perfusion of Signs*, Bloomington: Indiana University Press, 1977.

Thomas A. Robert, *The Sign & Its Masters*, Austin: University of Texas Press, 1979.

Thomas A. Sebeok, "Neglected Figures in the History of Semiotics Inquiry: Jakob von Uexküll", *The Sign & Its Masters*, Austin: University of Texas Press, 1979.

Thomas A. Sebeok, "The Semiotic Web: A Chronicle of Prejudices", *Bulletinof Literary Semiotics*, 1975a.

Thomas A. Sebeok, "Zoosemiotics: At the Intersection of Nature and Culture", *The Tell-Tale Sign*, Lisse, Netherlands: Peter de Ridder Press, 1975b.

Walter Nash, "Sound and the Pattern of Poetic Meanning", *Linguistics and the Study of Literature*, Amsterdam: Rodopi, 1989.

Willi Mayerthaler, *Studien zur theoretischen und französischen Morphologie*, Tübingen: Niemeyer, 1977.

WilliamShakespeare, *Julius Caesar*, III 2, Hoboken: Willey Publishing, Inc. , 2006.

Winfried Nöth, "Semiotic foundation of iconicity in language and literature", *The Motivated Sign*, Amsterdam / Philadelphia: John Benjamins Publishing Company, 2000.

Winifred Nowottny, *The Language Poets Use*, London: Athlone Press, 1991.

Wolfgang Dressler & Lavinia Merlini, "Intensificazione e rielaborazione: effetti morfopragmatici", *Atti* 24, *congresso Società di Linguistica Italiana*, Roma: Bulzoni, 1992.

Wolfgang U. Dressler& Lavinia Merlini Barbaresi, *Morphopragmatics: Diminutives and Intensifiers in Italian, German, and Other Languages*, Berlin: Mouton de Gruyter, 1994.

Wolfgang Dressler & Ruth Wodak, "Sociophonological methods in the studyof sociolinguistic variation in Viennese German", *Language in Society*, 11, 1982.

Wolfgang Dressler, *Morphology*, Ann Arbor: Karoma, 1985a.

Wolfgang Dressler, "Suppletion in word-formation", *Historical Semantics. Historical Word-Formation*, Berlin: Mouton, 1985b.

Wolfgang Dressler, *Semiotische Parameter einer textlinguistischen Natürlichkeitstheorie*, Vienna: Verlag der Österreichischen Akademie der Wissenschaften, 1989a.

Wolfgang Dressler, "Prototypical differences between inflection and derivation". *Zeitschrift für Phonetik, Sprachwissenschft und Kommnuikationsforschung*, 42, 1989b.

Wolfgang Dressler, "The cognitive perspective of 'naturalist' linguistic models", *Cognitive Linguistics*, 1, 1990.

Wolfgang Dressler & Thornton Anna M, "Doppie basi e binarismo nella morfologia intaliana", *Rivista di Linguistica*, 1, 1991.

Wolfgang Müller, "A note on the iconic force of rhetoric figures in Shakespeare", *The Motivated Sign: Iconicity in language and literature*, 2, Amsterdam / Philadelphia: John Benjamins Publishing Company, 2000.

Wolfgang U. Wurzel, *Flexionsmorphologie und Natürilichkeit* Berlin: Akademie-Verlag, 1984.

Wolfgang Wildgen, "Zur Dynamik lokaler Kompositionsprozesse: am Beispiel nominaler an hoc-komposita im Deutschen", *Folia Linguistica*, 16, 1982.

Zeno Vendler, "The Transformation Grammar of English Adjectives" *Transformation and Discourse Analysis Papers*. Philadelphia: University of Pennsylvania, 1963a.

Zeno Vendler, "The Grammar of Goodness" *Philosophical Review*, 72, 1963b.

Zeno Vendler, *Adjectives and Nominalizations*. The Hague and Paris: Mouton, 1968.

淳于怀春:《汉字形体演变概论》,辽宁大学出版社 1989 年版。

戴浩一、黄河:《时间顺序和汉语的语序》,《国外语言学》1988 年第 1 期。

戴浩一、张敏:《汉语名词和动词认知语言学研究》,《中国语言论丛》,北京语言文化大学出版社 1998 年版。

戴维·方坦纳:《象征世界的语言》,何盼盼译,中国青年出版社 2000 年版。

威廉·冯·洪堡特:《论人类语言结构的差异及其对人类精神发展的影响》,姚小平译,商务印书馆,1999。

丁尔苏:《语言的符号性》,外语与教学出版社 2000 年版。

柏拉图:《柏拉图全集》,王晓朝译,人民出版社 2012 年版。

(汉)许慎:《说文解字》,凤凰出版社 2012 年版。

李乐毅:《汉字演变五百例》,北京语言学院出版社 1992 年版。

李幼蒸:《理论符号学导论》,社会科学文献出版社 1993 年版。

马静、张福元:《语言的象似性探讨》,《外语教学》2000 年第 1 期。

(清)王先谦集解:《荀子》,云南大学出版社 2009 年版,第 354 页。

王寅:《标记象似性》,《外语学刊》1998 年第 3 期。

王寅:《Iconicity 的译名与定义》,《中国翻译》1999 年第 2 期。

王寅:《再论语言符号象似性——象似性的理据》,《外语与外语教学》2000 年第 6 期。

王寅:《认知语言学的哲学基础:体验哲学》,《外语教学与研究》2002 年第 2 期。

张克定:《语言符号衍生义理据探索》,《解放军外国语学院学报》2001 年第 6 期。

张哲:《语言符号象似性的定义及特征》,《河南科技大学学报》(社会科学版)2003 年第 4 期。